자유의 탄생

순교자를 통한 하느님의 사랑

자유의 탄생

순교자를 통한 하느님의 사랑

초판 1쇄 인쇄 2023년 9월 11일
초판 1쇄 발행 2023년 9월 14일

글 쓴 이 송선희 클라우디아
펴 낸 이 이종복
펴 낸 곳 하양인
주   소 서울특별시 마포구 성산1동 49-5
전   화 02-714-5383 팩스 02-718-5844
이 메 일 hayangin@naver.com
출판신고 2013년 4월 8일 (제300-2013-40호)

ⓒ 2023, 송선희

I S B N   979-11-87077-34-3 03230

the birth of freedom.

자유의 탄생

순교자를 통한 하느님의 사랑

한국천주교의 태동에서부터
한국천주교가 신앙의 자유를 찾기까지

송선희 지음

하얀인

신앙의 힘으로

이것은 그냥 책이 아닙니다.
장애를 끌고 뛰어든 가톨릭 역사의 작은 골목까지
신앙심을 태워 불꽃으로 피워낸 불의 책입니다.
가톨릭 역사를 알리는 책은 많습니다.
그러나 이 책은 손으로 쓴 책이 아니라
순전히 온몸을 풀어야 겨우 나오는
신앙심의 혈서로 이루어진 책입니다
자신의 괴로움을, 가족의 괴로움을,
순교자들의 일생을 따라가며 견디며 더욱 사랑하면서
일상을 기도로 채운 한 여성의 아픈 기록입니다.
더불어 이 여성의 한 손이 되어주고 다리가 되어주고
심장의 한쪽이 되어준
요한도 이 책을 더불어 썼다고 생각합니다.
그러므로 이 세상 많고 많은 책 중에
하느님이 얼른 펴 보실 것 같은 책이라는
명분이 넘치고 넘칩니다.

신달자, 시인

선한 다짐으로

순교자의 피로 세워진 교회의 후손임을
자주 잊고 사는 우리에게 이 책은
일상의 삶에서 백색 순교, 녹색 순교라도
좀 더 열심히 하고 살아야겠다는
거룩한 갈망을 갖게 도와줍니다.
너무 익숙해서 무심하거나 잘 모르고 지나친
역사적 진실을 다시 공부하게 해 주고
모진 박해 속에 숨어 살면서도
기록을 남긴 선교사들의 눈물겨운 노고에도
새삼 고마운 마음을 기도로 봉헌하게 해줍니다.
자신의 신앙적 체험까지 곁들여
순교자들을 통해 드러난 하느님의 사랑을
공들여 집필해 준 송선희 작가님에게
독자들을 대신해 깊은 감사와 사랑을 전합니다.
순교성인들의 삶을 입으로만 찬미 찬양할 게 아니라
일상의 삶을 통해서도 꾸준히 증거하고 싶은
선한 다짐과 함께!

이해인 수녀, 시인

순교 신심의 소명

순교자를 통한 하느님의 사랑을 담은 이 책을 보면서
한 편의 드라마를 보는 듯한 감동이 느껴졌습니다.
클라우디아 자매님은 제가 해미 본당에서 처음 만났습니다.
몸도 성하지 않은데 대전에서 해미로 이사를 오셨길래
"왜 이곳 시골까지 힘들게 오셨느냐?"고 물었습니다.
첫 대답이 해미 순교 성지가 있어서라고 했습니다.
돌이켜보니 하느님께서 클라우디아 자매님께
순교 신심에 대한 큰 소명을 주시기 위해 부르셨고
그 큰 소명을 충실하게 완수했다고 생각합니다.
이 책 속엔 신앙 선조들의 신심이 감동적으로 담겨져 있습니다.

클라우디아 자매님은 매일 미사에 빠지지 않고 참여했습니다.
때로는 비가 심하게 내린 날 휠체어에 우산을 꽂고 미사에 오셨습니다.
우리 순교자들이 수십 리 길을 밤새 걸어 미사 한 대를 봉헌하려고
심지어 죽음의 위협을 마다하지 않으셨던
순교자들의 신앙이 자매님의 몸에 자연스레 배어 있었습니다.

『자유의 탄생』을 읽는 동안 한국 역사와 교회사에 대한 해박한 지식,
저도 자세히 몰랐던 순교자들의 숭고한 삶을 보면서

얼마만큼 순교자들에 대해 공부하고 묵상했는지 느낄 수 있었습니다.
어쩌면 자매님의 글에서 이미 순교의 삶을 사시며
순교자들과 동병상련의 마음으로 글을 쓴 것은 아닐까 생각합니다.
클라우디아 자매님과 늘 곁에서 함께 하시는 요한 형제님의 모습은
저 자신에게 이따금 따가운 회초리로 다가옵니다.
그때마다 사제로서 마음을 다잡으며 추스르곤 한답니다.

이 책을 통해 순교자들의 삶을 다시 한번 기억합니다.
살아 계신 예수님을 느끼고 체험할 수 있도록 해주심에
클라우디아 자매님께 깊은 감사를 드립니다.
앞으로 이 책을 읽는 모든 분들에게
순교자들의 전구로 하느님의 사랑을 체험하는 시간이 되시길
부족하나마 저의 작은 기도를 보태고 싶습니다.
저 역시 다시금 천천히 시간 될 때마다 되짚어보고
마음속 깊이 하느님의 사랑을 새기겠습니다.
"클라우디아, 내가 너를 사랑한단다." (본문 중에서....)

궁동 본당 김찬용 베드로 신부

받아들이는 영성

해미에 살게 되면서 행복한 일 중 하나가 있습니다.
해미천을 산책하는 것입니다.
그러다가 우연히 어느 날 아름다운 뒷모습을 가진
인상적인 부부를 보게 되었습니다.
어떤 사연을 가진 분들일지 궁금했습니다.
그분들을 성지에서도 뵙는 행운을 가졌고
바로 클라우디아 자매님과의 첫 만남이었습니다.

저에게 언젠가 보내주셨던 글을 읽으며
해미천을 자신의 넓은 정원으로 가진
부자의 향기를 느낄 수 있었습니다.
「해미천에서 유채꽃이 만발했던 자리엔 / 코스모스, 해바라기가 자
라고 있다 / 키가 큰 해바라기는 꽃망울이 맺혀서 / 금방이라도 노랑꽃
이 필 것만 같다 / 저 꽃들이 만개했다 지고 나면 가을은 많은 사연을
남기고 / 쓰다가 지우길 반복한 백지 위로 / 다사다난했던 한 해는 또
무심히 지나갈 것이다 / 무더위가 기승을 부려도 / 아직 여백이 많이
남아있는 여름이 그래서 좋다 / 청년의 강인함과 정열까지 / 도전해보
고 싶은 열기가 있어 더욱 좋다 / 이런 날엔 다홍색으로 색채가 복잡한
옷을 입으면 / 스트레스가 사라지고 괜히 기분이 좋아진다 / 태양을 입

은 기분이다」

어느 분의 말처럼, '해미'의 해는 바다 해(海)인데
무명순교자들은 바다처럼 받아들임의 영성을 사신 분들입니다.
클라우디아 자매님도 무명의 순교자처럼
잘 받아들이는 영성을 살고 있습니다.
온갖 악조건에서도 여백을 볼 수 있고
정열을 가지고 도전하는 젊음이 순교자들을 닮아있습니다.
그래서 주어진 고통에 감사하며
넘어지더라도 빨리 일어나고 평화로울 수 있는 것 같습니다.

어릴 적 살았던 고향에 대한 그리움이 점점 자라듯
자신의 뿌리와 신앙에 대한 그리움과 갈증을 풀어가는
새로운 여정을 클라우디아 자매님이 시작했습니다.
해미 순교자를 묵상하며 땀과 피를 흘린 감동의 여정에
우리도 함께 걸어갔으면 좋겠습니다.

해미 국제성지에서 한광석 마리 요셉 신부

영혼의 울림

함께 젖어 봅니다.
한국천주교회의 순교자들을 만난 한 영혼의 목소리입니다.
그 소리는 없으나 영혼의 울림이 가슴과 가슴에 전해 옵니다.

진리는 영원히 옛되고 새롭습니다.
그래서 그 진리를 증거하는 삶과 죽음의 이야기는
추억 어린 옛이야기가 아니고 오늘을 사는 우리 이야기입니다.

영원에의 그리움으로 몸부림치는 삶을 살던 송선희 작가님은
죽음보다 짙은 삶을 살다간 순교적 삶을 만난 감격을
차마 혼자 지니고 있을 수는 없었습니다.
그 아름답고 고결함이 주는 은총의 빗방울 속에
함께 젖어보고 싶어할 뿐입니다.

우리 모두 저마다 삶의 고비에서 혼자 흘린 눈물,
혼자 지새운 밤이 있었을 것입니다.
생각해 보면 무엇을 위해, 무엇 때문에 그렇게 사무쳐 했는지!
이제 조용히 마음을 달래고 가다듬어 주님 앞에 작은 마음을
감히 무릎 곁에 두어 드리려 합니다.
주님 은총 더욱 충만하시기를 기도합니다.

김길수 요한 전 대구 가톨릭대학교 교수

삶의 이정표

어디를 향해 가고 있는지 방향을 잃었다고 느낄 때가 있습니다.
그때마다 우리가 해야 할 일은
올바른 방향을 찾고 마음의 매무새를 다잡아
다시 바른 발걸음을 내딛는 것이었습니다.
이 책에서 소개하는 순교자들의 삶이
길을 잃은 이들에게 방향을 가리켜주는 이정표라 여겨집니다.
그리고 저자가 나누어주는 진솔한 체험은
모든 이가 예외 없이 길을 잃고 있는
형제자매님들임을 새삼 깨닫게 해줍니다.
그렇게 우리 교회 공동체는 수도자들의 발자취를 따라
길이요 진리요 생명이신
그리스도를 따르도록 초대받은 사람들입니다.
그 초대에 응답하는 모든 이가
이 책을 통해 하느님의 위로를 받고
참 자유와 생명을 향해 담대하게 걸어갈 수 있는
지혜와 용기를 얻게 되기를 바랍니다.

글라렛선교수도회 박재영 미카엘 신부

차례

해미국제성지에는 매일 11시에 미사가 있다.

성당 안에는 순교자(殉敎者)들의 온몸이 묶인 채 땅속에 묻힌 장면과 물웅덩이에 빠진 장면, 커다란 돌에 떨어지는 장면, 큰 나무에 상투가 묶여 매달려 있는 장면까지 네 개의 벽화가 걸려 있다.

처참한 모습은 바라볼수록 그냥 스쳐버릴 수가 없다.

평소에 나는 순교자들을 생각하면 막연하고 암울하게 느껴지는 공포가 두려웠고, 행여라도 이런 고통이 닥칠까 하는 염려까지 파고들어 알아보고 싶지가 않았다. 때론 누군가가 나에게 "성녀 되세요."라고 말하는 사람들이 더러 있었다. 그때마다 순교자들의 그림자가 아른거려 그 말을 하는 사람이 얄밉다는 생각마저 들었다.

결혼하고부터 불치병과 동행하며 얼룩진 운명 앞에 무탈하게 하루하루를 살아갈 수 있기를 소망하며 살았다. 40여 년의 투병 생활로 생사의 길목에서 죽음의 강도 몇 번 건넜는데, 그때마다 죽지 않고 이승에서 좀 더 살기 위해 최선을 다했다. 그래서 해미국제성지에 있는 네 개의 벽화가 나에겐 더욱 예사롭지 않게 보였는지도 모르겠다.

어떤 믿음이었기에 저런 죽음까지도 감당할 수 있었을까?

아무리 그렇더라도 가족들이 있는데 오열하는 통곡 소리 뒤로 하고 어떻게 죽어버릴 수 있었을까?

도대체 저 죽음을 어떻게 바라봐야 하나?

성지에 있는 벽화를 볼 때마다 그날의 통곡 소리가 귓전을 맴도는 듯해서 괴로웠다. 이 마을에 사는 사람들을 통해 해미국제성지에서 순교하신 분들의 이야기를 전해 듣고 혼자서 곰곰이 생각해 봤다.

아마 모르긴 해도 조선 시대에는 굶주림 등 여러 가지 면에서 열악한 환경이었다. 대지 위를 기어 다니는 숱한 고통 탓에 사는 것 자체가 고행이었기에, '죽으면 천국이 있다던데 거기나 가버려야겠다.'고 생각하며 죽음을 택하진 않았을까?

그리고는 순교자들에 대한 생각을 이어가기엔 농촌 들녘은 환상이었다. 어릴 적 시골 마을에서 살았던 추억이 그립고 한가한 여유로움이 좋아, 프란치스코 교황님이 방문(2014년)하셨던 해미국제성지 마을로 이사를 왔다.

들판 가득 넘치는 곡식들과 들풀이 자라는 하루하루는 새로웠다.

찬란한 태양 빛은 그대로 대지를 향했고, 서녘 하늘로 떨어지는 석양은 마을 전체를 붉은 장미색으로 물들였다. 참새들 재잘대는 소리가 아침잠을 깨우면 개구리 소리, 풀벌레 소리는 밤하늘의 달과 별을 이야기했다.

계절을 따라 수많은 생명은 잉태되어 열매 맺고 사라져갔다. 여름날 드넓게 펼쳐진 푸른 들판은 생명의 색채였고, 벼가 익은 황금들녘은 생명의 양식이었다. 여린 모가 자라 탈곡하기까지 모든 벼농사는 기계가 사람 손을 대신했다. 흙을 감싸며 색채를 달리한 구름과 바람과 햇살과 비는 분주했다.

변화무쌍한 날씨 속 저항하는 대지에서 농부들은 겸손을 배웠고, 자연과 동화된 그들의 순수한 미소는 내가 숨 쉬고 살아 있음을 생생하게 알렸다.

힘이 들 때마다 그토록 애절하게 찾아도 침묵하신 창조주 하느님은 대자연 속에서 들리지 않고 보이지 않는 얼굴로 선명하게 그냥 계셨다.

시골에서의 호기심은 1년을 살고 나니까 많이 사라져갔고 해미국제성지에 걸려 있는 벽화들에 자꾸만 다시 마음이 갔다.

순교자들에 대해서 좀 더 알아보기로 하고 접한 순교자들 이야기는 나의 편협함과 무지를 완벽하게 일깨웠다. 그동안 순교자들의 믿음을 너무나 몰랐고 잘못 알고 있었다. 아니 알아 보려고도 하지 않고 거부만 했다.

순교자들의 이야기는 흐릿한 정신이 깨어나게 하는 청량제 같았다.

우리 신앙 선조들은 그 옛날 어두운 시절이었지만 세계사에서는 유일하게 선교사도 없이 교회가 설립되고, 수많은 분이 기꺼이 목숨까지도 바치는 순교의 길을 걸었다.

그래서 한국천주교회를 평신도 교회, 기적의 교회라고 부른다.

순교자들의 흔들리지 않는 순수한 믿음이 가슴 가득 파문을 일으켰다.

순교자를 그 시대만의 이야기, 그들만의 특수한 상황에서 발생했던 가슴 아픈 이야기로만 여겼다. 심지어 《한국 천주교회사》 책을 접할 기회가 더러 있었으나 재미가 없어서 항상 뒷전으로 밀어두고 보지 않았다.

목숨 바쳐 순교하신 우리나라 신앙 선조들께 진심으로 사죄드리며 그분들의 경건한 믿음이 너무나 자랑스럽다. 한 분 한 분을 떠올릴 때마다 순교하기까지의 당당한 신앙인의 모습을 알아갈수록 존경스럽다.

나는 그동안 이승에서의 편안함을 추구하며 하느님을 만났기 때문에 주님 안에 큰 그림으로 다가가질 못했고, 생로병사 무거운 고통의 굴레를 벗어나기가 더욱 어려웠던 것은 아니었을까? 정체되어버린 나약한 신심이다.

문제의 심각성은 한국순교 성인들의 아름답도록 숭고한 신앙 이야기를 나만 이렇게 모르는 것이 아니라 주변 분들도 많이들 나처럼 이렇게 우리 순교성인들의 이야기를 막연하게만 알고 있다는 점이다.

오지랖이 넓은 나는 문득 한국 순교성인들의 이야기를 나의 관점에서 읽기 편하게 글을 써서 전해 보고 싶어졌다.

아, 그러나 순교자들의 이야기를 알아갈수록 나의 시도는 무모했고 어리석었으며 나의 영역 밖의 영역이었다. 역사학도 신학도 전공하지 않은 무지한 상태에서 내가 접근하기엔 어려움이 너무 많았다.

벌집을 잘못 건드려버린 기분이었다.

수많은 순교자를 다 기록할 순 없으니까 몇 분을 선정해야 했고, 순교자들의 박해 상황을 이해하기 쉽도록 설명하기 위해선 조선의 역사적 맥락도 알아야 했다. 오백여 년의 방대한 조선 역사와 이걸 또 나의 것으로 소화해 내기엔 어디까지 확장해서 접근해 가야 할지 아득하기만 했다.

같은 사건임에도 중구난방으로 일관성이 없는 자료들을 접할 때는 역사적 사건에 가장 가까운 사실을 구별해 낼 재간이 없었다.

많은 자료를 찾았으나 얼마나 사실과 가깝게 접근했는지 알 수 없고, 한 사건을 두고도 역사학자들의 관점에 따라 논점을 달리해 아직 논의 중인 것들도 더러 있었다. 나의 역량으로 세밀하게 이런 모든 것들까지 다 살펴서 글을 쓰기에는 한계가 있었다.

많은 자료를 통해 순교자들에 대해서 알아가는 동안 신심이 약한 나는 숱한 의문이 들었다.

조선의 순교자들이 철옹성만 같은 유교와의 충돌도 이겨내고 초인적으로 믿음을 지켜낼 수 있었던 힘의 원동력은 무엇이었을까? 선교사도 없는 상황에서 순교자들의 마음을 사로잡았던 신앙은 어디에서부터 출발했을까?

아무리 생각해 봐도 단칼에 바로 목이 잘려 죽기도 끔찍한 일이다.

천주교를 믿는다는 이유 하나만으로 온몸을 두들겨 맞아 성한 곳이 한 군데도 없는 처참한 상태, 밧줄로 두 허벅지 살을 당겨 뼈가 드러난 다리 톱질, 양팔을 뒤로 당겨 뼈가 부러지기 직전까지 팔 꺾기, 달궈진 인두로 살갗 지지기, 뼈가 부러지고 살이 뭉그러진 상처의 통증과 좁은 감방에서 육신이 부패한 고약한 냄새, 배고픔을 못 이겨 피고름 범벅인 멍석에서 볏짚을 뜯어먹으면서도 밥상을 차려놓고 배교(背敎)만 하면 살려주겠다는 데 거절할 수 없는 인내. 통나무 기둥에 몸을 묶은 채 물에 적신 창호지를 얼굴에 겹겹이 발라서 숨이 끊어져 가는 질식, 혹독한 고문 끝에 수차례 실신하면서까지 참아낼 수 있었던 믿음 등. 이런 고통을 감내하며 죽음을 선택할 수 있었던 순교자들의 확고한 신심의 정체는 무엇일까?

나는 오랜 세월 동안 신부님들 강론을 듣고 성경책을 읽었어도 이런 고통이 닥칠라치면 바로 배교하겠다고 말할 것 같다. 순교자들이 단순히 믿음이 좋아서라고 말하기엔 무언가 부족하다.

그분들도 한계가 많은 인간이고 모든 생명체는 본능적으로 목숨을 부지하고 오래 살기를 원한다. 인간의 의지를 넘어선 확고한 신앙을 갖기까지 성령님의 힘이 역사했겠지만, 또 다른 어떤 힘에 이끌려 이 고통을 감내할 수 있었는지 자료를 통해 찾을 수 있는 선까진 알아봐야 했다.

많은 순교자가 사서삼경(四書三經)을 비롯해 수많은 경전을 통독했고 유교, 불교, 도교를 섭렵한 철학자요 당대 최고의 지성인들이었다. 명문가 자제들로 부유하게 살면서 이승의 삶이 버거워 순교하진 않았다.

모래 속에서 진주를 찾는 심정으로 흩어져 있는 퍼즐을 짜 맞춰 완성품을 만들어야 했지만, 주님 앞에 앉으면 건강을 주시라고 빌 줄만 알았고, 건성으로 성당을 다녔기 때문에 숱한 벽에 부딪혔다.

거기다가 변형되어버린 관절 통증이 심해 건강도 따라주질 않았다.

머릿속에서 생각은 맴도는데 어느 선까지 윤곽을 잡아가야 할지 집중하다 보면, 생각은 꼬리에 꼬리를 물고 달려들어 뇌세포가 꼬여 정신착란이 일어날 지경이었다. 30여 년 시달려 온 불면증은 매일 수면제를 복용해도 잠을 잘 수 없어서 갈수록 호흡곤란으로 몸이 허공을 나르는 기분이었다.

이런 글은 이 분야를 전공한 학자들 영역이었다.

더 이상 감당할 수 없어서 중간에 글쓰기를 포기해 버렸고 해미에서

2년 남짓 살다가 대전으로 다시 이사를 왔다.

옛친구 갑천(甲川)은 반갑게 나를 맞아주었다.

가까운 벗과의 재회로 매일 갑천에 나갔다. 벼가 익어가는 시골 들판이 보이질 않아 아쉬웠으나 갑천 가을은 꽃들의 향연으로 축제의 장이었다.

하늘색을 품은 푸른 강물은 그대로 드러누워 물새들과 수다를 떨고 있었다. 강과 산 사잇길로 기차가 달리고 산책로에선 자전거맨들이 달렸다.

나도 음악과 함께 휠체어로 달리는 동안 글을 쓰느라 답답했던 가슴은 시원하게 뚫렸다. 낭만과 평화였다.

겨울 문턱에서 갑천 강바람은 마녀처럼 사나워져 친구를 만나러 나갈 수가 없었다. 쓰다가 만 글은 나를 괴롭혔고, 순교하신 분들의 숭고한 모습도 수시로 떠올랐다. 순명(順命)하는 심정으로 숱한 난관에 부딪히며 본격적으로 글쓰기에 집중하는 동안 한국 순교 성인 성녀님들께 도우심을 청했다.

어려움을 느낄 때마다 평신도가 쓰는 귀한 글이니 포기하지 말라는 이성효 주교님의 적극적인 격려와 도움이 있었다. 주교님께서 여러모로 도와주셔서 부족하나마 글이 꼴을 갖추고 완성될 수 있었음에 진심으로 감사드린다.

독자들은 이 글을 읽기 전에 이토록 부족한 글임을 미리 양해 바라며 기도하는 마음으로 큰 틀에서 접근해주길 바란다.

지금부터 한국천주교회의 태동에서부터 신앙의 자유를 찾기까지의 과정을, 조선이란 한 나라의 흥망성쇠와 함께 곁가지도 쳐가면서 나의 관점에서 우리 신앙 선조들을 만나보겠다.

　　"나의 주님, 나의 하느님!"을 처절하게 외치던 전설 같은 조선의 별들 이야기가 굴곡진 개개인의 삶으로 간단하게 그려질 것이다.

　　역사는 계속된 상호작용 속에서 현재와 과거의 끊임없는 대화이다.

　　우리가 역사를 통해서 알아보려는 것은 과거의 사실을 비추어 현재 상황을 이해하고 보다 발전적 미래를 준비하기 위함이다.

　　한국 천주교회사, 조선의 역사, 예수님의 수난 고통을 통해 현재를 살아가는 우리는 무엇을 추구해야 하고, 어떤 점을 고뇌해야 하는가?

　　21세기를 살아가는 우리는 다원화된 가치가 공존하고 온갖 정보는 진실과 거짓이 서로 뒤엉켜 넘쳐난다. 모든 것 위에 물질 만능이 되어 버린 세상에서 경쟁에 밀리면 낙오자가 되고, 성실하게 일만 해선 경제적 자유가 주어지지 않는 혼돈의 세상이다.

　　지구상의 모든 나라는 하나로 묶여 과학기술, 경제, 사회문화, 외교, 의료, 국방이라는 방대한 영역에서의 각국의 안보가, 강대국을 중심으로 첨예하게 부딪히며 보이지 않는 곳에서 치열하게 싸우고 있다. 총성 없는 전쟁터와도 같은 국제사회에는 강자가 약자를 집어삼키는 정글의 법칙이 존재한다.

　　AI는 갈수록 진화되어 가고, 인간은 로봇에게 얼마만큼 지배를 당할지도 미지수이다. 현시점은 코로나-19로 인해 많은 분이 가까운 사람들과 사별해야 했고, 나라마다 위기 극복을 위한 통화량 증가로 인플레이션이란 또 다른 난제를 만나 경제적 위기에 직면해 있다.

이 와중에 러시아와 우크라이나는 끝나지 않은 전쟁 중이다.

경제적 패권 다툼 중인 강대국 미국과 중국은 대만을 사이에 두고 우리를 다시 불안하게 하고 있다. 우리나라는 정권이 바뀌면서 다시 남북한은 평화 대신 전쟁의 위협으로 핵을 논하며 대치 상태에 있다.

신냉전이라는 단어가 등장했고, 앞으로 열강의 세력들은 어떻게 재편되고 전개될지 혼돈의 세계는 또 다른 갈등 국면에 직면해 있다.

여기에 더하여 경제적, 이념적 양극화가 심각해지고 사회적 갈등이 심화되고 있지만, 사회 지도자들은 이를 해결하기는커녕 나의 정권을 유지하기 위해서라면 오히려 갈등과 분열을 부추기는 주범이 되기도 한다.

많은 현대인이 자아를 잃어버린 세상의 풍랑에 뒤섞여 방황한다.

아담과 하와가 에덴동산에서 저질렀던 원죄처럼 현대인들은 돈과 힘에 지배당한 자본주의의 노예로 전락해 가고 있다.

죄악이 퍼져가는 어지럽고 난해한 세태이다.

혼돈의 세상에서 우리는 어떻게 마음의 중심을 잡아가야 하는가?

성령님이 이끄시는 진리를 향한 발걸음은 어느 곳을 향해 있는가?

예수님은 우리 그리스도인들을 어느 길로 인도하고 계시는가?

죽음보다 더욱 짙은 어두운 터널을 지나온 우리 신앙 선조들, 그리고 파리 외방 전교회 선교사들과 함께 조선이란 나라로 시간여행을 떠나보겠다.

01

한국 천주교회의
태동

조선(朝鮮) 건국

한국 천주교회사는 한국사와 밀접하게 연관되어 있다.

1392년 고려를 멸망시키고 조선이란 새로운 왕조를 탄생시킨 이성계와 정도전은 수도를 개경에서 한양으로 옮기고, 이름도 한양에서 한성으로 바꾼다. 나라 기강을 바로 세우기 위해 3대 기본정책을 내놓았지만 새로운 나라는 구조적 모순을 안고 출발한다.

첫째, '농자천하지대본야(農者天下之大本也)'라는 숭농억상(崇農抑商) 정책으로 농업만을 강조하고 공업과 상업을 천시했다. 식량 주권을 확보하기 위한 차원에서 농업을 중시했지만 다른 산업을 지나치게 경시해서 경제가 발전할 수 없었다.

둘째, 숭유억불(崇儒抑佛) 정책을 통해 고려조의 불교 문화를 배척하고 윤리 도덕을 강조하는 유학을 숭배했다. 500여 년 동안 이어져 오던 불교는 민중의 삶 속에 깊숙이 뿌리내리고 있었는데, 고려조에 이르러 부패한 권력이 되어 갔다. 조선 오백 년의 역사를 지나는 동안 유교 문화는 단순한 종교를 넘어서는, 국가의 통치이념이고 사회 기강의 근간인 국가 권위였다. 시간이 갈수록 고려 말 안향에 의해 들어온 유교의 한 축인 성리학이 유학자들에 의해 뿌리를 내리게 된다.

성리학은 성명의리지학(性命義理之學)의 준말로 보통 주자학(朱子學)이라고도 불리는데, 공자와 맹자의 유교 사상을 형이상학적 세계로 해석했다.

기본 원리는 하늘은 착한 심성을 지니고 있고 소우주인 인간도 착한 본성을 지니고 태어나지만, 인간은 욕심 때문에 나쁜 행동을 하게 되므로 욕심을 제거하고 착한 본성을 회복하기 위해 교육을 통해 도덕적으로 살아야 한다는 것이다. 성리학은 명분과 정통을 특히 중시해서 임금, 양반, 남성은 상(上)으로, 평민, 천민, 여성은 하(下)로 구분지어 차별적 계급 사회를 명문화했다. 조선의 신분제도는 1894년(고종 31년) 갑오경장 이후에 철폐되었다.

셋째가 사대교린(事大交隣) 정책이다. 세력이 강하고 큰 나라인 중국(명나라)은 극진한 예를 갖추어 받들어 섬기고, 주변국 여진족과 일본은 대등한 입장에서 사귀어 국가안정을 도모해야 한다는 사대주의 정책이다.

조선은 사대교린정책을 펼치면서 해마다 강대국인 명나라에 조공을 바치고 외교사절단인 사신을 보냈다. 황제, 황후의 생일을 축하하기 위해 파견한 성절사, 황태자의 생일을 축하하기 위해 파견한 천추사, 나랏일을 보고하기 위해 가야 할 땐 주청사, 정기적으로 봄가을에 가는 춘추사, 겨울에 가는 동지사 등이 있다. 이 모든 사절단의 이름을 부연사(赴燕使) 또는 부경사(赴京使)라 칭했다.

한 번씩 출동한 부연사 일행은 북경까지 육로를 통해 걸어서 갔는데, 적게 갈 땐 200여 명, 많이 갈 땐 600여 명씩 왕래했다. 정사와 부사, 역관들, 서장관들, 수행비서들, 조공을 싣고 가는 마부와 짐꾼들, 인삼을 비롯해 물건을 파는 장사꾼들을 잡색이라 하여 온갖 장사꾼까지, 많은 무리가 떼를 지어 이동하였다. 이들은 아주 빨리 가면 한 달, 보통은 한 달 반에서 두 달, 더딜 땐 더 많이 걸려서 도착했다. 명나라를 왕래하는 도중 동사한 사람, 풍토병에 걸린 사람, 짐승에 물려 죽은 사람 등 변화무쌍한 날씨 속에 무사히 다녀오기도 쉽지 않았다.

부연사 일행이 명나라 황제를 만나 볼일을 보는 데 걸린 시간은 몇 분 아니면 하루가 걸렸고, 명나라의 결정을 기다려야 할 땐 일주일 정도 걸렸다.

북경에 도착한 부연사 일행은 볼일이 끝나도 바로 되돌아오지 않았다. 도성(都城) 밖에 중국 정부가 마련해준 동해관이란 숙소가 있어, 이곳에서 휴식을 취하면서 관광도 하고 한 달 이상 머무른 후에 육로를 통해 걸어서 다시 머나먼 길을 되돌아왔다. 중국을 한 번 다녀오려면 대략 6개월 가량 걸렸다. 조선에 도착하기도 전에 또 다른 부연사 일행이 출동하여 어느 땐 오고가는 길에 서로 마주치기도 했다.

마태오 리치 신부와 『천주실의(天主實義)』

중국은 마르코폴로가 중국에 와서 『동방견문록』을 썼던 11세기, 서양 선교사가 파견되었던 13세기 등 여러 차례 복음이 전해질 수 있었고, 2만여 명의 신자가 있다는 기록도 남아 있다. 1294년 원나라 때 연경에 천주교회가 생기고 13세기 말 중국교구가 설립되었지만, 그 이후에 서양과 중국은 서로 간 교역이 끊기면서 종교적인 왕래도 없었고, 신자들도 모두 사라졌다.

그러다가 16세기 초 예수회 소속 마태오 리치(Matteo Ricci, 1552~1619) 신부가 북경에 도착해, 중국 남당에 천주당(天主堂)을 세우고 선교를 하면서부터 중국에도 본격적으로 천주교가 전파되었다.

중국에 처음 도착한 마태오 리치 신부는 중국의 역사적 전통과 높은 문화 수준에 놀랐다. 복음의 결실을 얻기 위해 한문을 배우고 익혀서 한시(漢詩)를 비롯해 사서삼경을 통독했다. 중국 문화를 충분히 이해한 바탕 위에 중국인 대학자 서광계와 이지조의 도움을 받아 한역서학서(漢譯西學書)를 간행하였다. 한역서학서란 서양의 종교, 천문, 역산, 지리, 과학, 기술 등 서양의 발달한 과학 문명과 윤리, 종교에 관한 내용을 한문으로 쓴 책들이다.

마태오 리치, 판토하(Pantoja, 1571~1618), 바노니 신부 등이 50여 권이 넘는 책을 저술하였고, 마태오 리치 신부가 저술한 책은 현재 남아 있는 책만 19권에 이른다. 중국인들은 한역서학서를 읽고 서양의 역사와 과학기술 문명을 접하면서 지구가 둥글다는 것과 지구상엔 다양한 민족이 존재함도 알게 된다.

　마태오 리치 신부는 이탈리아에서 약재상을 하는 아버지의 9남 4녀 중 장남으로 태어났다. 법학을 3년간 공부하다 예수회 소속 신심 단체에서 활동하면서 하느님께 봉사하는 거룩한 삶을 선택하고, 예수회 신부가 되어 중국으로 선교를 왔다.

　중국에서 신앙을 전파하기 위해 각고의 노력 끝에 중국 문화를 이해했고 동양 종교의 핵심 교리도 파악했다. 중국어를 보통 3년쯤 걸려 배우는데 마태오 리치 신부는 몇 달 만에 습득할 정도로 다방면으로 똑똑했다. 그는 한 사람의 선교사이기 이전에 중국을 가장 많이 아는 서양 학자였으며, 서양문물을 통해 중국을 발전시키고 변화시킨 위인으로 칭송받았다. 1610년 마태오 리치 신부가 선종하였을 때, 중국 황제가 존경의 표시로 땅을 하사(賀使)해서 중국 땅에 묻힌 외국인이다.

　1603년에 간행된 마태오 리치 신부의 저서 『천주실의(天主實義)』는 조선에서도 북경을 다녀온 사람들을 통해 들여와 많은 학자들이 읽었다. 이벽, 윤지충, 김범우, 권철신, 권일신, 강완숙, 정약용, 정약종, 황사영, 유진길 등 유학자들을 중심으로 『천주실의』를 읽고 천주교도가 되었다. 한문을 모르는 서민들은 18세기 중엽부터 한글로 번역된 책이 발간되어 읽을 수 있었다.

　『천주실의』는 천주에 대한 참된 가르침이란 뜻의 가톨릭 교리서이며 호교서(護敎書)이다. 중국 유학자 중사(中土)와 서양 철학자 서사(西土)가 서로 대화하는 형식을 빌려 진술하였고 상하 2권으로 되어 있다. 이 책을 통해 마태오 리치 신부가 중국 학예(學藝)에도 얼마나 통달하였는가를 엿볼 수 있다. 책의 내용은 성서 중심의 천주 교리는 다루지 않고, 중국인들이 이해하기 쉽도록 중국 문화와 종교를 설명하면서 접근했다.

인간의 이성과 자연적인 식견으로 본질적인 문제만을 다루어 신앙의 계시 진리에 도달할 수 있도록 전개해 놓았다. 경전을 적절하게 인용하여 교양을 바탕으로 보유론(補儒論)적 입장에서 천주교를 설명했다. 보유론(補儒論)이란 그리스도 사상이 유교 사상과 유사하다는 전제하에서, 되도록 유교를 이해하고 이를 토대로 그리스도교를 전교하려는 논리이다. 세상 모든 이치를 차근차근 타이르듯 설득하여 독자들이 승복하지 않을 수 없게 서술했다. 유일신 창조주를 중심으로 천주교의 계시 진리를 설명하면서 불교와 도교를 철저하게 논박해 중국사상계에 큰 파문을 던졌다.

천주실의를 통해 동서양의 문화적 거리를 넘어서는 기독교와 유교의 첫만남이 이루어졌고, 중국뿐만 아니라 동북아시아의 유교 전통사회에 가톨릭 신앙이 심어졌다. 동양 문화권에 그리스도교라는 가치체계를 확립해줌으로써 사상사적, 문화사적 관점에서 중요한 가치를 지닌다.

『천주실의』에 관한 내용을 간단히 살펴보겠다.

1편에선, 천주(하느님)는 만물을 창조하고 그것을 주재하는 존재임을 논증해 천주의 교의(敎義)가 참된 교의임을 증명하고 있다.

2편에선, 불교, 도교를 논박하고 유교에 대해서는 대체로 인정했다.

다만 유교에서 말한 태극설(太極說), 즉 음양 사상과 결합해 만물이 생성함이 우주의 근원이란 설은 부정했다.

실체(實體)와 우연을 설명해 신은 모든 완전성을 지닌 실체임을 역설하고, 중국 고대사상에서의 상제(上帝)는 중국 고대 문헌에 11종이 들어 있는데 중국 고전에 나온 상제가 하느님임을 설명했다.

무(無)와 공(空)의 교리를 주장하는 불교와 도교를 논박하고, 주자와 안향 등 여러 학자들이 리(理)와 기(氣)를 역설함으로 인해, 중국 경전에 나온 상제가 사라지고 우주 속성이 변질했음을 설파했다.

3편에선, 천국의 실제에 대해 언급한 뒤, 생물 중 동식물의 단성(單性)과는 달리 인간은 영성(靈性)을 지녔고, 특히 영혼 불멸성(不滅性)을 논했다. 자연과학에도 조예가 깊었던 마테오 리치 신부는 식물, 동물, 인간의 특성을 구분지어 설명했다.

식물에는 성장하는 생혼(生魂)인 생명만 있고 생각이 없으며, 동물에는 감각과 생각이 있는 각혼(覺魂)은 있는데 영혼이 없다. 하지만 인간은 동식물의 특성에 더하여 혼백(魂魄)을 지니고 있다. 그래서 논리적으로 판단하고 생각하는 능력인 이성(理性), 육체 속에 깃들어 생명을 부여하고 마음을 움직이는 영혼(靈魂)을 지녔음을 자세히 설명했다.

유형의 실체인 인간의 육신은 물, 공기, 불, 흙이란 물질의 4대 요소와 함께 생존하다 죽게 된다. 하지만 무형의 실체인 영혼은 물질의 영역 밖에 존재한다. 인간이 죽는다는 것은 육신이 사라지는 것이지 영혼이 사라지는 것을 의미하지 않는다. 육신은 죽더라도 인간의 영혼은 구름처럼 흩어져 사라져버리는 것이 아니라, 물질이 아닌 영의 세계인 시공을 초월한 어느 영역에서 영원히 존재한다.

주어진 환경과 본능에 따라 살아가는 동물의 세계와 달리, 인간은 육체와 영혼이 결합해서 사노라면 이성과 감정이 충돌하는 고통의 연속이다. 거기다 나를 중심에 두고 사물이나 상대방을 바라보는 성향이 강해서, 나를 챙기느라 상대방의 고통이 잘 보이지 않는다. 그래서 진정한 자유와 평화는 잠시 머무는 이승이 아니라 영혼의 세계에서 영원히 존재함을 설명했다.

4편에선, 중국 고전에서 예를 들어가며 고대신령(古代神靈)에 대한 신앙을 논증하여 인간 영혼이 신령하다는 것을 지적한다.

능(能)과 불능(不能)의 차이를 보여주고 범신론적일신론(汎神論的一神論)을 논박했다. 범신론에선 신을 초월적 존재가 아닌 존재 자체를 신으로 봤다.

마태오 리치 신부는 유일신으로서의 하느님은 창조주 인격신(人格神), 즉 신은 초월적 존재이면서 인간적인 의식과 감정과 형상을 지닌 신의 의인화를 강조했다.

특히 하느님은 유일하신 절대적 초월적 존재로서 인간 유한성, 모순, 부조리의 상황 속에서, 하느님만이 인간을 구원할 수 있음을 강조했다.

5편에선, 윤회설의 창시자가 피타고라스(Pythagoras, B.C.570~B.C.495)이며, 석가는 그것을 채용하여 윤회설을 중국에 전한 것이라고 했다. 이것은 여러 측면에서 반론도 제기되고 있다.

다만 영혼이 존재하는 인간과 짐승이 '어떻게 삶과 죽음이 반복될 수 있는가' 하는 교리는 적극적으로 부인했다. 만물이 모두 인간을 위하여 창조된 것이므로 불교에서 영혼이 없는 동물의 살생을 금함은 옳지 않다고도 했다.

6편에선, 참된 뜻에서의 소망과 두려움의 정당성을 밝히고 그것은 사후(死後)의 상벌로만 옳게 실현됨을 강조했다. 천국, 지옥, 연옥에 관한 교리를 설명하며 이에 대한 비방을 논증적으로 반박하였다.

그러나 선(善)을 행함으로써 천국을 가는 것인데, 천국에 가기 위해서 선을 행한다면, 이는 공로를 쌓기 위한 행동이므로 참된 공로라 할 수 없다.

아무리 선을 행하고 살았을지라도 인생 마지막에 악을 행하면 천국에 갈 수 없고, 평소에 나쁜 행실을 하고 살았을지라도 생의 마지막에 자신의 행동을 진심으로 회개하고 선을 행하면 천국 낙원에 들어간다고 했다.

잡신을 멀리하고 하느님만을 사랑해야 하며, 이승에서 욕망을 절제하고 하느님 사랑하는 그 믿음으로 이웃사랑을 실천하고 살아가야 한다. 참된 믿음과 사랑을 실천하는 척도에 따라 천국, 연옥, 지옥으로 향한다는 내용은 설득력이 대단했다.

7편에선, 천주의 인격과 선악, 자유의지와 인간의 목적을 설명하고, 천주에 대한 사랑과 이웃에 대한 사랑을 주축으로 하는 그리스도교 설을 펴종교적 무관심 주의의 오류를 갈파했다.

하느님에 대한 신앙은 확실한 지식이고, 사랑은 고귀한 덕행임을 다시 강조했다. 하느님을 사랑하고 이웃사랑을 실천하는 것은 이성을 지닌 인간으로 태어나 덕을 쌓아가는 가장 중요한 행위라고 힘주어 강조했다.

8편에선, 유럽의 관습과 천주교 성직자들의 독신제(獨身制)를 설명했다. 중국에서의 잡다한 종교 생활을 개탄하면서 중국 고대 사회에서는 사정이 달랐음을 밝히고 있다.

끝으로 원죄를 말하고, 동정녀 마리아를 통해 천주 성자께서 천주성과 인성을 취해 인간으로 강생하시는 천주강생(天主降生)을 설명했다.

진리의 생활을 원하는 사람은 천주교에 관한 서적으로 공부해서 천주교에 귀의하여야 한다고 결론 짓고 있다.

임진왜란

1592년(임진년)에 일본군이 조선을 침입하는 임진왜란이 일어난다.

30만 대군의 일본군은 4군으로 나뉘어 쳐들어왔다. 그중 1군 사령관은 불교 신자였고, 2군 사령관은 고니시 유키나가(아우구스티노)인 천주교 신자였다. 일본군이 밀고 넘어오자 선조는 나라를 광해군에게 맡기고 도망친다. 평양을 지나 의주까지 가서 여차하면 명나라까지 도망치려 했는데 신하들이 말렸다. 광해군은 전국을 돌며 민심을 안정시키고 의병을 소집해 의병들의 사기를 북돋우며 방어했고, 명장 이순신은 바다에서 활약했다.

하지만 일본군에 밀려 왕까지 쫓겨가던 조선은 명나라에 지원군을 요청했고, 조선으로 들어온 명나라 군사들에게 밀려난 일본군은 다시 남하해 경상남도에 진을 친다. 이때가 1593년이다.

천주교 신자인 아우구스티노 일본 사령관은 조선 땅에 와 있는 동안, 교착상태에 빠진 일본군들의 규율도 잡고, 천주교 장병들에게 미사성제와 고백성사를 주기 위해, 일본에서 선교사로 있는 포르투칼 출신 예수회 소속 그레고리오 세스페데스(Gregorio de Cespedes, 1552~1611) 신부를 조선으로 파견한다.

일본은 1549년 천주교가 처음으로 전파되었는데, 첫 번째 선교사는 예수회 소속 프란치스코 하비에르(Francisco Javier, 1506~1552) 신부였다. 그는 인도를 거쳐 일본의 가고시마에 도착해 2년 4개월을 활발하게 활동했다. 이후 아시아의 중심인 넓은 땅 중국이란 나라가 있음을 알고 중국으로 선교를 하기 위해 떠난다. 하지만 인도를 거쳐 상천도에서 중국으로 가기 위해 배를 기다리던 중 열병에 걸려 선종한다.

세스페데스 신부가 남긴 일기에 보면 1593년 조선 땅 경상도 공개에 도착했다고 기록되어 있다. 지금의 경상남도 진해이다. 세스페데스 신부는 조선에 있는 일본군 진영에서 약 1년 6개월 동안 군종 사목을 하였다.

1593년 12월 27일이 세스페데스 신부가 조선에 도착한 첫날이다. 아마도 신부는 도착한 첫날 미사를 봉헌했을 것이고, 비록 일본군과 드리는 미사였지만, 우리나라 오천 년 역사상 최초로 우리나라 땅에서 사제가 미사 성제를 봉헌한 첫날이다.

조선과 일본은 침략하는 약탈자와 약탈당하는 적대관계였던 당시 상황에서, 세스페데스 신부가 조선인에게 복음을 전파하기는 불가능하였을 것으로 여겨진다. 세스페데스 신부는 총 4회에 걸쳐 교구청에 서간문을 보냈다. 이 서간문에는 조선의 기후, 전쟁의 참상, 도요토미 히데요시의 무모하고 그릇된 야욕, 조선-명-일본 간의 정치적 상황 및 명-일 평화협정에 대한 갈망 등이 담겨 있었다. 세스페데스 신부는 1년 6개월간 조선에 머물렀는데, 우리나라에 표류해 온 최초의 서양인으로 알려진 '하멜'보다, 60년 앞서 조선에 들어온 서양인으로 역사적으로도 시사하는 바가 크다.

임진왜란의 명장 삼도수군통제사 이순신은 전라도 바다뿐만 아니라 부산 앞바다까지 지켰고, 계속되는 승전보에 백성들에겐 크나큰 희망이었다. 그러나 선조는 전쟁이 소강상태에 접어들자 여러 가지를 트집 잡아 이순신을 파직시키고 옥에 가둔다. 원균에게 삼도수군통제사를 맡기게 되는데, 그는 나가서 싸운 해전마다 패하고, 이순신 장군이 만들어 놓은 300척의 판옥선마저 잃고 행방불명된다.

선조는 이순신 장군에게 사과하며 다시 삼도수군통제사로 임명하고 전쟁터로 보냈는데, 도요토미 히데요시가 죽자 전쟁을 끝내고 퇴각하는 왜군을 끝까지 쫓아가다 1598년 11월 19일 노량해전에서 왜군의 총에 맞는다.

"싸움이 급하니 나의 죽음을 알리지 말라."

23전 23승을 기록한 전쟁 영웅 이순신은 이렇게 장렬히 전사한다.

7년간의 전쟁으로 조선 산천은 피폐해졌고, 임진왜란 동안 일본군은 조선 땅에서 무수한 만행을 저질렀다. 그뿐만 아니라 도자기 기술자, 그릇 굽는 기술자, 하다못해 콩으로 두부와 비지찌개를 만드는 기술만 있어도 일본으로 모조리 잡아가서 비참하게 노예처럼 부려먹었다. 일본의 식생활과 일본 도기 문화의 중심이 이때 잡혀간 조선 사람들에 의해 형성되었다.

그 당시 일본으로 끌려간 조선인들은 5만여 명이 넘었고, 많은 조선인이 포로수용소에 갇힌 채 일하였다. 공교롭게 포로수용소에 있던 일본인 관원들 대부분은 천주교 신자였다. 천주교 신자였던 일본 관원들은 수용소에서 일하는 조선인들에게 특별히 신자로서의 모범을 보여주었다.

끌려간 조선인 중에 2000여 명이 세스페데스 신부에게 교리를 받고 천주교 신자가 되었는데, 그중에 21명이 순교하였다. 성 바오로 이바라끼, 성 레오 이바라끼, 성 루도비꼬 이바라끼는 일본으로 끌려간 우리나라 사람으로 일본에서 성인이 되었다. 일본의 신율도라는 곳의 수호성인으로 모셔져 있는 오따 줄리아도 조선인 소녀로, 신율도에 유배 가서 26년간 천주교인으로서 수도자처럼 살았다.

이탈리아 플로렌스 출신인 프란치스코회 소속 카를레티 수사가 1594년부터 1606년까지 세계 여행을 다니면서 적어 둔 기행문이 있다. 1597년 1년 동안 일본에 머물렀다. 임진왜란 당시, 나가사키 항구로 끌려온 조선의 어린아이들을 보면서 기록으로 남긴 글의 내용이다.

「포르투갈 노예장사꾼들이 부산항구에 진을 치고 기다리고 있으면, 일본군들은 조선의 어린아이들을 일부는 부산항구에서 포르투갈 노예상들에게 팔았고, 일부는 짐승처럼 묶어서 일본항구로 데려왔다. 포르투갈 노예상들은 조선인 어린아이들을 인도와 유럽으로 헐값에 팔아넘겼다. 전쟁 중에 고아가 되어버린 어린아이들이 피를 흘리며 죽어 있는 부모 곁에서 굶주린 채 울고 있으면, 일본군들은 그런 어린아이들의 손발을 새끼줄로 묶어 무더기로 끌고 온 것이다.

나가사키 항구에서 굶주림에 비쩍 말라 겁에 질려 묶여 있는 조선인 어린아이들을 보면서, 차마 눈을 뜨고 볼 수 없는 처참한 광경에 마음이 아파 발걸음이 떨어지질 않았다. 호주머니에서 돈을 털어 적은 돈으로 다섯 명의 조선인 아이들을 샀다. 집에 데려와 밥을 먹이려 했지만, 겁에 질린 아이들은 이틀 동안 밥을 넘기지 못하고 공포에 떨고만 있어서 애를 먹었다. 다섯 명의 아이들을 계속 데리고 있을 수 없어 인도에 가서 보육원으로 보냈다. 한 아이는 너무나 정이 들어 안토니오 꼬레아로 이름 지어 이탈리아로 데려가, 피렌체에서 세례를 받고 신학 공부를 시켜 수도회에 입회시켰다.」

북경의 천주당(天主堂)

조선인들의 부연사 일행이 중국을 왕래하는 길에는 관광명소가 19군데 있었고, 중국에서 한 달 동안 휴식을 취할 땐 항상 관광명소에 들렀다.

16세기 초 예수회 소속 신부들이 중국으로 들어오면서부터 천주당이 생겼는데, 그때부터 천주당은 조선인들이 들른 관광명소 중 대표적 명소가 되었다. 낮은 건물 사이로 높은 뾰족지붕을 이고 있는 천주당은 동당, 서당, 남당, 북당이란 이름의 네 군데 성당을 말한다. 그곳에는 마태오 리치 신부, 판토하 신부, 아담 샬 신부 등이 선교사로 와 있었다.

중국인들은 조선인들을 자기 나라의 속국이라 하여 아주 무시했는데 서양의 선교사들은 매우 친절하게 대해주었다. 예의를 중시한 조선인들은 선교사들에게 중국에 도착했노라 인사하고 되돌아간다고 인사를 하면서 서로 가깝게 지냈다. 이리하여 중국 천주당에서 선교사와의 짧은 만남을 통해 조금이나마 서양문물이 조선에까지 도입되는 계기가 마련되었다. 선교사들은 조선인들이 갈 때마다 지구본, 세계지도, 묵주, 십자고상, 성모상, 상본, 자명종, 한역 서학서 등 다양한 선물을 주었다.

농경폐쇄사회였던 조선인들에게 중국을 다녀온 부연사 일행이 보고들은 이야기보따리는 새로운 세상이었다. 재미있고 신기한 이야기를 듣기 위해 부연사 일행이 무사히 돌아오길 주변 사람들은 손꼽아 기다리게 되었다.

다음은 유몽인의 설화집 『어우야담(於于野談)』의 내용 일부이다.

「조선인들은 본국으로 돌아와 서양 신부들을 이렇게 묘사했다.

우리는 중국의 천주당이란 곳에서 아주 기이한 사람이 있는 것을 보았다. 머리 빛깔은 노랗고, 눈알은 파랗고, 코는 오똑하고, 키도 크고, 피부색은 새하얀데 몸엔 털이 많아 짐승같이 생겼으나 아는 것이 많아서 우리는 그들을 서양의 선비라 해서 서사(西士)라고 부른다. 서사들은 우리가 갈 때마다 몹시 친절하게 대해 주었고 다양한 종류의 기이한 선물도 많이 준다.

서양 신부들도 부연사 일행을 만난 기록에, 해마다 정기적으로 동방에 미지의 한 민족이 200여 명, 300여 명씩 무리 지어 중국으로 들어온다. 그들은 새까만 머리털을 이상하게 깎지 않고 뚤뚤 말아 머리 위에 매고, 그 위에 쓸 필요가 없는 모자를 쓴다. 나이에 비례한 담배 기구를 늘 손에 들고 흰옷을 즐겨 입으며 예절을 아주 중요시하는 그런 민족이다. 기이한 민족끼리 서로 관찰을 한 것이다.

그러나 시간이 갈수록 서양 선교사들은 조선인들의 행동을 이해할 수 없었다. 조선인들은 성당 안으로 들어오기 전 성당 입구에서 선교사들이 서 있음에도 불구하고, "이리 오너라" 하면서 고함을 질렀다.

성당 안에선 모든 호흡을 가다듬은 후 소리 내어 목구멍에서 나온 가래침을 성당 바닥에 함부로 뱉었다. 그리고 한쪽 콧구멍을 손가락으로 막은 후에 온갖 힘을 쏟아 다른 쪽 콧구멍으로 코를 풀면, 콧속에서 나온 코가 1m도 넘게 멀리까지 날아갔고, 반대쪽 콧구멍도 똑같이 반복했다. 항상 들고 다닌 담뱃대로 담배 연기 날리고 담뱃재는 수시로 털었다.

성모상, 십자고상 등 성물은 성당에 들어오는 사람마다 만졌고, 만지면 안 된다고 아무리 말을 해도 듣질 않고, 한 번만 만져보자며 만지다가 깨트리고 더러워지기 일쑤였다. 제대 위로 올라가 불이 켜진 감실 문도 수시로 열었다. 서양의 선교사들은 말을 해도 듣질 않아 애를 태우다 한때는 조선인들을 성당 안에는 들어오지 말라고도 했다 한다.」

『홍길동전』의 저자 허균

조선인들이 중국의 사신으로 오고 가면서 한역서학서는 조선 중기부터 조선의 유학자들 사이에선 대부분이 읽었을 정도로 많이 읽혔다. 그중에 『천주실의』는 1614년에 출간한 우리나라 최초의 문학 백과사전인 이수광의 『지봉유설(芝峰類說)』, 유몽인의 설화집 『어우야담』에 소개되어 있다.

유몽인은 광해군 때 암행어사로 전국을 돌아다니면서 들었던 이야기들을 수집해 수필 형식으로 5권의 설화집 『어우야담』을 썼다. 광해군에 대한 충절을 지키다 1623년 처형당하고 나서, 이 책은 많이 훼손되었다. 정조 때 유몽인은 복권되었고, 어우야담 중 남아 있는 자료들을 모아 『어우집(於于集)』이란 책을 펴냈다. 그리하여 유몽인의 책은 다시 기록되고 평가되었다. 허균은 스스로 밝히지 않아 그동안 홍길동전의 저자가 알려지지 않았는데, 이 책에서 우리나라 최초의 한글 소설 『홍길동전』의 저자가 허균임을 알렸다.

아버지와 형들을 비롯해 허균 집안은 당대 최고의 문장가 집안이었고, 여류시인 허난설헌이 허균의 누나였다. 현재 강원도 강릉시에는 허균 허난설헌 기념공원이 조성되어 있다.

허균(1569~1618)은 독서의 양뿐 아니라 독서의 폭에서도 독보적인 책벌레였다. 임진왜란이 끝날 무렵 원정군을 보내준 명나라에서 명나라 사신이란 귀한 분이 조선을 오게 되면 특별한 대접을 하며 최상의 외교를 해야 했다. 이때마다 말재주뿐만 아니라 한시를 비롯한 글솜씨가 뛰어난 허균이 명나라 사신을 맞아 접견하는 원접사종사관(遠接使從事官)으로 차출되었다.

허균은 26세에 문과에 급제하고 다양한 직책으로 여섯 번 넘게 명나라를 다녀왔으며, 명나라를 오가는 동안 4000여 권에 달하는 책을 사서 귀국했다. 허균은 독서가 생각을 키우고 다른 사상에 대한 이해를 높인다 하여 책을 읽는 것을 매우 즐겼다. 다양하고 개방적인 독서는 금서까지도 가리지 않고 읽으면서, 종법과 예학으로 얽힌 유교 사상에 대한 비판의 힘을 날이 갈수록 키워나갔다.

인간의 윤리보다는 감정을 중시하는 양명학, 도교, 불교에도 관심을 가졌으며, 특히 불교에 심취하여 사명대사, 서산대사와는 아주 가까운 사이였다. 유교 사회에서 배척한 종교를 드러내 놓고 믿었고, 좋아하는 기생들을 데리고 다니는 일도 거리낌 없이 하면서 그 시대를 지배하던 모든 규제와 관습을 무시해 많은 질타를 받았다.

타고난 능력이 출중했음에도 불구하고 경박한 행동에는 많은 문제가 있다 하여 세 번의 유배와 여섯 번의 파직을 당했다. 조선 시대에는 관작에 있으면서 지방으로 출장을 가면 기생들을 들여보냈다고 한다. 그런데 허균은 기생들과 만난 이야기를 적나라하게 글을 써서 세상에 드러내 놓고 알렸다.

1610년 김굉필, 정여창, 조광조, 이언적, 이황 등 5인이 문묘에 배향(配享)되고, 서경덕, 이이와 같은 학자가 거론조차 되지 않은 것은 매우 가소로운 일이라며 주류사회에 대한 비판으로 공격을 가했다. 문묘배향(文廟配享)은 공과 사, 참과 거짓을 정확히 분별한 후에 이루어져야 할 것이라며, 성역 없는 비판을 가해 허균은 갈수록 기득권 세력에서 외면당한다.

그의 냉철한 비판의식은 당시 관료사회에서 눈엣가시 같은 존재가 되어 갔다. 하지만 허균은 굴하지 않았고 오히려 당당하게 마이웨이를 선언했다.

허균은 갈수록 양반사회에 대한 거부감으로 세상과 화합하지 못하는 이단의 풍운아요 사회개혁가가 되어갔는데, 많은 서적의 집필을 통해 허균은 사회 부조리를 비판했다.

조선에 인재가 드문 것은 좁은 땅에서 서열차별로 강호에 묻힌 인재를 발굴하지 못했기 때문이라며, 관리 등용 정책을 비판한 논설로 차별금지를 선언한다. 깨어 있는 백성을 두려워하며 백성을 위한 정치를 해야 하고, 관직 업무의 중복을 조목조목 지적해가며 관료제도 전반에 대해서도 비판한다. 현직 관료는 녹봉을 충분히 지급해 부정부패를 줄이고, 일에 대한 책임성을 높이라고 조언한다. 군사제도를 정비하여 국방을 강화할 것을 제안하고, 나라의 행정, 정치 전반에 대한 개혁론을 피력한다.

그것은 그가 예조좌랑, 병조정랑, 시복시정, 좌승지, 형조판서, 공주부사 등 내외직을 두루 역임한 데다, 많은 책과 명나라의 문물을 통해 사회 비판적인 시선을 견지하고 있었기 때문이다. 허균은 후일 이수광, 이익 등 실학자들의 칭송을 받았다고 전해진다.

허균 자신이 서학에 대하여 언급한 것은 없으나 몇몇 기록에 의하면, 허균이 중국에 가서 천주교의 서적과 천주교 기도문인 게십이장(偈十二章)을 가져왔다고 한다. 이것을 계기로 허균이 하늘을 섬기는 학을 하였으니, 이는 곧 그가 새로운 문물과 서학의 이론에 남다른 관심을 보였음을 입증한다. 일각에서는 그를 조선인 최초의 천주교 사상을 접한 사람으로 천주교 인으로 보기도 한다.

그의 독서편력이 녹아 있는 최초의 한글 소설 『홍길동전』은 문학작품으로 높은 평가를 받고 있다. 소설의 내용에 세상의 불합리와 개혁적인 사상이 잘 드러나 있다. 아버지를 아버지라 부를 수 없는 서자(庶子)의 아픔 등, 허균이 시대를 뛰어넘은 신분 사회를 비판하는 소설을 쓸 수 있었던 배경엔, 과거시험도 보지 못하는 서얼들과 어울리며 계급 사회의 부당함을 직접 체험한 점도 있지만, 천주교의 평등사상이 밑바탕에 깔려 있음을 추론해 볼 수 있다.

하지만 한국교회연구사에서 편찬한 『한국 천주교회사』에서 허균이 천주교 신자였다는 사실은 받아들이기 어렵다고 했다.

허균은 1618년(광해군 10년) 남대문괘서(南大門掛書) 사건으로 역모를 도모하였다는 죄명하에 동료들과 함께 능지처참을 받았다. 허균의 죄명은 왕을 시해하려는 역적의 우두머리에다가, 행실이 개돼지와 같아 인간의 윤리를 어지럽히고 음란을 자행하여 인간의 도리는 찾아볼 수 없는, 금수이자 괴물이며 요망한 짓과 악이란 악은 다 갖추고 있는 가장 부도덕한 인간으로 몰렸다.

역적 중에서도 역적으로 몰린 허균의 후손들은 허균과 함께 처형당할까 두려워, 살던 곳에서 되도록 멀리 도망쳐서 남의 가문으로 이름을 올려 평생을 숨어 살아야 했다.

허균은 처형된 이후 조선이 망해서 조선 왕조가 끝나는 날까지 역적에서 복권되지 못했다. 허균은 관료들의 증오를 뼛속 깊이 받았고, 허균이란 이름은 조선의 역사 속에서 영원히 사라져버린다. 1910년 대한제국 멸망 이후에 이르러서 그의 저서 『홍길동전』과 그의 사상에 대하여 연구가 시작되었다. 허균이 역적으로 몰린 사유가 기록으로 남아 있는 자료가 없어서 알수는 없다. 다만 조선 역사에서 끝까지 역적에서 복권되지 않은 것으로 미루어 볼 때 학자들에 따라선 여러 측면에서 추론했다. 허균은 어쩌면 조선사회의 부조리를 보면서 서얼들과 함께 신분제를 폐지하고 나라를 개혁하기 위하여, 정말로 왕을 몰아내고 역모를 꾸며 정권을 잡으려고 했던 것은 아니었을까 하는 추측도 있다.

허균은 놀라우리만치 영리했고, 또한 국제감각을 갖춘 엘리트였다. 중국국가도서관에는 명나라 시인 오명재가 편찬한 『조선시선(朝鮮詩選)』이란 책이 보관되어 있다. 『조선시선』에는 신라 시대에서부터 시작해 고려를 거쳐 16세기인 조선 중기까지, 허균, 허난설헌의 시 등 우리나라를 대표한 한시 108명의 332편의 시가 실려 있다.

오명재가 조선의 시집을 편찬하게 된 동기는 허균과의 만남을 통해서였다. 1588년 임진왜란이 끝날 무렵, 명나라의 도움을 받은 조선은 오명재를 비롯해 명나라에서 온 사신을 더욱 극진히 대접해야 했다. 조정에선 그때도 명나라 사신들을 허균에게 접대하라 하였고, 명나라 사신과의 대화에서 천재인 허균은 자신이 암송하고 있던 우리나라 시를 줄줄 읊었다. 시 중에는 훈민정음으로 음을 달아 만든 시도 있어 중국에 최초로 우리나라에도 고유의 글이 있음을 알렸다. 오명재는 허균이 암송한 시들을 모아 우리나라 최초의 시집을 출간하게 되는데, 이것이 『조선시선(朝鮮詩選)』이다.

소현세자

　임진왜란으로 짓밟힌 조선은 나라의 기강이 회복되기도 전에 다시 정묘호란, 병자호란을 겪게 된다. 조선 초기부터 명나라를 군주국가로 모시며 나라의 결정권까지 의지해 오다가, 임진왜란 때 명나라의 도움을 받은 이후 조선의 굴종 외교는 지나치리만치 심각해진다.

　하지만 광해군 때는 나라에 필요한 대동법(大同法)과 호패법(號牌法)을 시행하고 후금과 명나라 사이에서 적절한 중립외교를 취했다. 큰 마찰 없이 실리적 외교정책을 펼쳤는데 광해군의 중립외교에 불만을 품은 서인 세력들이 1623년 광해군을 몰아내고, 인조반정을 일으켜 인조가 16대 조선의 왕위에 오른다.

　서인들의 지배하에서 인조는 중립외교를 취하지 않고 철저하게 친명 배금 정책을 고수하였고, 1627년 후금이 조선을 침입하는 정묘호란이 발발한다. 파죽지세로 쳐들어오는 후금군을 피해 인조는 강화도로, 인조의 장남 소현세자(1612~1645)는 전주로 피신해 간다. 명나라와 전쟁을 앞두고 있어 마음이 급한 후금은 조선군의 반격으로 협상을 하면서 두 달이 채 못 되어 정묘호란은 끝이 났고, 1636년 청나라는 다시 병자호란을 일으킨다.

　조선이 정묘호란의 약속을 지키지 않는다는 명분이었는데, 1636년 12월 병자년에 청나라 태종이 2만 명의 대군을 이끌고 조선을 침략했다.

　인조는 남한산성으로 피신하여 적의 포위 속에서 혹한과 싸우며 버텼으나 45일 만에 식량마저 끊겨서 항복했다.

왕자들과 신하 500여 명을 이끌고 삼전도라는 나루에 나와 '삼배구고두례(三拜九叩頭禮)'를 올리고 굴욕적인 치욕을 당한다. 삼배구고두례란 조선의 왕 인조가 청나라 태종 앞에서 무릎 꿇고 깊숙이 머리 숙여 큰절을 올린 다음, 이마가 땅에 닿아 쿵 소리가 나도록 박아 머리를 3번 조아리는 굴욕을 세 번이나 반복하는 것을 말한다. 이 치욕적인 역사가 바로 길이길이 남을 그 유명한 '삼전도 굴욕'이다.

먹고 먹히는 정글과도 같은 외교전에서 중립외교가 얼마나 중요한지를 여실히 보여주는 대목이다. 외교는 흑백으로 논할 수 없는 회색지대이다.

병자호란이 끝나고 청나라로 끌려간 조선인은 5만 명이 넘었는데, 모두 노비로 끌려갔다. 인조의 두 아들 소현세자 부부와 봉림대군 부부도 인질로 잡혀 청나라에 볼모로 끌려갔다. 청나라에선 소현세자의 아들이 이제 막 두 살 되었는데 그 아들은 조선 땅에 두고 가라고 했다.

청나라에 볼모로 끌려간 인조의 장남 소현세자는 14세 때부터 세자가 되어 성군이 되기 위해 열심히 공부했다. 16세 어린 나이에 정묘호란으로 전주에 피신해 간 소현세자는 아버지 인조와는 사뭇 달랐다.

소현세자는 '전쟁 중이니 함부로 백성들에게 세금을 걷지 말라' 하고, 소를 잡아 자신을 대접하는 신하에게 '농사일에 소중한 일손인 귀한 소를 잡아 자신을 대접하지 말라' 이른다. 하루는 말을 타고 가는데 비가 내려 길이 진흙투성이라, 말과 소현세자에게 흙이 튀지 않고 말이 잘 달릴 수 있도록 길에 볏짚을 까는 신하들에게 '전쟁 중에 말이 먹을 먹이를 이렇게 낭비하지 말라'며 볏짚을 거두라' 한다. 이렇게 덕을 베푼 소현세자는 백성들에게 널리 알려졌고, 도성으로 돌아오자 백성들은 환호했다.

병자호란 이후 볼모로 잡혀간 소현세자는 중국 심양으로 끌려가 심양관이란 곳에 머문다. 청나라 황제와 신하들은 명나라를 숭배하던 조선인 세자에게서 명나라의 정보를 얻기 위해 소현세자를 수시로 회의에 참석시켰다. 참패한 조선과의 약조로 조공, 노비, 외교 문제 등으로 갈등 요인이 많았음에도 소현세자는 큰소리 한 번 내지 않고 청나라 사신들을 설득시켰다. 소현세자 입에서 나온 말은 청산유수요, 몸에서 배어 나온 덕행은 청나라의 신하들 뿐만 아니라 왕과 왕자들에게까지 존경을 받았다. 시간이 갈수록 덕이 많은 소현세자에 감동된 중국 황실은 소현세자와 친밀한 관계를 유지한다.

소현세자 일행이 머문 심양관에는 세자 부부에 딸려온 조선인이 500여 명이 넘었다. 청나라에선 3년 동안 먹을 것을 대어 주다가, 심양관 옆에 땅을 개간해서 먹거리를 충당하라며 먹거리 대신 황무지 땅 20여만 평을 내어준다. 소현세자는 소현세자 비와 힘을 합쳐 농업기술도 금방 터득해서 농사를 아주 잘 지었다.

함께 간 충신이 소현세자에게 '성리학을 공부하셔야지 앞으로 왕이 되실 분이 왜 하찮은 농사를 짓느냐'며 간청했다. 그때마다 소현세자는 '그토록 훌륭한 학문이 백성들을 전쟁으로 몰아서 이토록 처참하게 살게 했느냐'고 호통쳤다.

잘 지은 농사는 심양관에 있는 조선인들의 먹거리를 충당하고도 남아 황실에도 팔고, 중국인들의 시장에도 내다 팔았다. 소현세자는 많은 돈을 벌었고, 그 돈으로 노예시장에서 이리저리 팔려 다니고 있는 조선인 노예들을 사서, 일부는 심양관에서 농사짓게 하고 일부는 조선으로 돌려보냈다.

시간이 갈수록 소현세자의 덕은 소문이 자자했다. 청나라 황실에선 인조보다는 소현세자가 조선의 왕이라면 대화가 훨씬 잘 되겠다는 말들이 오고 갔으며 소문은 조선 땅 인조의 귀에도 들어갔다. 인조에게 그토록 그립고 보고 싶고 안쓰러워 못 잊던 아들 소현세자가 권력을 위협해 오는 정적이 된다.

인조는 굴욕적인 병자호란을 겪은 후 아들들은 청나라로 끌려가고 모든 걸 잃고 방황하던 중, 미모의 후궁 귀인 조씨(본명 조소용)를 만난다. 그녀는 외로운 인조의 총애를 등에 업고 오만방자했으며 안하무인이었다. 온갖 악행이란 악행은 다 저질렀고 성품이 간사해 자신이 싫어하는 자들을 모함하는 것이 주특기였다. 인조의 후궁 조씨는 조선의 몇 안 되는 악녀 중 한 명이다. 후궁 조씨가 조선의 악녀에 들어가게 되는 결정적 이유는, 바로 인조와 소현세자의 사이를 원수처럼 갈라놓았고, 조선의 미래를 송두리째 꺾어버렸기 때문이다.

소현세자는 청나라에 볼모로 끌려가 청나라군과 함께 명나라와의 전쟁에 참여했고 북경을 침략하는 장면도 목격한다. 조선에서 하늘처럼 숭상해 오던 명나라의 몰락을 직접 눈으로 본다. 명나라는 멸망하고 청나라의 땅이 된 북경에서 머무른다. 그 후에 소현세자는 청나라에 볼모로 잡혀간 지 9년 만에 조선으로 돌아오게 된다. 그런데 북경에서 1644년 9월부터 아주 특별한 체험을 하고 1645년 2월 18일(음력)에 조선으로 돌아온다.

소현세자는 북경 천주당이란 성당에서 아담 샬 신부를 만나 서양의 발달한 과학문물과 역사 그리고 천주교 교리를 배운다. 소현세자는 서양의 과학기술에 지대한 관심을 가졌고, 아담 샬 신부는 미래의 조선왕이라 하여 소현세자에게 여러 가지를 최선을 다해 가르쳤다. 소현세자는 세례는 받지 않았으나 아담 샬 신부는 소현세자가 중국에서 조선으로 돌아갈 때, 소현세자에게 천주교 서적과 성물을 주었으나 책은 가져가고 성모상은 두고 가겠다고 했다. 아담 샬 신부의 편지를 번역했던 분에 의하면, 소현세자는 성모상을 제대로 모실 만큼 배운 사람이 없어서 무례하게 될까봐 걱정됐기 때문이라고 말했고, 아담 샬 신부는 환관 중에 신자 다섯 명과 궁녀 한 명을 딸려 보내겠노라 해서 소현세자는 성모상을 모셔왔다고 한다.

그러나 강재언 저서인 『조선의 사학서』에서 아담 샬 신부가 준 것은 성모상이 아니라 천주상이라고 밝혔고, 소현세자는 천주교 서적과 천주상은 돌려주고 과학기술 서적만 받아왔다고 했다.

방상근 저서인 『한국천주교회의 역사』에는 소현세자는 샬 폰 벨 신부와 수차례 만났고, 천주교 서적, 천구의(天球儀, 항성과 별자리 위치를 지구면에 새긴 것)와 예수님상 등을 선물로 받았다. 소현세자는 샬 폰 벨 신부에게 선교사 1명과 함께 조선으로 가겠다고 했으나, 예수회 순찰사의 허락 문제로 실현되지는 못했다고 기록되어 있다.

성리학만을 배우고 익힌 조선의 다른 세자들과는 달리 소현세자는 나라 잃은 슬픔과 농업, 상업 등 실물경제를 직접 체험했다. 서양의 과학기술과 천주교 교리까지 다양한 서양문물을 직접 익힌 훌륭한 인재가 되어 고국으로 돌아온 것이다. 그러나 조선으로 돌아온 소현세자는 70일 만에 의문사를 당한다. 실록에 의하면 시신은 검은빛이었고, 얼굴의 7개 구멍에선 선혈이 낭자했다고 기록된 것으로 보아 독살이 아니었을까 추정한다. 1645년(인조 23년) 소현세자 나이 34세였다. 참으로 안타까운 죽음이요, 많은 의문을 남긴 죽음이다. 얼마 지나지 않아 소현세자의 부인도 죽게 되고, 세 아들은 제주도로 유배를 갔는데 조선의 역사를 완전히 퇴행시켜 버린 사건이다. 소현세자의 갑작스러운 죽음으로 중국에서 함께 온 중국인 천주교인들은 고국으로 돌아갔다.

역사에 만약이란 단어는 아무런 의미가 없지만 만약에 소현세자가 왕이 되었다면, 당파싸움과 성리학의 굴레에서 벗어나 조선은 천주교를 받아들였을 것이고, 서양문물을 받아들여 과학기술이 발달해 군사력도 강화했을 것이다. 일본이란 나라에 처참하게 나라를 빼앗긴 35년이란 굴욕적인 일제 강점기는 더더욱 없었을 것이다. 조선 젊은이의 죽음 가운데 참으로 안타까운 죽음이 몇 명 있는데, 그중 하나가 소현세자의 의문사이다. 이 이야기를 전해 들은 아담 샬 신부는 소현세자의 죽음을 참으로 애통해 했다.

실학자 이익

  병자호란까지 겪은 조선 땅은 피폐해졌고 백성들의 삶은 도탄에 빠졌는데 이때 조선 후기의 실학을 집대성한 실학자 이익(1681~1763)이 나타난다. 이익은 관직의 길을 절연하고 평생 초야에 묻혀 학문에만 몰두하였다.

  일흔이 넘은 나이에 집필한 『성호사설(星湖僿說)』은 30권의 방대한 내용이 담긴 사회개혁서이다. 이 책은 천지문(天地門), 만물문(萬物門), 인사문(人事門), 경사문(經史門), 시문문(時文門)의 다섯 가지 문으로 분류된 실학서(實學書)이다. 독창적 사고와 정밀한 논리적 사고로 민본사상(民本思想)과 애민사상(愛民思想)을 특히 중시했다.

  이익은 당파싸움의 근원은 이해(利害)를 위한 쟁투에 있다고 보았다. 양반은 벼슬아치가 되어 금덩이 하나를 놓고 둘이 싸우면 두 당이 생기고 넷이면 네 당이 되어, 부귀를 향한 욕구가 지속되면 될수록 당의 결합이 공고해지는 것은 어쩌면 당연한 결과라 하였다. 과거제도를 근본적으로 개혁하여 합격자의 숫자를 대폭 줄이고, 양반도 산업에 종사해야 하며, 노비를 해방하고 신분제인 사회구조를 개혁해야 한다는 근대적인 직업관과 신분관에 접근했다. 사람이 만들어 놓은 제도에 문제가 있는 것이지 토지에는 잘못이 없으므로 토지제도를 개혁하고, 세제개혁을 통해 농업생산력을 발전시키는 등, 다양한 분야에서 개혁해야 한다고 강조하면서 특히 양반들에게 근검을 장려했다. 하지만 추세를 거스르는 시대 역행적인 것이 있었는데 소농, 빈농을 경제적 몰락으로부터 구제하려는 목적이었으나, 화폐를 폐지하자고 주장한 것은 잘못된 판단이었다. 조선은 출발 시점에서부터 건국이념의 3대 기본정책인 상공업을 무시하는 농업 중심사회, 성리학 중심의 신분사회, 대국을 숭상하는 사대 정책까지 정책과 이념에서 시발이 잘못되어 실학이 발전할 수 없었다.

이익을 따르던 많은 제자 중에 홍대용, 박제가, 박지원 등은 북학파로 서학을 유학적 관점이 아니라 이용후생의 관점에서 학문적으로 접근하였다. 안정복, 이헌경, 신후담 등은 남인 실학파 중에서 성호학파 또는 경세치용학파로 분류된다. 말년에 집필한 『성호사설』은 이익의 건강이 좋지 않아서 서학을 천주교로 받아들이지 않은 안정복이 체계적으로 정리한다.

안정복은 이익이 "마태오 리치 신부는 성인이라 할 만하다."라는 문장을 처음에는 적었다가 여러 가지 이유를 들어 삭제해 버렸다. 다만 이익이 신후담에게 서학을 탐구하도록 계몽하면서 "마태오 리치 신부는 성인이라 할 만하다."라고 한 문장이 신후담이 기록해 놓은 「기문편(紀聞編)」에 들어 있다.

이익의 다른 부류의 제자 중에는 홍유한, 이벽, 권철신, 권일신, 정약용, 이승훈 등 또 다른 남인 학파들이 있다. 이들은 이벽을 중심으로 서학을 종교로 받아들이고, 신앙실천 운동을 일으켜 우리나라에도 본격적으로 천주교가 태동하는 계기가 된다. 조선에서 서학이 학문적으로 탐구되기 시작한 것은 성호 이익에 의해서이다.

이익이 아끼는 제자 중에 홍유한(1726~1785)이 있었는데, 그는 교회가 창설되기 이전에 이미 신앙적인 삶을 산 사람이었다. 김대건 신부가 1845년 작성한 〈조선 순교사와 순교자들에 관한 보고서〉와 다블뤼 주교가 1862년 파리 외방 전교회 본부로 보낸 『조선 순교사 비망기』, 1874년 달레 신부가 저술한 『한국 천주교회사』에 홍유한이 소개되어 있다.

홍유한은 한성에서 태어났으며 어려서부터 영리하였으나 몸이 허약했고 심성이 아주 착했다. 16세에 이익의 문하에 들어가 공부하였다. 홍유한은 창조주 하느님을 스스로 깨닫고 천주교 신자처럼 하느님을 공경했으며, 하인에게도 똑같이 음식을 나누고 어려운 이웃을 항상 보살폈다. 성장할수록 수시로 열이 오르고 열꽃이 피는 지병을 달고 살았지만, 그는 중국에서 들여온 한역서학서를 통해 천주님을 흔들림 없이 믿게 된다.

건강이 나빠져 사경을 헤매던 중에 하느님을 만나는 특별한 체험도 한다. 허약한 중에도 항상 기도하고 이웃사랑을 실천했고, 철저한 신앙인으로 살기 위해 최선을 다했다. 주일이 따로 없던 시절에 날짜를 스스로 정해 7일에 한 번씩 주일을 지키고, 정해진 주일에는 하인들도 쉬게 하고 금육을 했다.

홍유한은 건강이 좋지 않고 깨달은 바를 몸소 실천하며 살기 위해 한성에서 충청도 예산으로 이주했다. 18년간 천주교 수양서(修養書)인 칠극(七極)을 읽고 수계 생활에 정진하며 살았는데, 문중에서 '서학을 멀리하라'는 협박을 받고 불복한다. 더 깊은 믿음을 위해 소백산으로 들어가 고행과 결식, 기도와 묵상에 전념하며 일생을 보냈다. 안동교구 우곡성지에 홍유한의 유적지가 있다.

칠극(七極)

    조선 유학자 중에서 안정복과 같은 성호 우파들과 다른 유학자들은 천주교 서적을 적극적으로 비판하고 배척하였다. 그러나 이벽, 이승훈을 중심으로 남인들의 사랑을 받으며 천주교는 적극적으로 받아들여졌다. 남인 학자들에게 열풍을 일으킨 대표적인 책 중엔 『천주실의』가 있었는데, 그 외에 또 한 권의 책 『칠극』이 있었다. 이익과 정약용의 문헌을 들여다보면 조선의 지식인들 사이에서 이 책에 대한 영향력과 파급력이 상당했음을 알 수 있다.

    『칠극』은 예수회 소속 스페인 출신 판토하 신부 저서인데, 천주교와 유학이 만나 탄생한 인생 수양서이자 천주교 수양서이다. 일곱 가지 갈래로 구성되어 있다. 인간이 저지르기 쉬운 일곱 가지 마음의 병을 제시하고, 이에 따른 7가지 해법을 제시한다.

    교만에 맞서는 겸손, 질투를 이기는 사랑, 탐욕을 없애는 관용, 분노를 가라앉히는 인내, 식탐을 누르는 절제, 음란의 불길을 삭히는 정결, 나태를 깨우는 근면을 말하고 있다. 마치 증세에 따라 처방 약을 내놓듯이, 단계별로 죄의 종류에 따른 성질과 속성을 이해할 수 있도록 해서 이를 극복해가는 과정을 다양한 일화와 예시를 통해 설명하였다.

    서학에 대한 거부감을 줄이고 특유의 서술방식으로 독자들은 매 단락의 이야기가 주는 화법에 빠져드는 동안, 강력한 흡인력으로 자신도 모르게 천주교 신앙에 대해 이해하게 된다. 『칠극』은 『천주실의』와 함께 천주교 신앙이 동양 사회에 스며드는 데 결정적인 역할을 한다. 이익은 『칠극』이란 선교사의 책은 유교의 극기복례 가르침과 다를 게 없고, 어느 면에서는 더욱 심오한 진리의 가르침으로 수양공부에 도움이 된다며 이 책을 높이 평가했다. 이익을 따르던 수많은 제자뿐만 아니라 조선의 유학자들이 대부분 인생 수양서인 칠극을 읽었다고 전해진다.

이 책은 현대인이 읽더라도 시대 감각이 뒤떨어진 낡고 해묵은 가르침이 아니라 일반적인 수양 서적으로 큰 일깨움을 준다.

인간은 어떻게 살아야 하는가? 삶은 왜 고통스럽고 어떻게 이 고통을 벗어날 수 있는가? 바른 삶의 길은 어디에 있는가? 욕망은 우리의 삶을 어떻게 해치는가? 지혜로운 삶을 살기 위해 우리는 무엇을 해야 하는가? 우리가 갖는 수많은 물음에 궁극적 해답을 제시해 줄 만큼 충분히 설득력 있고 보배로운 내용이 책 전체에 가득하다.

현대인들은 물질적인 삶은 나아져 가는데 정신적인 상태는 점점 더 황폐해졌다. 이때 필요한 것이 어지러운 마음을 다스리고 바른 삶의 길을 찾기 위한 자기 성찰이다. 자신의 삶을 투영해 판토하 신부의 『칠극』을 읽다 보면 몽롱하던 정신이 바로 돌아오고 방향을 놓쳐 비틀대던 발끝에 힘이 생긴다.

『칠극』의 내용은 어릴 때 할머니가 들려주시던 이야기처럼 재미있는 내용이 넘치도록 많았고 모든 부분에서 감동이었다. 그중에 특히 내가 알고 있던 바와는 달리 교만은 자기 자랑 잘하고 잘난 체하는 것만이 아니라, 그것을 넘어선 교만에 대한 설명이 아주 인상적이었다.

칠극을 읽던 중 인상적이었던 내용만 간단히 적어보겠다.

「교만이 들어오게 된 동기는 대부분 다른 사람들로부터 칭찬받고 인정받기 위해 최선을 다해 열심히 노력하다가, 인정을 받기 시작하면 어느 순간부터 다른 사람들을 내 기준에 따라 평가하고 판단한다. 보잘것없는 일에는 관심을 보이지 않고, 남들에게 드러나 보이는 큰일에는 내가 해야 하고, 나만이 할 수 있다는 우월감에 사로잡힌다. 때론 스스로 회의감도 밀려들지만 내가 이렇게 열심히 하는데 뭐가 문제야면서 하느님도 내가 하는 일은 도와줘야 한다고 생각한다.

겉으로는 하느님을 공경한다 말하면서 사람들 앞에서 자신의 우월감을 드러내 보이려는 욕구에 매몰된다. 사람들에게 영광을 받으려고 하는 우상숭배에 빠져 하느님보다 자기 자신을 앞세워 버린 것이다.

교만은 모든 죄의 우두머리이다. 그러므로 그것이 만약 마음에 들어오게 되면 모든 죄악이 무리지어 들어온다. 교만은 홀로 오지 않는다. 교만은 악에서 비롯된 것이며 나약한 우리는 악과 싸워서 이길 수가 없다,

교만을 이기기 위해선 하느님이 나와 함께 하신다는 사실을 기억하고 나의 모든 것은 하느님께서 주신 것임을 잊지 않아야 한다. 교만과 직접 싸울 것이 아니라 하느님을 통해 예수님께서 보여주신 겸손의 덕을 쌓는 것이 필요하다.

예수님은 섬김을 받으러 온 것이 아니라 섬기러 왔고, 또 많은 이들의 몸값으로 자기 목숨을 바치러 왔다고 말씀하시면서 몸소 겸손의 모범을 보여주셨다. 병자, 죄인, 이방인들과 같은 가장 보잘것없는 이들을 가장 귀하게 여기셨다. 예수님께서는 "너는 내가 사랑하는 아들이다." 하시는 하느님의 사랑 안에 머무르시면서 늘 기도하셨다.

하느님의 충만한 사랑 안에 머무르셨기에 사람들의 평가, 칭찬에서부터 자유로우실 수 있었다. 우리도 있는 그대로의 나를 받아들여야 한다. 하느님의 크신 사랑 안에 머물면서 그 사랑을 깨달은 사람은 항상 깨어 기도하며, 남들이 알아주지 않는 작은 일에도 성실하게 된다.

'탐욕에서 벗어남 부분'에서 어떤 사람이 삶의 지혜를 찾기 위해 현자를 찾아가던 중, 성전 앞에서 구걸하고 있는 소경을 만나 어떻게 해서 눈이 멀게 되었냐고 물었다. 눈먼 소경은 자기는 죽은 사람 장례 지내는 일을 했는데 어느 부자가 묻힐 때, 금덩어리와 폐물을 함께 묻었고, 그날 밤 그것들이 생각났다. 소경은 그 밤에 무덤에 가서 몰래 꺼내와 자기도 이젠 돈 걱정 없이 잘 살게 되어서 너무 기뻤다. 그런데 부자가 입었던 값 비싼 옷까지 생각나서 다시 가서 옷을 벗기던 중에, 시신이 갑자기 일어나 자기 두 눈알을 파버렸고 소경이 되었노라 말했다. 이 말을 듣고 탐욕을 경계해야 함을 절감하며 나그네는 현자를 찾아가려던 발길을 돌렸다.

절제의 미덕은 지혜의 어머니이다. 질투는 천 개의 눈을 가졌지만 한 개도 정상이 없다. 삿된 마귀가 교만과 질투, 탐욕 같은 여러 욕망을 가지고 공격을 해도 이기지 못할 경우, 마지막으로 음란함의 욕망을 가지고 공격을 한다. 삿된 마귀가 음란함을 이용하면 이기지 못하는 경우가 거의 없다고 했다. 음란함은 삿된 마귀의 큰 그물이 되고, 세상사람들은 거의 모두 이 그물에 걸려든다. 다른 욕망은 나를 원수처럼 괴롭히며 공격하지만, 음란이라는 욕망은 교묘하게 나를 친구처럼 달콤하게 찾아준다. 항상 조심하고 경계해야 하는 죄 중의 죄에 속한다.

정결을 지키는 부부는 그 응보 하나를 뿌려서 30개를 거두는 것과 같고, 홀아비와 과부가 정결을 지키는 것은 60개를 거두는 것과 같다. 또한 동정의 정결을 지키는 것은 그 응보 하나를 뿌려서 100개를 거두는 것과 같다. 혼인한 사람은 세상에 가득하나 동정의 몸은 천상에 가득하다.

원수까지도 사랑하고 마음이 겸손하며 동정의 몸을 지키는 것, 이 세 가지 덕목은 다만 우리 천주님의 참된 가르침 속에만 있다고 했다.

02

한국천주교회의
탄생

탄생의 시작

한국천주교에서 최초로 신앙의 길을 닦은 역사적인 인물로 이벽이 있다. 유교 문화 속에서 유학자들에 의해 서학(西學)이란 학문을 통해 천주교가 전해질 기회는 몇 번 있었으나 복음으로 이어지지는 못했다.

이벽(세례자 요한, 1754~1785)은 호는 광암, 본관은 경주이씨로 경기도 포천에서 태어났다. 문무를 겸비한 가문에서 선조들이 무관으로 많은 활약을 했는데, 이벽의 키는 180㎝가 넘었고, 한 손으로 백 근을 들 수 있을 만큼 힘이 장사였다. 용모와 풍채가 빼어났고, 어려서부터 많은 책을 읽어 학문에도 박식했다. 유창한 언변에는 힘이 있어 남을 설득하는 능력도 뛰어났으며 다방면에서 탁월한 재능을 가진 팔방미인이었지만, 문과이든 무과이든 어느 관직에도 나가지 않고, 학문에만 몰두했다. 이벽은 한역서학서를 읽으면서 새로운 학문에 눈을 뜨고, 나라엔 임금이 있듯이 세상에는 만물을 주관하는 천주님이 계심을 확신하게 된다. 이벽은 서학을 단순한 학문을 넘어 천주교인 종교로 받아들였다.

이벽의 5대 할아버지 이경상은 세자시강원문학(世子侍講院文學)으로 소현세자를 따라가 심양에서 8년간 소현세자를 보필하며 생활했다. 소현세자가 북경에서 만난 예수회 선교사 아담 샬 신부에게 교화될 때, 이경상도 더불어 천주교에 교화되었을 것으로 추정한다.

1779년 겨울 경기도 광주시 퇴촌면에 있는 천진암에서 강학회(講學會)가

열렸다. 강학회는 당대 주자학의 대가 권철신이 주재하여 권일신, 정약전, 정약용, 이승훈, 권상학, 김원성, 이총억 등 10여 명의 젊은 학자들이 10여 일간, 천문, 지리, 철학, 수학, 의학, 서학 등을 토론하는 일종의 학술세미나 같은 학회였다.

이벽은 천진암에서 강학회가 열린다는 소식을 뒤늦게 전해 듣고 강학회에 참석하기 위해, 자신의 집 청계천 근처에서 천진암까지 아침 일찍 서둘러 길을 나섰다. 눈 덮인 산길을 걸어가다 밤중에 길을 잘못 들어 앵자봉을 사이에 두고 맞은편에 있는 주어사 절에 도착했다. 주어사 스님은 여기서 자고 날이 밝으면 떠나라 했지만 이벽은 여기서 지체할 수 없다 해서 스님이 밤중에 길잡이로 따라나섰다. 스님과 함께 호랑이가 몇 번이나 나타난다는 눈 덮인 험한 산을 넘고 넘어 늦은 밤 천진암에 도착했다. 이 땅에 구원과 진리의 빛이 태동하는 밤, 스님과 함께 하얀 산을 넘는 역사적인 장면이 연출된 것이다.

강학회에서 젊은 유생들은 이벽이 참석한 이후부터 하늘에는 천주님이 계시다는 주제로 토론이 바뀌면서, 서학이 단순한 학문을 넘어 천주교라는 종교적 관점에 이른다. 젊은 선비들은 한역서학서를 통해 서학을 접하긴 했지만 유학을 넘어선 새로운 종교에 대한 확신이 아직 없었던 때였다.

이 세상을 주관하신 분은 누구이며 어떻게 만들어졌는가? 인간은 어디에서 와서 죽으면 어디로 가는가? 인간의 처음과 마침에 대한 의문에서부터 하늘과 땅과 사람의 관계, 우주 천체의 운행, 하느님의 존재와 섭리, 영혼의 불멸성, 칠죄종(七罪宗)을 극복하는 방법 등 세상과 우주의 진리를 비교 검토하게 되었다.

인간의 도리를 강조하는 주자학을 넘어선 새로운 학문에 대한 갈망, 시대적 변화의 욕구가 강렬했던 젊은 유생들은 인간 평등, 영생으로의 인간 구원, 절대자이신 창조주의 존재에 대한 새로운 진리로 신세계에 대한 황홀한 희망과 이벽의 확신에 찬 놀라운 힘에 압도당했다.

이리하여 강학회가 열렸던 천진암은 한국천주교의 발상지가 된다.

1779년에 이벽이 지었다고 전하는 〈천주공경가(天主恭敬歌)〉는 한국기독교 역사박물관에 전시되어 있다.

「어화 세상 벗님네야 이 내 말씀 들어보소/ 집안에는 어른 있고 나라에는 임금 있네/ 내 몸에는 영혼 있고 하늘에는 천주 있네/ 부모에게 효도하고 임금에는 충성하네/ 삼강오륜 지켜가자 천주 공경 으뜸일세/ 이 내 몸은 죽어져도 영혼 남아 무궁하리/ 인륜 도덕 천주 공경 영혼 불멸 모르면은/ 살아서는 목석이요 죽어서는 지옥이라/ 천주 있다 알고서도 불사 공경 하지 마소/ 알고서도 아니하면 죄만 점점 쌓인다네/ 죄 짓고서 두려운 자 천주 없다 시비 마소/ 아비 없는 자식 봤나, 양지 없는 음지 있나/ 임금 용안 못 뵈었다, 나라 백성 아니런가/ 천당 지옥 가보았나 세상사람 시비 마소/ 있는 천당 모른 선비 천당 없다 어이 아노/ 시비 마소, 천주 공경 믿어보고 깨달으면/ 영원무궁 영광일세 영원무궁 영광일세」

이벽은 책으로 만난 천주교에 대해 좀 더 많은 것을 알고 싶었지만 강학회가 끝나고 나서 몇 년이 지나가도록 무료한 시간만 흐르고 있었다. 가지고 있던 책이 많지 않아 천주교에 대해 궁금증을 해결할 방법이 없었다. 그때 마침 1783년 겨울에 이승훈의 아버지 이동욱이 동지사 일행 중 서장관(書狀官)으로 북경에 가게 된다는 소식을 접한다. 이벽은 이동욱의 첫째아들인 이승훈(1756~1801)에게 동지사로 가는 아버지를 따라 북경에 가서, 천주당에 있는 서사(西士)를 만나 천주교에 관한 책들을 많이 가져오라고 신신당부한다.

이승훈은 천주교보다는 수학에 관심이 많았으나 이벽의 간곡한 부탁을 받고 중국의 천주당 북당에 가서 그라몽(Grammont, 1736~1812) 신부를 만난다. 그라몽 신부와 필담(筆談)으로 대화를 주고받으며 천주교 교리를 배웠다. 그라몽 신부는 이승훈이 천주교 교리를 받아들이는 능력에 탄복한다. 하나를 가르치면 열을 아는 조선의 선비가 왔다고 극찬했다. 귀국하면 조선에 가서 나라의 주춧돌이 되란 뜻으로 베드로라는 세례명으로 세례를 준다.

그리하여 이승훈(베드로)은 우리나라에서 최초로 세례를 받은 천주교 신자가 된다. 이승훈은 그라몽 신부로부터 세례도 받고 천주교에 관한 성서, 십자고상, 성모상, 상본(像本), 기도문들이 적힌 책들을 많이 가져왔다.

본격적인 신앙생활에 필요한 매일의 기도서와 성인들의 전기인『성년광익(聖年廣益)』, 피정 묵상서『성경광익(聖經廣益)』, 칠성사(七聖事)에 관련된 책들, 심층적인 교리를 담고 있는 교리서『진도자증(眞道自證)』, 이단과 다양한 종류의 미신행위를 배척하는『호교론서』및 교리서인『성세추요(盛世芻蕘)』등 다양한 천주교 서적을 가져왔을 것으로 추정한다.

이벽은 외딴곳에 집을 얻어두고 이승훈이 돌아오길 손꼽아 기다렸고, 이승훈이 가져온 책들을 들고 들어가 몇 달 동안 두문불출하며 천주교 서적을 읽었다. 천주교에 관한 책들을 다 읽고 난 후 이벽은 너무나 벅찬 가슴으로 이승훈, 정약용과 함께 만난 자리에서 이렇게 신앙 고백을 한다.

"이것은 진리입니다. 이 진리는 하느님께서 우리 민족을 불쌍히 여기셔서, 당신 구원의 은총을 내려주시고자 함입니다. 우리는 이 진리를 그리고 이 복음을 전해야 합니다. 아무도 이 소명을 외면할 수 없습니다."

이벽은 스스로 하느님께서 우리나라로 오실 구원의 길을 닦는 선구자가 되겠다 하여 세례자 요한이란 세례명으로 이승훈에게 세례를 받는데, 정약용 가족과 이벽, 이승훈은 서로 인척으로 엮여 있어서 친하게 지내면서 자연스럽게 천주교를 접하게 된다.

1784년 4월 정약현의 아내(이벽의 누나)가 일찍 세상을 뜬 바람에 정약용의 큰 형수이자 이벽의 누나 제삿날이 되었다. 함께 제사를 지내고 돌아오는 길에 한강에서 배를 타고 서울로 향했는데 이벽은 배 위에서 예수님의 산상수훈과도 같은 설교를 했다. 정약전, 정약용과 함께 배를 타고 있던 사람들에게 이벽은 하느님의 천지창조에 관한 이야기, 인간구원의 이야기, 불사불멸 영원의 이야기를 들려주었다. 배 위에 있던 사람들은 일찍이 들어보지 못한 놀랍고도 새로운 이야기에 가슴이 뛰었다.

하지만 시간이 흐를수록 양반들 사이에서 젊은이들이 임금과 부모를 받드는 유학이 아닌, 위아래도 없이 인간 평등을 주장하며 인륜을 저버리는, 오랑캐와 같은 사학(邪學)에 빠져들고 있다는 소문이 돌기 시작했다.

신앙 공동체의 형성

　이익의 손자요 자타가 공인하는 당대 최고 유학의 대가인 이가환 (1742~1801)은 장래가 매우 촉망한 이벽이 사학에 빠졌다는 소식을 듣고, 안타까운 마음을 금할 수 없다며 이벽을 깨우치기 위해 토론을 하자고 제안한다. 이벽도 다른 사람이 아닌 이가환이 제안해 오니까 응하겠다 하여 토론 날짜가 정해진다. 이벽과 이가환의 토론장에는 이들의 열띤 토론을 듣기 위해 조선의 이름 있는 선비들이 구름처럼 모여들었다. 불꽃 튀는 논객과 논객의 토론은 3일 동안 밤낮으로 이어졌다.

　토론의 주제는 천문, 지리, 인간, 역사, 사물, 철학 등 모든 내용을 다 섭렵한 열띤 토론이었다. 이가환은 젊은 유생을 이길 수 있다며 승리를 확신했는데, 그의 주장은 논적(論敵)에게 조목조목 반박되었다. 이벽은 세밀한 부분까지 추궁하여 시간이 흐를수록 이벽의 논리는 분명하고 똑똑해서 사방에 빛을 던져주고 있었다. 그의 논증은 태양같이 빛났고, 바람처럼 휘몰아쳤으며 칼날처럼 끊어졌다. 이는 순진하고 정직한 사람들을 온통 사로잡았다.

장장 사흘에 걸친 토론은 이벽의 완벽한 승리로 끝이 났다. 이가환은 토론이 끝나고 이벽에게 완전히 승복한다. "내가 졌네. 자네의 주장은 누구도 부인할 수 없는 참된 진리이네. 그러나 그것을 실천하려면 대단한 어려움이 따를 것이네." 이가환의 예언은 적중했다.

조선은 천주교를 믿는 이들에게 백여 년 동안 박해를 했고, 무고한 백성들은 수도 없이 혹독하게 고문당하고 처형당했다. 이가환은 바로 세례는 받지 않았으나 한역서학서 등 천주교 서적을 한글로 써서, 한문을 모르는 일반 서민들에게 널리 알리는 일을 했고, 북경에 직접 가서 신부에게 세례를 받을 예정이었는데, 노론 벽파들에 의해 신유박해 때 처형당한다.

이벽은 토론만으로 천주교를 전하기에는 한계가 있음을 알게 된다. 옳다고 인정한다고 해서 신앙인이 되는 게 아니라 신앙을 받아들여 실천하는 신앙인으로 생활해야 함을 깨닫는다. 어떻게 천주교를 전할 것인가 궁리한 끝에 당대 유학자들 사이에서 많은 존경과 신망을 받은 유학의 대가, 경기도 양근(지금의 양평)에 있는 권철신(암브로시오, 1736~1811)의 집을 찾아간다.

양근에서 태어나 줄곧 그곳에서 생활한 권철신의 집에는 수많은 유생이 드나들며 머물다 갔다. 권철신 형제들도 하나같이 인품이 뛰어나고 학덕이 높아 조선에서 덕망 있는 집안으로 소문이 자자했다. 권철신의 동생 권일신(프란치스코 하비에르, 1742~1791)은 바로 세례를 받는다. 권철신은 유학의 상징적인 인물로 존경을 받은 자신의 위치를 생각하여 신중했고 조금 시간이 지난 후에 입교한다. 권철신의 집에서 머물다간 양반들은 자연스럽게 서학에 관한 이야기를 주고받으면서 천주교 교리강좌는 시작되었고 많은 천주교 신자가 나왔다.

　권철신, 권일신은 경기도, 전라도, 충청도 지방에 있는 친척들과 지인들에게도 천주교를 널리 전했다. 내포의 사도 이존창(루도비코), 전라도의 사도 유항검(아우구스티노), 중인 신분으로 중국어에 능통한 역관 김범우(토마스), 김종교(프란치스코)도 권철신의 집을 드나들면서 세례를 받았다.

　이벽은 이승훈, 권일신, 정약전, 정약용 등과 함께 자신의 집에서 천주교리에 관한 소모임을 가졌지만, 가정의 분위기와 여러 가지 사정이 여의치 않아 집터가 넓은 김범우의 집으로 모임 장소를 옮긴다.

명례방 집회

이벽을 중심으로 해서 명례방(조선의 행정구역 중 서울의 남부에 속한 구역)의 장악원(조선 궁중에서 연주하는 음악과 무용에 관한 일을 담당하는 관청) 앞에 김범우의 집이 있었다. 이곳에서 천주교 집회를 열게 되는데 이때가 1784년 음력 10월쯤으로 추정된다. 김범우 집에는 이벽, 권일신, 이승훈, 김종교, 유항검, 김범우, 정약용, 최창현 등이 모여 본격적으로 우리나라에 한국천주교회 시작을 알린다.

천주교 설립요건 중 하나인 사제가 미사를 집전하는 부분이 걸림돌이 되었지만, 선교사도 없는 상태에서 미완의 완성으로 순수한 열정은 한국천주교회의 시작을 알리는 계기가 되었다. 역사학자들에 따라선 이벽의 영세 이후를 교회의 시작이라고도 하고, 강학회에서 공동으로 강학을 하고, 공감해 나가는 과정부터를 교회의 시작이라고 보기도 한다. 이때부터 천주교가 이미 싹 텄기 때문이다. 한국천주교회의 시작을 언제로 볼 것인가는 여러 의견이 있으나 우리나라는 세계에서 유일하게 선교사 한 명 파견되지 않은 상태에서, 유학자들의 열의에 의해 천주교를 받아들였고 설립되었다.

한국천주교회는 북경에 가서 스스로 세례까지 받아와서 서로 전교를 하는, 세계 어느 나라에서도 유례를 찾아볼 수 없는 평신도들에 의해 자생적으로 탄생했다. 그리하여 우리나라 천주교회를 '평신도 교회'라고 한다.

김범우의 집 명례방 터는 역사적인 자리가 된다. 1883년 블랑 주교가 명례방 일대의 땅인 이조판서 윤정현의 저택을 매입했는데 바깥채만 60여 칸이 되는 대형 가옥이었다. 이 가옥을 신학생 교육을 위한 종현서당으로 설립 운영하다가, 1892년(고종 29년) 뮈텔(Mutel, 1854~1933) 주교가 그 자리에 종현성당을 착공해 1898년 5월 29일 성령 강림 대축일에 성당 축성식을 한다.

한국 최초의 본당인 종현성당은 원죄 없이 잉태되신 복되신 동정 성모 마리아께 봉헌된다. 종현성당의 설계와 감독은 프랑스 출신 코스트 신부(Coste, 1842~1896)가 담당했다. 우리나라 근대 시기에 지어진 대표적인 건물로 고딕 양식의 벽돌 건물이다. 조선의 목수들은 목재를 이용해서 건물을 짓는 수준이었기에, 성당 건축에 쓰일 벽돌은 조선에서 직접 제조해 사용했고, 벽돌공들도 청나라에서 데려와 건물을 올렸다.

종현성당에는 1900년부터 기해박해, 병인박해 때 순교하신 순교자들의 유해가 성당 지하에 모셔져 있으며, 1942년에 최초로 한국인 주임신부가 부임하였다. 1945년 종현성당에서 지금의 명동성당으로 이름이 바뀌었다.

1981년 스테인드글라스 등 여러 가지 보수공사를 착수해 1984년 교회창설 200주년이 되는 해에 대대적인 공사를 완공했다. 이리하여 명동대성당은 현재까지 한국천주교를 대표하며 천주교공동체의 구심적인 역할을 하는 중요한 자리이다.

김범우(토마스)의 순교

　김범우(토마스 1751~1787)는 역관의 아들로 태어나 1773년 역과에 합격해 종6품에 올랐다. 이벽의 권면을 받아들여 천주교에 입교한 후 동생 김이우와 김현우도 입교시켰다. 김범우의 집인 명례방에서의 집회는 시간이 갈수록 양반뿐만 아니라 중인, 평민들도 참석하면서 신자들이 점차 늘어나게 된다.

　중인과 평민, 천민, 여성의 권익이 무시당하는 차별적인 신분 사회에서, 하느님 앞에 모든 인간은 평등하다는 교리 하나만으로도 하층민에게 많은 호응을 받았다. 아낙네들과 서민들에게 천주교는 널리 전파되었다.

　하지만 명례방은 1785년 3월 수시로 모임이 열리는 것을 수상히 여긴 추조(형조)들에 의해 집회가 발각된다. 추조(秋曹)들은 여러 명이 모여 투전판을 열고 노름하는 줄만 알고 쳐들어갔다가, 뜻밖에도 당대에 뛰어난 가문의 사대부가 자제들이 대거 모여 있는 것을 보았다.

　신분 사회에서 형조에게 붙잡혀 온 양반가의 자제들은 처벌할 수가 없었고, 중인 신분이자 집회 장소 제공자인 김범우에게만 책임을 물었다. 이

사건이 바로 을사년에 추조에게 발각되었다 하여 '을사추조적발사건(乙巳秋曹摘發事件)'이라 한다. 한국 최초의 천주교 박해이다.

김범우에게 형조판서 김화진은 왜 유학이 아닌 해괴한 논리로 사람들을 현혹하느냐고 질책했다. 김범우는 "아닙니다. 내가 믿고 있는 바는 전혀 해괴한 논리가 아닙니다. 만군의 주인이신 천주님이 계심을 믿는 확실한 천학(天學)입니다."라면서 오히려 형조판서를 설득했다.

김범우는 죄인 주제에 죄는 뉘우치지는 않고 말대꾸까지 한다 하여 수차례 곤장으로 가혹하게 두들겨 맞고 배교를 강요당했다. 그러나 끝까지 조목조목 따지면서 자신의 논리를 정확하게 말하였다. 심한 고문 끝에 단장으로 유배를 갔는데 지금의 충청도 단양으로 추정된다. 유배되어 간 곳에서 고문당할 때 맞은 상처가 덧나 고생 끝에, 2년 후인 1787년 9월 14일 37세의 나이로 세상을 떠난다. 한국천주교회에서 공식적으로 처형당한 피의 순교자는 아니나 김범우는 우리나라 최초의 순교자였다.

문중의 탄압과 이벽(세례자 요한)의 순교

을사추조적발사건이 있고 난 후에 형조판서 김화진은 그 당시 국법으로는 마땅히 천주교를 다스릴 법이 없었기 때문에, 김범우 집에 있는 천주교 서적들을 형조의 뜰에서 모두 불태우고 사발통문을 만들어서 전국 각지의 문중에 보냈다.

인간 평등을 주장하며 양반사회를 무시하고 임금도 받들어 모시지 않는 서학이란 종교에 젊은 유생들이 빠져 있으니 문중에서는 자제들을 잘 감시하고, 만약에 서학에 심취해 있는 자제들이 있으면 그런 일이 없도록 알아서 잘 처리하라고 명한다. 당대의 명문가 집안의 자제였던 이벽, 이승훈, 정약용 등의 집안에서는 문중 사람들이 다 모여들었다. 문중에선 아버지들을 호되게 야단치며 자식들이 서학을 버리게 하라고 호통을 쳤다.

이승훈 아버지는 서장관으로 북경을 왕래하며 서양문물을 접할 기회가 많았고 워낙 점잖은 집안이었다. 이승훈에게 너의 학문을 이해하지 못하는 바는 아니나 나라에서 금하니 경거망동하지 말고 서학을 멀리하는 것이 좋을 것 같다고 했다. 이승훈은 아버지 뜻을 따르겠다며 과거시험을 준비하 겠다고 해서 호되게 야단치지 않고 타일렀다.

그러나 이승훈은 홀로 공부하는 중에 과거시험 준비는 하지 않고, 천 주교 신자들도 만나고 천주교 서적만 읽고 있는 것을 가까운 친구 이기경 (1756~1819)이 본다. 이기경이 이승훈에게 부모의 명을 어기고 속이는 것은 부모를 공경하는 것에 어긋난다 하였거늘, 어찌하여 부모를 속이는 짓을 하느냐고 훈계했으나 이승훈은 꿈쩍도 하지 않았다.

이기경은 친구 사이에 차마 이승훈 부모에게는 이르지 못하고, 걱정스 러워 친구 홍낙안(1752~?)에게 말했다. 홍낙안은 분개했고, 부모를 속이는 천하에 나쁜 놈이라며 이승훈 부모에게 일러바쳤다. 이승훈은 부모에게 끌 려갔고, 이때부터 이승훈은 교회를 떠났다가 복귀하기를 반복하게 된다.

해괴한 논리로 나라의 질서를 무너뜨리고 근간을 흔든다는 이유로, 양 반들의 저항은 거세었고, 부서뜨릴 수 없는 거대한 벽이었다.

정약전, 정약종, 정약용 형제들도 대대로 이어져 온 우리 집안이 망한 꼴 당하기 전에, 천주교를 더 이상 믿지 말라며 아버지와 큰형 정약현이 호 통을 쳤다. 정약전과 정약용은 마음이 흔들려 저항하다 결국 아버지 뜻을 따랐으나, 정약종은 끝까지 자기의 뜻을 굽히지 않았다.

이벽의 아버지 또한 경주이씨 문중 시제에 갔다가 아들 이벽이 천주학 을 계속 믿으면, 문중에서 이벽 집안을 아예 퇴출해 버리겠다는 협박을 받 고 집에 돌아와 이벽에게 천주학을 버리라고 설득한다. 누구보다 천주교에 대한 확고한 믿음으로 흔들림이 없었던 이벽은 어떤 경우에도 천주교를 버 릴 수 없다며 완강히 거절했다.

이벽의 아버지는 이벽이 과거시험도 보러 가지 않아 못마땅해하던 차에, 해괴한 학문에까지 빠져 있음에 화가 머리끝까지 치솟아 자신의 감정을 주체하질 못했다. 그렇다면 차라리 내가 죽어버리겠다며 이벽의 아버지는 목을 매달아 극단적인 선택까지 하려 했다. 온 집안에 소동이 벌어졌고, 가족들은 오열했으며, 이벽은 할 수 없이 아버지의 뜻을 따르겠노라고 말한다.

후일 다블뤼(Daveluy, 1818~1866) 주교는 조선 시대의 문화적 정서를 확실하게 이해하지 못했기 때문에, 이벽은 아버지의 뜻을 따름으로 신앙을 끝까지 지키지 못하고 배교했다고 기록했다. 이런 상황에서 그 누구라도 아버지를 그냥 죽게 바라보고만 있을 수 있었을까?

우리나라 신앙의 성조 이벽은 죽음의 원인에 대하여 논의가 진행 중이다. 이 사건 이후에 이벽은 갑자기 죽었고, 사망 원인도 의문사이다. 1785년 6월 14일 이벽의 나이 33세였다. 배교를 했다면 이벽은 밖으로 돌아다녔을 것이고, 그 시점에 죽을 이유가 없었다. 경주이씨 족보에는 이벽이 전염병으로 사망했다고 기록되어 있지만 이벽이 사망할 당시 아무도 전염병으로 죽었다는 기록이 없다.

이벽의 묘는 경기도 포천군 화현리에 묻혔는데, 변기영 몬시뇰이 초라하기 짝이 없는 이벽의 묘를 기적적으로 찾아내 1979년 천진암 성지에 안장했다. 파묘(破墓) 하던 중 시신을 살펴본 결과 다른 시신과 달리 치아 끝이 까맣게 변색 되고, 가슴이 청록색으로 변해 있는 것으로 볼 때 해부학자들은 음독설이라고 주장한다. 이벽은 더 이상 천주교를 전할 수 없음에 낙심하여 식음을 전폐하다 15일 만에 단식으로 죽었다고 추정하는 설도 있다.

병사, 단식, 독살, 이벽의 죽음은 풀리지 않는 미스테리로 남아 사망 원인은 분명치 않지만, 한국천주교회의 선구자 이벽은 이렇게 해서 자신의 꿈을 펼쳐보지도 못하고 홀연히 세상을 떠나고 만다.

한국천주교 신앙의 성조 이벽, 참으로 귀한 인재의 안타까운 죽음이다.

문중에서는 협박했고, 양반들의 저항은 거세었으나, 정조가 나라를 다스릴 당시엔 천주교에 대해 박해가 심하진 않았다. 한글로 번역된 천주교 서적은 목판으로 간행되어 저렴한 가격에 팔리면서 충정도 내포 지역까지 보급되었다. 그러나 1787년 8월경(정조 12년) 이기경, 홍낙안, 이경영 등이 서학 엄벌을 청하는 상소를 올리게 되고, 정조는 전국에 천주교 관련 서적을 색출 소각하라는 명령을 내린다.

평신도에 의한 임시성사 집행

여명이 밝아오려던 조선의 하늘엔 먹구름이 드리워졌고, 양반가 유생들이 문중으로부터 고통을 받으며 한국천주교회는 힘을 잃어가기 시작했다.

이때 권일신은 신앙의 위기감을 느꼈다. 어떻게 해서라도 꺼져가는 천주교의 불씨를 살리기 위해 고민 끝에 이승훈에게 북경에서는 천주교가 어떻게 운영되고 있느냐고 묻는다. 이승훈이 북경에서는 미사라는 걸 드리고 성사도 주는데, 이승훈이 자기가 사십여 일간 북경에 있으면서 어떻게 미사를 봉헌하는지 순서들을 다 기억해 놓았고, 성사도 어떻게 주는지 다 알고 있다고 하였다. 그럼 우리도 이렇게 있을 것이 아니라 그 순서대로 하면 되지 않겠느냐고 제안한다. 이들은 사제들만 미사를 봉헌할 수 있다는 걸 알지 못했다.

이리하여 1786년부터 지도층 신도들의 권유를 받아들여 이승훈이 정약용, 정약전, 최인길, 유항검, 권일신, 이존창, 최창현, 홍낙민, 홍 야고보 등 10명을 신부로 임명하여 그들에게 미사를 거행할 수 있는 권한을 주었다. 그들은 각자 자기 고향으로 돌아가 사목활동을 전개하였는데,

이들은 전통적 제례복인 옷을 만들어 입고 사제 역할을 대신하며 미사성제를 집전한다.

　지역적으로 보면 서울은 이승훈, 최창현, 포천에 홍교만, 양근에 권일신, 정약종, 정약전, 정약용, 내포 지역 이존창, 홍낙민, 전주 지역 유항검, 윤지충, 권상연 등이 중심이 되어 주변 인물들에게 복음을 전하면서 신자층을 확대해 나갔다. 그 결과 1789년에는 신자 수가 1000명이 될 정도로 교세가 확장되었다.

　하지만 이 일은 사제가 아닌 평신도들이 성사를 집행했다 하여 '가성사집행(假聖事執行)'이라 한다. 가성직제도(假聖職制度)와 가성사(假聖事)를 1년 남짓 실시하였는데, 그들이 일부러 속이려고 사제직을 대신한 것이 아니라, 선교사가 없는 상황에서 신앙을 지키기 위한 열의로 모르고 벌어진 일이었다. 나중에 신학자들이 가성사 집행이란 단어 대신 〈평신도에 의한 임시성사 집행〉이라 부르자고 했다. 시간이 갈수록 중인과 서민들 아낙네들도 모여 규모가 확대되었고, 참석한 사람들은 매우 거룩하고 엄숙하게 미사를 봉헌하였다.

　평신도에 의한 임시성사 집행을 하던 중 1788년 어느 날 유항검(아우구스티노, 1756~1801)이 천주교에 관한 여러 가지 교리문답 책을 읽다가, 미사는 일반 신자가 아니라 사제만 집전할 수 있고, 사제가 되려면 신품성사를 받아야 한다는 것을 알게 된다. 그리고 아담 샬 신부가 지은 『주교연기(主敎燕記)』를 읽고 제사도 지내면 안 된다는 것도 알게 된다. 교우들은 서로 난감해 하며 모두 충격에 빠졌다.

　이승훈은 북경에 신부를 찾아가서 이 말이 맞는지 알아보기로 하고, 세례를 받았던 그라몽 신부에게 구구절절 그동안 있었던 일들을 소상히 적었다. 1789년 10월 윤유일(1760~1795)을 밀사로 파견해 장사꾼으로 위장해서 부연사 일행을 따라가게 했다. 윤유일은 이승훈의 편지를 그라몽 신부에게 무사히 전달했다. 이승훈이 보낸 편지 내용은 북경성당에서 하던 대로 사제가 없어서 우리끼리 임시성사 집행을 한 점, 제사 문제, 김범우 순교자가 나온 이야기, 신자들의 숫자가 많이 늘어난 이야기까지 다 적었다. 이 서한이 우리나라에서 천주교를 설립한 후 최초로 중국교회에 보낸 통신문이다.

그라몽 신부는 편지를 읽고 화들짝 놀라 기절초풍할 일이라 구베아 주교에게 들고 갔다. 구베아 주교도 이 서한을 받고 놀라움과 당혹감을 감추지 못했다. 선교사 한 사람도 없이 천주교가 설립되어 신앙실천 운동을 하고 있다는 점, 거기다 김범우라는 순교자까지 나왔다는 사실, 평신도들이 서로 돌아가며 미사성제를 드리는 것 등 하나같이 모든 사실이 다 충격적이었다.

구베아 주교는 감탄을 금치 못하였으나 사제가 갈 때까진 미사를 드리지 말고 기다리라 하고, 제사도 지내면 안 된다고 했다. 윤유일은 더욱 충격을 받았고, 조선에서 제사를 안 지낸다는 것은 천하의 불효자라 하여 사람으로 도리가 아니라고 하면서, 이 일만은 도저히 받아들일 수 없는 일이므로 어떻게 안 되겠느냐고 물었다. 구베아 주교는 하느님을 따르려거든 불성실하게 따르지 말고 성실히 따르라고 명한다.

윤유일이 북경 교구장 구베아 주교의 답변을 듣고 온 때는 1790년이었고, 한국천주교회는 엄청난 충격에 빠졌다. 제사를 지내지 말라는 말은 양반가 자제들에겐 더욱더 충격적이었다. 이번 일을 계기로 제사를 지내지 않으면서까지 천주교를 따를 수 없다 하여 초대 교회의 선비들인 양반 선각자들은 많이 떠나간다. 이때부터 중인들과 서민들이 한국천주교회의 중심이 된다.

미사 집전을 하려면 사제가 있어야 함을 알고 이때부터 사제를 모셔오기 위한 사제영입 실천운동이 전개되었다. 조선의 피눈물 나는 사제영입 운동의 역사가 시작된 것이다. 1790년 7월 윤유일(바오로), 지황(사바), 우(요한)는 건륭제 80회 생일 축하차 가는 부연사 일행을 따라가, 2차로 구베아 주교를 만나 사제 파견을 요청했다.

윤지충^(바오로)과 권상연^(야고보)의 순교

사제를 보내 달라고 윤유일 등 세 명이 다시 찾아갔지만, 구베아 주교는 사제가 부족해서 보낼 수가 없으니 좀 더 기다리라 했다. 세 사람은 사제가 입는 제의와 성작(聖爵) 등 미사를 봉헌할 때 필요한 도구들을 받아오고, 미사 중에 사용할 포도주 제조법도 배워 온다. 북경성당에 있는 동안 지황은 사제와 함께 미사 드리는 간절한 모습이 너무나 아름답고 거룩해, 그 모습을 지켜본 냉담자가 회개하고 돌아올 정도였다고 했다.

하지만 제사를 지낼 수 없다 하여 양반가 자제들은 다 떠나갔고, 이승훈도 평택 현감으로 발령받아 가 버리면서, 한국천주교회가 다시 소원해지고 있었다. 그런데 이때 1791년 전라도 진산이란 곳에서 사건이 발생한다. 정조 15년에 일어난 신해박해(진산사건)이다.

윤지충(바오로, 1759~1791)은 해남 윤씨 양반가의 후손으로 전라북도 진산(지금의 충청남도 금산) 출신이다. 1784년 김범우의 집에서 『천주실의』를 읽었으며 3년 뒤 정약전으로부터 교리를 배운 후에 천주교에 입교한 것으로 추정한다. 1791년 어머니 권씨가 타계하여 문상을 받고 장례를 치렀는데, 위패(位牌)를 불태워버렸고 제사를 지내지 않았다. 이 때문에 친척과 양반들로부터 천하의 불효자라는 비난을 받고, 윤상(倫常)을 해쳤다는 죄목으로 고발까지 당한다.

진산 군수 신사원은 당대의 세도가 홍낙안과 좌의정 채제공 등으로부터 윤지충을 처벌하라는 편지를 받는다. 홍낙안과 채제공은 서로 반대파의 세력들인데, 남인인 채제공은 이 일로 인하여 남인 학파들이 많은 고통을 받을 것을 염려해 미리 윤지충 한 명을 처벌해야겠다고 생각했다.

윤지충은 상부에서 체포 명령이 떨어지자 이종사촌 형 권상연과 함께 충청도의 광천과 한산으로 피신해 있었는데 포졸들은 윤지충의 삼촌을 감금하였다. 이 사실을 전해 듣고 두 사람은 곧바로 돌아와 진산 관아에 자수한다.

진산 군수 신사원이 윤지충을 심문하는 중에 제사를 지내지 않은 불효자가 어디 있느냐며 그런 법에도 없는 이단을 버리라 한다. 윤지충은 논리적으로 반박했고, 진산 군수 신사원은 자신이 감당할 수 없어, 윤지충과 함께 잡혀 온 권상연까지 두 사람을 상부 감영인 전주로 이송시켰다.

윤지충은 전라도 감사 정민시의 심문에 대해서도 끝내 교리의 타당함을 주장하였고, 곤장 30대를 맞고 옥에 갇혔다. 윤지충은 자신이 이 상태에서 더 힘들어져 정신이 혼미해지면 헛소리를 하게 될까봐 두려움을 느꼈다. 지필묵을 가져다주면 자신에게 있었던 일을 소상히 적겠다고 했다. 윤지충이 적었던 원문이 달레 신부의『한국 천주교회사』에 남아 있다.

윤지충 글의 요지는 다음과 같다.

「나는 위패를 모시지 않았다. 나의 뼈와 피와 살을 물려주신 부모님께서 돌아가심에 그 애통함과 지극한 은공을 그 무엇으로도 갚을 수 없음을 나는 잘 안다. 그러나 나의 신체를 물려주신 부모와 아무런 상관 없는 위패인 나무토막에 이름을 적어, 그것에 절을 한다는 것은 부모에 대한 모독이다. 중용에 이르길 사사여사생(事死如事生)이라 하여 돌아가신 부모님도 산 사람 모시듯 하라 했거늘, 영은 육신이 필요로 하는 음식이나 보살핌이 아니라, 참사랑으로 효성을 다하고 예를 다해서 영적으로 모심에 한 치의 어긋남이 없어야 한다. 살아 계실 때보다 더 깊은 영원한 잠이 들어 계시는데 거기에 헛된 음식이 무슨 소용이 있겠는가?

우리나라에서 제사는 조선 시대에 와서부터 지내게 되었는데, 그것도 양반만 지내고 상놈은 제사를 지내지 않았다. 상놈들도 다 부모가 계시거늘 상놈들이 제사를 지내지 않는다 하여 나라에서 벌을 주진 않는다.

제사는 선비들과 양반들만 지내는 법이니 내 비록 양반들의 법을 어겨 죄를 지었을지언정, 인간의 도리를 저버리거나 국법을 어기지는 않았다. 만군의 왕이신 하느님의 법은 더더욱 어기지 않았고, 하느님을 공경하고 하느님께 죄를 얻지 않고자 함이 내 뜻이다.」

이 사건은 제사를 지낼 수 없다 하여 천주교를 떠나버렸던 많은 선비들의 양심에 경종을 울렸고, 윤지충은 한국천주교회를 지키는 힘 있는 뼈대의 중심이 되었다. 하지만 전국 각지에서 유생들의 상소문은 30여 통 넘게 빗발치듯 올라와 정조는 좌의정 채제공과 함께 의논하여 윤지충을 죽이라고 명령했다.

사형을 집행하라고 했던 날 밤, 정조는 서학을 믿는다는 이유로 죽여야 한다는 것은 있을 수 없는 일이라며 잠을 이루지 못하고 괴로워했다. 고민 끝에 다음 날 아침 일찍 당장 사형집행을 멈추라고 파발마를 보냈으나, 이미 윤지충과 권상연은 사형집행이 끝난 뒤였다. 1791년 12월 8일 사회 도덕을 문란케 하고 사교를 신봉했다는 죄명으로 전주 남문 밖에서 참수형을 당했다. 윤지충은 32세, 권상연(야고보. 1751~1791)은 40세였다.

그 당시 법에는 처형을 당한 시신은 거둘 수 없었고, 그대로 효시를 해야 했다. 윤지충과 권상연의 시신은 9일 만에 관장의 허락을 받아 시신을 거두었는데, 그동안 시신은 부패되지 않았고 산사람처럼 보였다.

흙으로 묻어둔 시신도 들짐승들이 돌아다니며 파먹어 버려, 흙무덤을 만들어 놓고도 사흘을 지키곤 했다는데 들짐승들까지 해치지 않았다. 더욱 놀라운 것은 두 사람의 시신에서 흐르는 피는 엉기지도 굳지도 않고 선명한 상태로 고여 있었다. 이 광경을 지켜본 신자들은 통회(痛悔)했고, 냉담자들이 돌아오고 믿지 않은 사람들이 입교했다. 흐르는 피를 수건으로 적셔가서 이 수건을 만져서 많은 환자가 병이 치유되기도 했다고 한다. 그러나 열악한 상황에서 이 기적은 제대로 조사가 이루어지지 않았고 구전으로만 전해졌다.

사형이 집행되었다는 소식을 전해 들은 정조는 고민 끝에 전국 방방곡곡에 방을 붙여, 앞으로 천주교를 믿으면 이렇게 목숨을 잃을 것이니 그 누구도 천주교를 믿지 말라고 알렸다. 그 당시엔 한성과 내포, 전라도 일대의 작은 고을에서만 천주교가 전해지고 있었을 때였는데, 전국에 이 방이 붙음으로 인하여 일반 백성들의 관심은 오히려 집중되었다.

도대체 어떤 교이길래 목숨까지 버릴 수 있느냐며 천주교를 나라 전체에 알리는 계기가 되었다. 순교자의 피가 그리스도의 신앙을 퍼뜨리는 믿음의 씨앗이 된다는 말이 실현된 것이다.

윤지충과 권상연은 국가로부터 탄압을 받은 한국 최초의 피의 순교자이며, 2014년 8월 16일 프란치스코 교황의 방한 중 서울 광화문 광장에서 거행된 124위 시복식에서 복자품에 올랐다. 얼마 전에 윤지충 권상연 두 분의 유해가 발굴되어 현재 여러 곳에 그 유해가 현시되고 있다 한다.

노론 벽파 세력들은 어떻게 해서라도 남인들을 완전히 제거하기 위해 혈안이 되었다. 진산사건이 일어나게 된 계기가 이승훈, 정약용, 이가환, 권일신 등이 우리나라에 사학(邪學)을 들여왔고, 사학에 관한 서적 구입, 서적 간행 등에 적극적으로 관여해서 이런 일이 발생한 것이라며 이들에게도 죄를 물어야 한다고 상소한다. 이승훈은 평택 현감으로 부임하면서 향교 문묘에도 배례하지 않았다고 했다.

정조는 누구보다 자신이 아끼는 신하들이었지만 이승훈은 예산으로 귀양 보내고, 이가환은 충주목사로, 정약용은 금정 찰장으로 좌천시킨다.

권일신은 포졸에게 잡혀가 매를 맞고 배교를 강요받았다. 그리고 혹독한 고문을 당했으나 끝까지 굴하지 않았다. "저는 하늘과 땅과 모든 천사와 인간의 창조주이신 위대한 천주님을 섬기지 않을 수 없습니다. 세상의 모든 것을 주어도 저는 그분을 배반할 수 없으며 그분에 대한 의무를 궐하느니 차라리 죽음을 택하겠습니다."

그러나 심한 고문으로 정신이 혼미해진 상태에서 홀로 계신 노모를 생각해 배교하라는 강요를 받았고, 포졸이 회오문(回悟文)을 써서 여기에 동의하라고 하니 권일신은 알아서 하라고 했다.

권일신은 감방에서 풀려나 이윤하(이순이 아버지)의 집에서 며칠 머물면서 심한 상처를 치료받고, 유배지가 제주도에서 예산으로 감형되어 유배를 간다. 그는 유배 가던 길에 혹심하게 고문을 받았던 상처가 심해져, 어느 주막에서 장독으로 숨을 거두었다.

당대의 명문 집안에서 태어난 학자로서 천주교에 일생을 종사하다가 순교했지만, 달레 신부의『한국 천주교회사』에는 부모에 대한 지나친 인성적 사랑 때문에 배교했다고 기록했다.

1791년부터 1868년 사이에 권일신 집안은 5대가 순교한다. 권일신의 셋째 아들 권상문(세바스티아노), 딸 권천례(데레사), 손자 권황, 증손자 권복, 권석(필립보), 고손자 권기영(요한)이 순교하였다. 이순이 어머니 권 데레사는 권일신의 누이이며, 형 권철신은 신유박해 때 옥중에 매를 맞고 장독으로 죽었다. 맏아들 권상학은 신유박해 때 신안 임자도에 유배되었다.

윤지충의 진산사건 이후 천주교의 박해는 점점 심해졌고, 고을 사또들은 독사의 눈초리를 번뜩이며 천주교인들을 쫓고 있었다.

03

제사와 사제계,
연미사 체험

천주교회의 제사 금지

조선 시대 때 한국천주교회가 숱하게 박해를 당하게 되는데, 탄압을 받을 때마다 유교 문화에서 제사를 지내지 않는다는 이유를 문제 삼았다. 진산사건은 천주교를 배척하는 사람들에게 신자들을 박해할 명분을 주었다. 즉 조상제사를 폐지하고 신주를 불태운 행동은 천주교를 반인륜적인 종교로 인식하게 만들어, 반대자들이 신자들을 탄압할 수 있는 명분을 제공했던 것이다.

지금부터 제사와 관련한 것들을 간단히 살펴보겠다.

중국에서 천주교가 본격적으로 전파될 당시인 16세기 초반은 서양에서는 근대화가 이루어지던 시기이다. 서양의 문화와 자본이 동양으로 세력을 확장해 오게 되는데 이때는 나라와 나라 간의 교류가 아니라, 주로 상인들이 물건을 팔기 위해 일부의 큰 세력들이 들어오게 된다. 그러다가 19세기에 이르러 스페인, 포르투칼 등 서양의 강대국들은 세계 각 나라로, 나라와 나라 간 세력을 확장하면서 제국주의적이고 침략적인 식민주의 정책으로 쳐들어온다.

16세기 초 마태오 리치 신부 등 예수회 소속 신부들이 북경으로 처음 들어왔을 땐, 제국주의적 성격이 아니었으며 큰 세력들에 의해 들어오게 된다. 선교사들은 중국의 수준 높은 문화를 존중했으며 동양과 서양의 문화는 교류가 전혀 없던 상태였기 때문에, 선교사들은 서로 다른 독특한 문화적 차이가 있음을 인정했다. 그래서 제사 문제도 문화적 측면으로 접근했다. 배공제조(拜孔祭祖)라 하여 조상을 숭배하고 공자를 공경하는 중국 문화의 특성을 고려해서, 제사도 효의 사상을 중시하는 유교의 전통사상인 일종의 민간의식으로 간주했다. 중국인들이 거부감없이 천주교를 쉽게 다가갈 수 있었던 것도, 선교사들이 유교를 바탕으로 천주교를 설명하는 보유론적 입장에서 되도록 이해하기 쉽게 접근했기 때문이다.

　시간이 지나면서 중국에서 활동한 예수회 선교사 외에 도미니코회, 프란치스코회가 중국의 선교사로 오게 되는데 소속에 따라 선교사들의 선교 대상은 달랐다. 예수회는 주로 사회의 상층 계층인 사대부를 상대로 위로부터 전교한 데 반해, 나중에 전교에 나선 도미니코회와 프란치스커회 등은 하층민인 민중을 상대로 아래로부터 전교한다. 그런데 선교사들이 봤을 때 민중들에게 제사는 단지 조상을 공경하는 의례에 그치지 않고, 조상신을 섬기는 종교로까지 여기게 됨을 알면서 제사에 샤머니즘적 요소가 다분하다 하여 교황청에 보고한다.

　교황청에서는 미신적 요소가 있다면 제사를 금하라고 했다. 예수회 신부들은 이 소식을 전해 듣고 이런 것들을 미신적 행위로 볼 것이 아니라 민간의식으로 봐야 하며, 제사를 금하게 되면 중국 전체에 큰 혼란이 일어날 수 있다고 교황청에 자세히 보고한다. 교황청에서는 그렇다면 제사 지내는 것을 해도 된다고 했다. 프란치스코회에서는 된다 했다, 안 된다 했다 하면 어떻게 사목을 하느냐며 교황청에 다시 반박한다. 교황청에서는 현지 상황을 보지 않은 난감한 상태에서 파견되어 간 사람들이 서로 다른 주장을 하니까, 미신적 요소는 하지 말고 미신적 행위가 아닌 것은 허락하라고 명한다.

프란치스코회가 그렇다면 만약 제사의식 속에 6가지 순서가 있다고 가정했을 때, 그중에 1번과 4번이 미신적이라면 이럴 땐 어떻게 하느냐고 다시 반박한다. 교황청에서는 예수회의 말도 맞고 프란치스코회의 말도 맞다 판단되어, 쉽게 결정을 내리지 못하다가 어렵사리 판단을 내리게 된다.

이럴 때는 계시 진리에 따른 교리적 판단은 내릴 수가 없다. 윤리적으로 따져서 판단해야만 한다. 어떤 행위가 죄가 되는지 안 되는지 잘 모르겠을 때 취할 수 있는 판단이다. 어떤 행위가 죄가 되는지 안 되는지 헷갈려 판단을 내리기가 쉽지 않을 때, 생명에 지장이 없다고 생각되면 안 해도 된다고 판단한다. 교황청에서는 제사를 금한다고 하여 생명에 지장이 없을 것으로 간주하고, 굳이 의심스러운 것을 할 필요가 없으리라 판단한다.

마침내 교황청에서는 동양의 제사의식을 윤리적 편법을 취해 제사를 금지해도 될 것으로 판단한다. 클레멘스 11세 교황이 즉위하고 나서 1715년부터 1740년 교황 베네딕토 14세 때에 제사를 금한다는 교서를 중국으로 보냈다. 중국에 진출한 선교사들은 전교하면서 제사 문제로 논쟁을 벌이다 교황청에서 도미니코회와 프란치스코회의 견해를 받아들임에 따라 예수회가 철수한다. 조선의 윤유일 등이 북경에 가서 가성직제도와 제사에 관한 의문점을 물으러 갔을 땐, 교황청에서 이런 판단이 내려져 있던 상태라 제사는 금지되어 있었다.

그러나 조선에서의 유교 문화는 단순한 종교나 민간의식이 아니었다. 효와 예를 중시한 신분 사회에서 제사는 민간의식이나 성리학을 넘어서는 나라 기강을 바로잡는 국가의 절대적 통치수단이고 이념이었다.

성리학에 갇힌 양반들은 한치의 오차범위만 넘어가도 벌떼처럼 일어났고, 하찮고 사소한 것으로도 시비가 붙으면 당파싸움으로 치달았다. 효종이 죽었을 때 효종의 아버지 인조가 늘그막에 다시 결혼한 젊은 여인 자의대비가 살아 있었다. 자의대비가 상복을 일 년 입을 것인가 삼 년 입을 것인가 하는 예의 문제로 송사가 걸려, 당파 간에 싸움이 일어난 것이 '예송논쟁(禮訟論爭)'이다. 그들 나름대로 논쟁의 이유가 있었으리라 미루어 짐작은 되지만, 이토록 사소한 것으로도 당파싸움을 하는 사회 분위기에서, 제사를 지내지 않는다는 건 인간 취급을 받지 못하는 도저히 상상조차 할 수 없는 일이었다.

교황 비오 12세 때인 1939년, 제사 금지령이 내리고 거의 200년이 지난 후에야 교황청 교서가 발표되는데 제사를 허용한다는 것이었다. 교황청에서는 제사에서 논란이 되는 여러 가지 형식에서 민간풍속이 많이 바뀌었기 때문에, 제사는 선조에게 효성을 표시하는 민간의식에 지나지 않게 되었다 하여 정식으로 제사를 허용한다. 조선에서는 당파싸움으로 엮일 때마다 마땅한 명분을 찾던 중, 천주교인은 제사를 지내지 않는다는 이유로 임금도 부모도 모르는 오랑캐 놈들이란 이유를 들어 박해한 후였다.

조선의 제사와 황석두(루가)

그렇다면 조선에서 당파싸움이 일어날 때마다 천주교 박해의 원인이 되었던 제사란 무엇인가? 우리나라에서 조상 제사를 본격적으로 지내게 된 것은 조선 세종 때부터이다. 삼국, 고려 때에도 왕실 제사, 산천 제사가 있었는데, 조선의 제사와는 형식이 달랐다. 조상이 죽으면 통일신라와 고려 때는 불교의식에 따라 제사를 지냈다.

조선 시대, 중국의 제사 문제를 다룬 책이나 관혼상제에 관한 책 중에서 주자 학설을 모아 만든 『문공가례(文公家禮)』를 본떠, 조선인의 풍습에 맞게 제사 양식이 나왔다. 조선의 제사는 초창기에는 신분에 따라 1대, 2대, 3대, 4대를 각기 다르게 지냈는데, 나중에 성리학의 질서가 확립되어 가면서 주자가례에 따라 양반만 지냈고, 모두 4대 봉사를 하게 되었다.

우주의 음양오행설 중심으로 제사 양식을 만들었는데 가풍에 따라 약간씩 차이가 있었다. 제사를 지내는 순서는 분향을 시작으로 음복으로 끝낸다. 제사상은 북쪽에 두고 제사음식은 1열에서 5열까지 놓는데 좌와 우, 동과 서를 구분지어 놓고, 마지막에 놓는 감, 배, 대추의 순서가 지방마다 달라서 생긴 속담이 "남의 제사상에 감 놔라, 대추 놔라 한다."이다. 2022년 현재 우리나라는 잡다한 형식에 구애받지 말고 간소하게 차례상을 차려서, 조상을 기리는 마음으로 제사를 지내라 하고 있다.

제사에 관한 여러 가지 자료들을 검토했는데 효와 예를 중시하던 조선 사회에서는 그 당시 양반들에게 통용되는 사회적 분위기가 있었다. 돌아가신 조상을 기리는 마음으로 후손들이 정성을 다해 제사를 지내면, 자손들에게 후한 대접을 받은 조상들은 천지조화의 과정에서 조상신이라는 귀신이 되었으므로, 자손들에게 세속의 삶이 어려움 없이 평탄하도록 길한 복을 내려 음양으로 돕는다는 것이다.

제사를 지낼 때 나무토막에 조상의 이름을 적은 위패(신주)에는, 조상의 혼이 들어와 있다 하여 이 신주를 소중히 간직했는데 뭔가를 소중히 간직할 때 나온 말이 '신주단지 모시듯 한다'였다.

제사에 관한 자료를 찾다가 아주 흥미로운 부분을 발견했다. 샤머니즘의 허구를 짚어보기 위해서 이 단락을 나열해 보았다.

조선 시대 때는 귀신은 문을 열지 못하므로 귀신이 들어올 수 있도록 제삿날은 술시(밤 9시)부터 문을 모두 열어둔다. 제사를 시작하면 그날의 주인공이 아닌 다른 귀신이 들어오기 전에 문을 닫아야 했는데, 귀신이 들어오다 빨랫줄에 널린 빨래나 줄에 걸려 넘어지지 않게 모두 걷어야 한다.

제사는 귀신이 활동하는 자시(밤 11시), 못 해도 12시에 시작해서 첫닭이 울기 전까지 끝내야 한다. 이때가 귀신이 활동하는 시간이기 때문이다.

모든 만물은 쓰임이 다하고 나면 귀신이 되는데, 사람이 죽어도 귀신이 될 뿐만 아니라 몽땅해져서 못쓰게 된 물건들도 귀신이 되었다. 집터가 사라지면 터주대감신, 뒷간이 사라지면 측신, 산에는 산신령, 바다에는 용왕님, 마을에는 고목나무신, 우물에는 삼신, 그 외에 몽땅빗자루신, 몽땅주걱신, 몽땅부지깽이신, 기타 등등 사라졌다 하면 모두 귀신이 된다.

샤머니즘 세계에서 모든 귀신은 인간의 길흉화복에 관여하는데 나쁜 귀신 착한 귀신이 따로 없다. 다만 일이 풀리지 않으면 어떤 귀신인지는 모르나 그 어떤 귀신에게 귀신 대접을 잘 못 했기 때문이라 하여, 그 귀신을 찾아 귀신 대접을 잘 해주면 일이 풀린다고 했다. 어떤 귀신의 심기를 불편하게 했는지 인간은 알 수 없으므로 불편하게 해준 귀신을 찾기 위해 인간과 귀신이 접신(接神)을 해야 한다. 그 통로가 바로 무당을 통한 굿이다.

접신을 해서 심기가 불편했던 귀신을 찾아 정성을 다해 굿을 해주고 나면 노기가 풀려 꼬여 있던 일이 풀린다고 여겼다. 잡신의 세계도 깊이 들어가면 너무 복잡해 살펴볼 수가 없었다. 다만 무당들은 세례를 받고 이마에 인호(印號)가 박힌 그리스도인을 만나면 하느님 앞에선 잡신이 내리질 않아 힘을 받지 못한다고 한다.

황석두(루가, 1813~1866)는 어릴 때부터 천지창조와 자연의 순리에 아주 관심이 많았다. 어릴 때 "누가 봄을 오게 하는가?"라는 의문이 들어 서당에서 훈장에게 똑같은 질문을 세 번 반복했다가 쫓겨났다. 황석두 아버지가 찾아가 훈장을 설득했지만 받아주질 않아 집으로 독선생이 와서 따로 글을 배웠는데, 독선생들도 황석두의 엉뚱한 질문에 난처할 때가 많았다.

황석두는 과거시험을 보러 가던 중 주막에서 우연히 남 선비란 천주교 신자를 만나, 천주교 교리를 듣고 루가라는 세례명으로 세례를 받았다. 남

선비로부터 천주교에 관한 책들을 여러 권 받아들고선, 황석두는 과거시험을 보러 가는 걸 포기하고 집으로 되돌아와 버린다. 그동안 어릴 적부터 숱하게도 품어왔던 의문점들이 창조주이신 천주님이 계심을 통해서 모두 풀렸고, 참된 진리를 깨닫고 나서 천주교에 심취한다.

황석두 아버지는 아들이 과거시험에 합격하기를 학수고대하고 있었던 터라, 시험도 보지 않고 되돌아와 버린 아들이 너무나 실망스러웠다.

거기다 나라에선 천주교 박해가 심해 자칫 잘못해서 들키면 가족 모두가 몰살당해야 하는 상황이었다. 하지만 집안의 극렬한 반대에도 불구하고 황석두는 진리를 깨달았는데 어찌 다른 길을 갈 수 있겠느냐며, 죽음은 더 이상 죽음이 아님을 아버지께 설명했고 천주교를 믿어야 한다고 했다.

황석두 아버지는 가족들 전체가 죽기 전에 황석두 혼자 죽는 쪽이 집안을 살리는 길이라며, 작두를 가져와 목을 잘라 죽이라는 소동이 벌어진다. 황석두는 머리를 작두에 대고 주님께 기도를 드리는 동안 어머니와 아내는 실신했고, 목이 잘리기 직전 이 광경을 더 이상 지켜볼 수 없었던 하인이 달려들어 작두를 부러뜨려서 겨우 위기를 모면했다.

이 사건 이후부터 황석두는 가족들을 설득할 방법이 없음을 알고, 꼭 필요한 말은 글을 써서 소통하면서 아예 벙어리처럼 3년을 버틴다.

황석두 어머니는 갑자기 말을 잃어버린 아들을 바라보며 기가 막혔다. 어찌해서라도 말문이 트이게 하려고 용하다는 눈먼 점쟁이를 찾아갔다. 북쪽 귀신이 화가 나 있으니 북쪽에 사는 작두 무당을 데려다 굿을 해야만이 혀가 풀려 말을 할 거라고 한다. 수소문해서 북쪽에 있는 무당을 데려와서 사흘 밤낮으로 굿을 하는 도중, 무당은 힘이 펄펄 나서 굿을 하다가 황석두가 있는 방에 들어갔는데, 갑자기 다리에 힘이 풀려 맥을 못 춘다.

무당은 자신도 이유를 알 수가 없었고, 도저히 힘을 쓸 수 없어서 야밤에 도망쳐 버렸다. 황석두가 세례를 받고 나서 항상 손에 묵주를 들고 묵주기도를 드리고 있었다. 황석두가 세례를 받을 때 이마에 박힌 인호, 북경에 있는 신부들로부터 축성받은 묵주가 무당의 힘을 빼버린 것이다.

무당으로 안되니까 어머니는 쓴맛이 나는 약을 달여 먹으면 입이 열린다는 말을 듣고, 3년 동안 세상에서 쓰다고 하는 것들은 다 가져다 먹였다. 온갖 쓸개와 쓴 약초 등 쓰다는 물은 다 마셨다고 한다. 황석두 부인은 날마다 쓴 물을 마신 남편이 너무 안쓰러워 어느 날부터 남편 대신 쓴 물을 마셨고, 황석두는 부인까지 고생시킬 수 없다며 3년 만에 입을 열었다.

황석두는 그동안의 사연을 모두 이야기했고, 천주교 교리를 설명해 부모님을 비롯해 두 형님네 가족들, 하인들의 가족들까지 대가족이 모두 천주교 신자가 된다. 황석두는 선교사들을 도우며 열심히 신앙생활을 하다가 병인박해 때 순교하여 성인품에 올랐다.

가톨릭 사제계

제사에 대해 알아보다가 구약을 중심으로 한 하느님께서 행하신, 가톨릭 사제계에 관련된 것들에 대해서 간단하게 살펴보았다.

하느님께 드리는 제사는 주로 모세오경을 중심으로 기록되어 있는데 본문 문체에 있어서 독특한 요소들이 있다. 일단 표현의 간결성, 수적인 정확성, 족보와 목록제시 등 전례에 관계된 모든 것들이 분명하게 기록되어 있다.

탈출기에는 성소 건립을 위한 예물, 아카시아로 만든 계약궤와 제사상의 크기, 등잔대, 성막, 휘장, 제단, 성막뜰, 등불, 아마실을 가늘게 꼬아 만든 자주와 다홍색의 사제복(현재 사제 제의 색상은 자색, 백색, 홍색, 녹색, 장미색이 있고, 영대, 띠, 수단 등이 있다), 성작패, 분향제단, 성유, 물두벙, 제물(어린 숫양 두 마리를 날마다 고운 곡식 가루와 함께 조석으로 바친다) 등 전례에 관한 규정들이 있다. 성소 건립을 위한 예물, 성막 제물 기술자, 성유, 번제 제단을 만들어 제물 바치는 법, 제단에 딸린 모든 기물들, 네 귀퉁이에 만든 뿔, 목재에 청동을 입혀 목재를 보호해 번제물 태우기, 속죄 제물에 관한 것, 기쁜 마음으로 제물 봉헌하기 등 많은 규정이 있다.

레위기에는 번제물에 관한 규정, 태워 바치는 규정, 곡식 제물에 관한 규정, 속죄 제물을 바치는 규정, 번제물을 바칠 때 사제가 지킬 규정, 제단 위에 있는 불은 계속 꺼지지 않고 타고 있어야 하는 점, 속죄 제물은 사제의 몫(지금의 미사예물은 본당신부가 일부만 갖고 교구청을 비롯해 선교 신부, 휴양 신부, 은퇴 신부 등이 서로 나눈다), 피와 굳기름은 먹지 말 것 등이 있다. 첫 사제들의 임직식(任職式)에 관한 것이 적혀 있다. 아론이 첫 제물을 바칠 때 속죄 제물의 송아지 피를 아들들이 가져오자, 아론은 손가락으로 피를 찍어 제단 네 귀퉁이 뿔들에 바르고 나머지는 제단 바닥에 쏟았다. 하느님과의 약속을 어기면 피로 쏟아진다는 의미다. 콩팥과 간은 불살라 제단에서 연기로 바친다.

이스라엘 백성들은 바빌론으로 유배를 가서야 바알신, 아세라신, 아스다롯신 등 모든 잡신을 물리치신 하느님을 직접 눈으로 보았다. 이름조차 붙일 수 없는 다양한 형태의 조각상들을 만들어 놓고 생명 없는 우상들을 신뢰하며 숭배하는 다른 민족들을 보면서, 하느님만이 유일신임을 깨닫고 하느님께 찬양 드리며 마음을 다해 정성껏 제사를 바치게 된다.

하느님은 생명과 죽음을 주관하시고, 저승 문으로 내려보내기도 하시고 들어올리기도 하심을 눈으로 직접 목격한 것이다.

창세기에서 모든 만물을 만드신 창조주 하느님으로부터 천지가 시작됨을 강조하고 하늘신, 태양신, 달신 등을 멀리하라고 하셨다. 모든 남자는 낳은 지 여드레 만에 포경수술을 해야 한다는 할례에 관한 것은 하느님과 아브라함이 맺은 계약 가운데 하나이다.

하느님께서 세우신 계약 중 제사의 형식과 전례는 확실하게 규정이 되어 있었기 때문에, 예루살렘이란 성전으로 장소가 고정되어 있지 않았고, 어느 곳에서나 전례를 드리며 하느님께 찬양과 경배를 드릴 수 있었다.

이스라엘 백성들은 모세가 시나이산에서 하느님으로부터 받은 십계명(十誡命), 즉 한분이신 하느님을 흠숭하라, 하느님의 이름을 함부로 부르지 마라, 주일을 거룩히 지내라, 부모에게 효도하여라, 사람을 죽이지 마라, 간음하지 마라, 도둑질하지 마라, 거짓 증언을 하지 마라, 남의 아내를 탐내지 마라, 남의 재물을 탐내지 말라는 계명을 특히 철저히 지켰다.

유배 생활을 통해 십계명은 하느님께서 인간을 율법으로 옭아매려는 것이 아니라, 바른길로 이끌어 행복으로 인도하기 위한 풍요로운 구속이었음을 깨달았다.

연미사에 대한 체험

조상을 기억하고 기리기 위해 천주교에서는 제삿날 어떤 방식으로 하고 있을까? 기일에는 세상을 떠난 영혼을 위해 연미사, 위령 성가, 짧은 연도를 바친다. 연미사를 바침은 돌아가신 영혼이 아직 이 세상 보속(補贖)이 끝나지 않아 천국으로 들어가지 못하고 연옥 고통 중에 있을지 모르니까, 정화의 시간을 앞당겨주기 위해서 이승에 사는 우리가 그 영혼을 위해 바치는 것이다. 만약 연미사를 바쳐드린 영혼이 천상 복락을 누리고 있다면, 우리가 바친 연미사와 위령기도는 아직 연옥 고통 중에 있는 다른 영혼께로 간다고 한다. 제삿날 촛불을 켜고 위령기도 드릴 때, 살아 생전 좋아했던 음식이나 물건을 놓아두는 것도 무방하다. 우리나라 고유명절인 추석이나 설엔 성당에서 사제와 교우들이 함께 분향과 연도를 바치고 연미사를 봉헌한다.

이승에서의 고통은 아무리 힘들어도 고난 중에 위로가 함께 하는데, 연옥에 있는 영혼은 자신의 죄에 대한 보속이 다 끝나도록 정화의 시간을 지나는 동안 위로 없는 고통을 겪는다고 한다.

연옥 고통을 덜어드릴 수 있는 유일한 방법이 이승에 있는 우리가 연옥 고통 중에 있는 영혼을 위해서 연미사와 위령기도를 바쳐드리는 것이다.

이 글은 극히 주관적이라 망설였지만, 연옥 고통에 관한 책을 읽고 특별한 체험을 한 것이라 공유해보고자 한다.

인생을 사노라면 어느 날 갑자기 뜻하지 않은 고난을 만날 때가 있다. 내가 자초할 수도 있고, 천재지변이나 재해로, 아니면 주변 분들에 의해 전혀 생각지도 못하게 부딪히게 된다. 나는 낙태를 한 이후 불치병으로 고생을 했다. 소중한 생명을 함부로 다룬 벌은 혹독했다. 시어머니가 살아 계실 때 내가 낙태하고 고생하며 사는 것을 보시며 자기는 낙태를 열 번도 더했노라고 혼잣말로 중얼거리셨다. 그 말을 듣는 순간 나보다 더 큰 죄인이 시어머니 같아 깜짝 놀랐고, 그런데도 잔병치레는 많이했지만 큰병 없이 사는 것도 놀라웠다. 시어머니 돌아가시고 적당히 열 번 정도 연미사를 봉헌했는데 몇 년이나 지났을까?

어느 날 꿈에 시어머니가 있다는 마당 옆 작은방을 갔는데 방문이 커다란 자물쇠통으로 잠겨 있었다. 시아버지가 마당에 서서 방문이 열릴 것이라 해서 살며시 밀어보았다. 아무것도 보이지 않은 암흑의 방안에 문이 조금 열려 햇살이 비친 곳으로, 시어머니가 누워 있는 채 무릎 밑으로 다리와 발만 보였다. 그런데 누운 상태에서 두 발목에는 《벤허》 영화 속에 나온 노예들에게 묶여 있던, 시커멓고 굵은 기다란 타원형 모양이 서로 연결된 쇠고랑이 감겨 있었다. 그 쇠고랑은 너무 끔찍하고 무서웠다.

연옥 영혼에 관한 여러 가지 이야기를 읽었지만 미처 시어머니를 생각하지는 못하고 있었다. 생각할수록 모르긴 해도 연옥에서 고통 중에 있는 것만 같아 고통을 조금이라도 덜어 드리기 위해, 울산 꽃바위성당에서 성전 건립을 한다 해서 그곳에 연미사를 백 번 봉헌했다.

그리고 십여 년의 세월은 바람처럼 흘러갔다.

막내가 고3이었을 때 둘째는 막 취업을 했지만, 큰아들은 취업준비 중이고, 셋째는 대학생이었다. 요한(남편)은 직장을 다니면서 집안일까지 하니까 밤 11시 이전에는 집안일이 끝나질 않았다. 나는 아파서 밤이면 요한을 한두 번은 깨워야 했고, 아침이면 6시에 일어나 막내 밥을 챙겨줘야 했다. 과로가 겹쳐서 감기 끝에 요한은 기침을 심하게 했는데 멈추질 않았다. 큰 병원, 한의원, 민간요법 등 할 수 있는 방법은 모두 해 보았지만 몇 달이 지나가도 전혀 차도가 없었다.

심심하면 한 번씩 우리 집을 향해 날아온 헝클어진 마녀 머리카락을 한 쫓기듯 성난 바람이 사나운 이빨을 드러내 음산한 목소리로 달려들었다.

아이들은 자립하기 위해 한참 돌봐줘야 하고 집안일은 쌓여 있었다. 나는 잠이 들면 호흡이 멈춰버려 나도 모르게 비명을 지르면서 깨어나곤 했는데, 우리들의 유일한 보호자인 요한이 심한 기침으로 점점 지쳐갔으나 더 이상 치료해 볼 방법이 없었다.

대처해 볼 방법이 없을 땐 머리가 몽롱해지고 운명의 여신이 벼랑 끝으로 내몰아도, 기도하며 주님의 손길을 기다리는 수밖에 길이 없다. 살아오는 동안 애절하게 찾아도 침묵으로 일관하신 주님은 절박한 상황에서 때론 한 번씩 나타나실 때가 더러 있었다.

난감한 상황이었는데 그때 시어머니가 노란 한복을 입고 꿈에 나타나, 삼겹살을 바닥에서부터 어깨높이까지 잔뜩 쌓아두고, 무슨 말인지 알아들을 수는 없는 말로 한참 설명을 했다. 이건 무슨 의미일까?

곰곰이 생각하다가 요한에게 꿈 이야기를 하면서 방법이 없으니까 매일 한 끼씩 삼겹살을 먹어보라고 권했다. 기이하게도 모든 약이 듣질 않던 기침은 5일 후에 완벽하게 멈췄다.

이것을 우연이라고 말한다면 주님께선 우연이란 이름으로 현존하신다. 연미사를 통해 연옥 보속을 좀 더 빨리 끝내고 천국으로 가신 시어머니가 주님께 부탁해서 도와주신 것만 같은 생각을 떨쳐버릴 수가 없다.

신의 영역을 인간은 이해할 수 없고 알 수도 없다.

다만 잠깐씩 이런 신비로운 체험은 천상과 지상이 통공을 이루며 하느님 나라는 완성되어 가고, 이 시간은 내가 하느님 나라의 신비를 느끼는 순간이다.

04

한국천주교
교세 확장

주문모(야고보) 신부 입국과 고해성사

　사제가 있어야만 미사를 드릴 수 있음을 안 한국천주교회는 적극적으로 사제영입 운동에 나섰고, 북경의 구베아 주교는 1791년 10월 마카오 출신 사제인 레메디오스(Remedios, ?~1793) 신부를 조선에 파견한다. 하지만 레메디오스 신부는 중국 봉황성 압록강 근처에서 10여 일을 기다려도 오기로 한 조선 교우를 만나지 못하자 중국으로 다시 돌아갔다. 진산사건이 일어난 후 조선은 내부 사정이 좋지 않았음에도 불구하고 윤유일이 신부를 만나러 갔으나, 연락이 제대로 전달되지 않아 서로 만나지 못한 것으로 추정한다. 레메디오스 신부는 2년 후에 병으로 세상을 떠났다. 레메디오스 신부가 입국했더라도 윤지충과 권상연이 처형을 당한 살벌한 상황이어서 사목 활동을 하긴 매우 어려운 형편이었다.

　조선의 이러한 사정을 전해 들은 구베아 주교는 다시 사제를 보내게 되는데 진산사건은 어느 정도 수습된 상태였다. 중국과 조선의 국경에는 나무로 만들어진 철책인 변문(卞門)이라는 검문소가 있었다. 국경의 변문을 통과하려면 통행증이 있어야만 가능했고, 감시가 심해 통행증이 없으면 국경을 통과할 수가 없었다.

구베아 주교는 조선으로 가는 국경을 어떻게라도 통과해서 조선에서 순조롭게 선교하려면 한국인을 가장 많이 닮은 중국인 사제를 찾아야 했다. 그리하여 중국 강남의 소주부에서 태어난 주문모(야고보, 1752~1801) 신부를 1794년 3월 경에 조선에 파견한다.

윤유일, 지황 등이 주문모 신부를 모시러 갔으나 국경의 수비는 더욱 강화되어 있었다. 감시가 심해 변문은 통과할 수가 없어 육로 아래 하수구를 타고 넘어오든가, 아니면 압록강을 건너야만 했다. 하수구를 타고 넘어오기는 힘들 것 같아 주문모 신부 일행이 압록강을 건너려고 했지만, 춘삼월이라 압록강 물은 살얼음으로 덮여 있었다.

주문모 신부는 만주 일대에서 사목하며 8개월을 지내다가 그해 겨울 압록강 물이 꽁꽁 언 후에 조선으로 들어왔다. 1794년 12월 24일이었다. 선교사도 없이 피의 순교자까지 나온 한국천주교회가 1784년 자생적으로 설립되고 나서 10년 만에 우리나라로 파견된 최초의 사제였다. 의주에서부터 평양을 거쳐 1795년 1월 4일경 한성에 도착했다. 최인길(마티아, 1764~1795)의 집에 거처를 마련했는데, 최인길 집안은 대대로 중국어에 능통한 역관이었다.

주문모 신부는 어려서 어머니를 따라 성당을 다녔는데 7살 때 어머니가 돌아가시고 아버지도 다음 해에 돌아가셨다. 고모 슬하에서 어렵게 성장했는데, 고모는 주문모 신부가 극구 반대했으나 결혼을 하라고 재촉했고, 본당신부까지 찾아가서 호소했다. 도저히 고모 뜻을 어길 수 없어 주문모 신부는 20세에 결혼했지만 3년 만에 부인이 죽어 상처한다. 굴곡진 삶 속에서 방황하다 아주 늦은 나이에 여러 심사를 거친 후 신학교에 입학하여 사제품을 받고 조선으로 온 것이다. 불혹을 훌쩍 넘은 나이였다.

주문모 신부는 최인길의 집에서 미사 드리고 고해성사를 줬는데, 한글을 몰랐기 때문에 신자들은 한자를 써서 필담으로 주고받으며 고해성사를 받았다. 서민이나 여자들은 하층민이라 한자를 몰랐기 때문에 필담으로 주고받을 수가 없었고, 사제에게 고해성사를 보려면 궁여지책으로 한문을 잘 아는 다른 남자에게 죄를 고백해, 자신의 죄를 한자로 옮겨주면 그걸 들고 고해소로 들어갔다. 나의 죄를 고백한다는 건 쉬운 일이 아닌데 이런 과정을 거친 후 사제가 보속으로 한자를 써서 주면, 또다시 통역해야 하는 과정을 거쳐야만 했다. 이런 과정이 너무 복잡해서 할 수 없이 주문모 신부는 보속으로 채찍을 들고 몇 대씩 종아리를 때렸다고 한다.

제대로 먹지도 못하면서 충청도 내포 등에서 머나먼 길을 일주일 이상씩 걸어와 이렇게 힘들게 고해성사를 받았지만, 죄를 용서받았다는 홀가분한 기분이 되었고, 교우들은 진심으로 주님께 감사기도를 드렸다. 주문모 신부는 사제를 태양처럼 반기며 열과 성을 다하는 조선의 신자들을 보면서 한글을 익히기 위해 최선을 다했다. 일이 많아 과로로 지쳐 쓰러질 것 같다가도, 교우들의 열성과 신실한 모습을 떠올리면 자다가도 벌떡 일어날 만큼 감격했고 극도의 피로감도 잊었다. 조선 신자들의 감동적인 모습은 낯선 타국에서의 고생과 수고에 대한 위로였고, 주님께서 베풀어 주신 복음선포의 특별한 축복이었다.

나는 휠체어를 타고 다니면서부터는 고해성사를 보기가 쉽지 않았다.

계단이 몇 개씩 있는 고해소를 들어갈 수가 없어서, 1년에 두 번 보좌 신부께 부탁해 성당 한쪽 구석에서 마주 보며 고해성사를 봤는데 상상을 초월할 만큼 힘든 일이었다. 도저히 창피해서 말하기 힘든 죄는 기억이 나도 차마 고백하지 못했고, 이밖에 '알아내지 못한 죄도 사하여 주소서.'에 넣어버렸다.

코로나-19 이후엔 그런 고해성사마저 보지 않았다. 조선 시대의 고해성사 보는 장면에서 깊이 반성했으나 고해성사를 몇 번 거르니까, 내 죄가 무엇인지 어디까지가 죄인지 헷갈렸고 둔감해져 버렸다. 이번 성탄절도 그냥 넘겨 버렸는데, 다락방 기도 모임 중에 성모님 메시지에 고해성사는 되도록 자주 봐서 영혼을 정화하라고 자세하게 적혀 있었다. 성인들 전기를 읽다 보면 고해성사를 며칠에 한 번씩 보았다는 성인들도 있었다. 생각할수록 이런 행동은 제대로 된 신자 생활이 아니었고, 내가 이 글을 쓸 자격이 있는지도 의문이 들어 3년 만에 보좌신부 얼굴을 보며 고해성사를 봤다.

비오(Pius, 1887~1968) 신부 이야기를 읽다가 나의 죄를 진심으로 뉘우쳤다. 비오 성인은 예수님의 십자가 고통인 양손과 양발 옆구리의 다섯 군데에 구멍이 뚫린 오상(五傷)을 받았다. 더하지도 않고 덜하지도 않은 오상의 상처를 평생 지니고 사셨다. 상처에선 매일 소주 한 컵 정도의 피가 흘러나왔고, 그 고통은 못을 손과 발에 대고 망치로 치는 고통이었다. 옆구리의 살도 항상 뭉개져 있었는데 못을 넣고 돌리는 듯한 통증을 느꼈다고 한다. 이 통증은 미사를 드리는 중엔 더욱 극심했고, 어떤 말로도 형언할 수 없는 고통을 50여 년 동안 참았다. 비오 성인은 성인들의 태양이라 불린다.

그리고 하느님의 빛으로 영혼을 꿰뚫어 보는 초능력을 하느님께 부여받

앉고, 두 군데 장소에서 동시에 현존하는 특별한 능력을 받으셨다. 비오 성인은 두 군데에서 동시에 현존하는 능력을 통해 세계 곳곳에서 나타났고 숱하게 많은 기적이 일어났다.

고해소의 순교자로 일생을 사셨는데, 대축일이 있기 전에는 18시간씩 고해소에 있었다. 남녀가 따로 고해성사를 봤는데, 많이 기다릴 땐 남자들은 보름씩도 기다려야 했고, 여자들은 한 달도 기다려야 겨우 고해성사를 받을 수 있었다. 고해성사 중에 정직하고 성실하게 죄를 고백하면 따뜻하게 위로해 주었다. 하지만 죄를 숨기거나 축소했을 땐 "입술만 나불거리면서 어쩜 그렇게 하느님을 얕본단 말인가" 하시면서 호되게 야단을 쳤다고 한다.

나는 앞으로도 신부와 얼굴을 마주 보며 고해성사를 봐야 한다. 하느님께 야단 맞기 전에 이젠 창피하더라도 생각난 죄는 감추지 말고 다 고백할 수 있는 용기를 청한다.

을묘박해

1795년 4월 5일은 특별한 날이다. 우리나라에서 최초로 주문모 신부와 함께 은혜로운 부활 대축일 미사가 봉헌된 축제의 날이다.

임진왜란 때 세스페데스 신부가 우리나라에서 처음으로 미사를 드렸지만, 경상남도 공개에서 일본군과 드린 미사는 우리나라 신자들과 드린 미사가 아니었다. 남녀노소 많은 신자들은 처음으로 주문모 신부와 함께 미사를 드리며 감격했고, 성체를 영할 땐 밀떡의 형상 속에 나에게로 오신 예수님을 향해 감격의 눈물을 흘렸다. 선교사도 없이 자생적으로 자란 한국 천주교회에 하늘 문이 활짝 열려 성령의 빛이 쏟아진 거룩하고 특별한 부활 미사였다.

주문모 신부는 나라의 감시를 피해가며 최인길 집에서 기거하며 무난히 사목활동을 하고 있었으나, 교우인 김시삼이 청나라 주문모 신부가 밀입국했음을 나라에 알렸고, 1795년 6월 27일 배교자 한영익의 밀고로 주문모 신부 체포령이 내렸다. 배교자 한영익은 냉담자로 가장해 다시 입교하고 싶다며 주문모 신부와 면담했고, 한영익은 대화하는 척하면서 주문모 신부의 생김새를 상세히 살피고 그림을 그려 이벽의 형 이격에게 보였다고 전해진다. 한국천주교의 선구자 이벽과는 반대로 이격은 천주교인들을 아주 싫어했다. 이격은 바로 의금부에 연락했고 의금부에선 정조 임금에게까지 보고했으며 곧바로 주문모 신부 체포령이 내려졌다.

최인길은 포졸들이 주문모 신부를 체포하러 왔을 때 안전하게 피신할 수 있도록 시간을 벌어주기 위해, 자신이 상투를 자르고 사제복을 입은 후 신부로 위장해서 포졸들에게 중국어로 말을 하며 되도록 시간을 지체시켰다.

최인길의 신분은 포도청에 잡혀가서 드러났고, 신부로 위장했다는 죄까지 겹쳐, 저놈 때문에 신부를 놓쳤다고 분개하니 그의 죄질은 무거웠다. 주문모 신부를 중국에 가서 모셔 온 장본인이란 이유로 윤유일과 지황도 잡아들였다.

그때 윤유일은 35세, 지황은 28세, 최인길은 30세였다. 포졸들은 속았음에 분개한 감정까지 덧붙여 세 사람을 닥치는 대로 두들겨팼다. 윤유일, 지황, 최인길은 온몸의 살이 터지고 부어올랐으며, 뼈들은 부러진 채 살 밖으로 삐져 나왔다. 얼마나 두들겨팼는지 몸에 성한 곳이 한 군데도 없는 상태로 세 사람은 매를 맞아 죽는 장살(杖殺)을 당했다. 차마 눈 뜨고 볼 수 없는 너덜너덜해진 참혹한 시신은 야심한 밤 강물에 던져졌다. 이 사건이 을묘박해이다.

1797년 밀사를 통해 구베아 주교에게 이 사건은 전달되었고, 구베아 주교는 조선의 현실에 가슴 아파하며, 순교 당시 보여준 최인길, 윤유일, 지황의 용기를 다음과 같이 기록하였다.

　「그들은 "십자가에 못 박힌 자를 공경하느냐."는 질문에 용감히 그렇다고 대답하였습니다. 또 그리스도를 모독하라고 하자 그렇게 할 수 없다고 말하면서 "참된 구세주이신 예수 그리스도를 모독하기보다는 차라리 천 번 죽을 각오가 되어 있다."고 하였습니다.」 이 서한은 중국에서 조선으로 보낸 16통의 서한 가운데 하나로 교황청에 소장되어 있다. 최인길, 윤유일, 지황은 2014년 8월 16일 광화문 광장에서 프란치스코 교황에 의해 동료 순교자 124위와 함께 시복되었다.

이도기(바오로)

　성군(聖君)이었던 정조 임금은 천주교인들의 박해를 원하지 않았으나 조정의 신하들은 행방이 묘연해진 주문모 신부 찾기를 계속했다. 그런 가운데 1797년 충청도 관찰사 한용화가 도내 모든 수령에게 천주교인들을 색출하여 체포하라는 명령을 내렸는데, 조화진이란 배교자에 의해 곳곳에 숨어 있던 천주교인들이 붙들려 갔다.

　진산사건 이후 1797년부터 1799년까지 박취득(라우렌시오), 원시보(야고보), 정산필(베드로), 방(프란치스코), 배관겸(프란치스코), 이보현(프란치스코), 인언민(마르티노) 이도기(바오로)가 붙잡혀서 처형당한다. 이 사건을 정사박해라 한다. 모두 124위 복자품에 올랐는데, 이보현, 인언민, 김진후 복자는 해미로 압송되어 순교했고, 1814년 순교한 김진후(비오)는 김대건 신부의 증조부이다.

　정사박해 당시 충청도 청양 출신 이도기(바오로, 1743~1798)는 나이 50세에 인생무상을 느끼며 삶의 의미를 찾아 정처 없이 집을 떠난다. 1년 후에 바오로라는 세례명을 받고 돌아온 이도기는 완전히 다른 사람이 되어 있었으며, 진실되고 소박한 모습으로 기쁨이 넘쳤다. 이도기는 천주교인으로 살면서 철학을 배워 도통했다는 소문이 나서 공주 관서에 잡혀갔는데, 심문을 당할 때 질문해서 대답하면 매를 맞았고, 다시 질문해서 대답하면 또 매를 맞았다. 충, 효, 예에 관한 문초에 한 치도 틀리지 않고 바른말로 대답을 하면, 관장은 말문이 막히니까 계속 말대꾸한다며 더욱 화가 나 두들겨 패다 결국 하옥시켰다.

이도기를 하옥시킨 날 여자들 세 명이 자기들도 천주교 신자라며 스스로 공주 관아에 걸어 들어왔다. 조선 시대 때 여자들은 여자라는 이유 하나만으로 하층민 취급을 받았고 무시의 대상이었다. 관장은 무식한 것들까지 천주교를 믿는다니 기가 찰 노릇이라면서 사는 동네와 이름이나 적어두고 그냥 가라고 했다. 여자들이 글자를 모른다고 하니까 관장은 아니 글자도 모른 것들이 무슨 천주를 아느냐고 핀잔을 주었고, 무식한 것들이 본적도 없는 천주를 어떻게 믿느냐고 호통을 쳤다. 그 말에 한 여인이 대답하길, 나라의 나랏님도 본 적이 없지만 관장님이 이곳에 있음은 나랏님이 보내서 왔기에 나랏님이 있음을 믿듯이, 이 세상이 있음을 보면서 이 세상을 만드신 분이 있음을 어찌 믿지 않겠느냐고 반문했다. 말문이 막힌 관장은 생각할수록 글자도 모른 여자들에게까지 질 수 없어, 이것들은 주둥이만 살아서 말만 잘한다고 화를 내며 하옥시켰다.

그날 밤 관장은 생각할수록 자존심도 상하고 화는 났지만 천주교인들의 말은 맞는 말이었다. 이도기를 살려주기 위해 혼자서 연구를 하다가, 자기 손으로 직접 풀어줄 수는 없었으므로 도망을 쳐버리게 해버릴 생각으로 포졸에게 눈치껏하라며 자기 심정을 이야기했다. 포졸은 관장의 심기를 단방에 알아차리고, 이도기가 탈출할 수 있도록 옥문을 열어두었건만 이도기는 나가지 않고 그대로 있었다. 포졸은 아직도 눈치를 못 채었나 싶어 아예 옥문을 활짝 열어놓고 잠을 자는 척하고 지켜보고 있었다. 하지만 이도기는 날이 밝도록 도망치지 않고 가만 있었다. 화가 머리끝까지 치솟은 포졸이 입을 열었다.

"아이고 이 답답한 양반아, 세상을 살아가려면 눈치라는 게 있어야지, 내가 말은 안 해도 이렇게 수차례 문이 열려 있음을 그토록 알렸건만, 문이 열려 있음을 알아차렸으면 도망을 쳐야지 왜 나가지 않고 가만히 있소."

"여보시오, 당신은 죄수를 지키면서 국록을 먹지 않소. 나는 내가 어디에 있든 하느님의 사랑을 전하면 그만이오."

"눈치코치도 없으면서 말은 잘하네. 당신은 매 맞아 죽기 딱 알맞소."

"내가 매를 맞아 죽을지, 병에 걸려 죽을지, 굶어 죽을지, 그건 하느님만이 아실 일이요. 어떤 일이 있더라도 그것이 하느님의 뜻이라면 내 어찌 기쁘지 않으리오."

이도기는 다시 심하게 주리가 틀리고 매를 맞아가는 고문을 받았으며, 수차례 줄로 묶어 시장바닥을 질질 끌고 다니면서, 많은 사람 앞에서 모욕까지 당했다.

정약용의 『목민심서(牧民心書)』에 보면 옥사에 갇히면 나라에서 죄수에게 쥐꼬리만큼 밥을 주는데, 이것이 여섯 단계를 거쳐 내려오는 동안 중간에서 이놈 저놈이 떼어먹어 버려서 죄수에겐 줄 밥이 없었다. 먹을 것을 주지 않아 굶어 죽기도 다반사였던 때라 이도기 아내는 갈아입을 옷과 밥을 들고 왔는데, 이도기는 아내에게 오지 말라고 간곡히 말했다. 그래도 굶고 있는 남편을 생각하여 계속 밥을 가져오는 아내를 보면서, 어느 날 이도기는 옷자락을 펼쳐 자신의 상처를 보여주었다. 펼친 옷자락으로 나온 살은 충격적이었다. 먼저 맞은 자리의 상처는 부러진 뼈까지 시커먼 살 밖으로 삐져나와 피고름이 흐르며 썩어가고 있었고, 새로 맞아 찢어진 상처에서는 선명한 피가 흐르고 있었다.

"부인 보시오. 나도 사람인데 어찌 이 상처가 아프지 않겠소. 그러나 내가 하느님을 바라보고 있는 순간만은 이 고통을 잊을 수가 있소. 그런데 부인이 오면 아내를 바라보는 기쁨은 잠시 누릴 수 있지만 육신의 아픔이 밀려와 이 상처의 고통을 이길 수가 없소. 그러니 이제는 나에게 오지 마시오."

이도기의 아내는 더 이상 찾아갈 수가 없었다. 한 달이 지난 뒤에 포졸이 이도기 부인을 찾아와 이도기가 죽었음을 알렸다. 부인이 오열하며 흐느껴 울자 포졸이 말하였다.

"부인, 울지 마시오, 내가 당신 남편이 죽던 그 밤에 당신 남편의 시신 위로 찬란한 빛이 오랫동안 머물고 있음을 이 두 눈으로 똑똑히 보았소."

순교자와 밀고자가 뒤엉킨 박해 상황 속에서, 이러한 힘과 신앙의 신비는 선교사도 없는 한국천주교회가 유지되고 명맥을 이어가는 동맥이었다.

한국천주교 교세 확장

한영익의 밀고로 주문모 신부는 급하게 도망쳐 강완숙 집에 있는 장작더미 창고 속에 몸을 피했다. 그 이후에도 주문모 신부는 박해를 피해 은신처가 된 강완숙의 집에 있는 안방에서 6년간을 지냈다. 성무 집행이 자유롭지 못한 상태였지만 나라에선 과부들만 있는 양반집을 철저히 감시할 수 없었기 때문에, 강완숙의 적극적인 도움을 받아 선교 활동을 할 수 있었다.

주문모 신부는 비밀리에 전라도와 충청도 내포 등지를 다니며 선교 활동을 했는데, 주로 정약종, 최창현, 황사영 등과 동행하며 사목활동을 했고, 이들과 현안문제들을 논의했다. 선교사가 없더라도 교회운영이 잘 될 수 있도록 교회를 조직화하고 체계화하기 위해 회장제도를 도입해, 최창현과 강완숙을 남녀 평신도 회장으로 임명했다.

평신도 회장이 된 강완숙과 최창현은 주문모 신부를 도와 지역, 단체, 남성, 여성 등 사목 대상에 따라 효율적으로 신자들을 보살폈고, 지방에 있는 공소도 관리하면서 신자와 신자 사이를 연결해주는 역할을 했다.

강완숙은 한국천주교회 최초 여성회장으로 양반, 중인, 서민층의 수많은 여성을 입교시키고, 모든 신자와의 연락 및 미사, 모임이나 공동체에 필요한 중요한 실무 등을 적극적으로 도왔다. 사도세자의 아들이자 정조의 이복동생인 은언군은 강화도로 귀양을 갔고, 은언군의 아내 송 마리아, 며느리 신 마리아는 한성에서 쓸쓸하게 살고 있었는데, 강완숙이 물건 파는 상인으로 가장해 찾아가서 천주교 서적을 주며 입교시켰다. 송 마리아, 신 마리아는 신유박해 때 순교한다.

주문모 신부는 다시 '명도회(明道會)'를 조직하여 정약종을 초대회장으로 임명했는데, 명도회는 그 아래에 다시 6회를 두었다. 황사영, 현계흠 등이 명도 회장을 도와주었고, 정약종은 우리말 교리서 『주교요지(主顧要旨)』를 집필하였다. 이 책은 『천주실의』의 내용을 참고하여 당시 소외된 계층인 부녀자와 서민 등을 위해 한글로만 쓰였는데, 천주교 박해 시기에 교회 공동체를 유지할 수 있는 버팀목이 되었고, 한문을 모르는 많은 신자들이 읽었다.

명도회 회원이 되려면 1년 동안 부지런히 전교 활동을 해야 했는데 입교한 사람 중 70%가 부녀자였다. 강완숙을 비롯해서 여자들이 적극적으로 활동했다. 주문모 신부는 『사순절과 부활절을 위한 안내서』라는 고해성사 지침서를 저술했다. 1795년 주문모 신부가 입국할 당시 천주교 신자는 4000여 명이었는데, 1800년에는 이런 활약을 통해서 천주교 신자가 1만 명이 넘었다.

천주교 교세가 점점 확장되면서 조정에서는 서인들을 중심으로 위협감을 느낀다. 서인들이 정조에게 사학(邪學)인 천주교가 퍼져나가는 것을 막아야 한다는 상소문을 올렸고 박해가 다시 일어나려 했으나, 정조는 사교(邪教)는 스스로 자멸할 것이라며 유학의 진흥에 의해 사학을 막을 수 있다고 적극적인 박해를 회피하였다.

정조가 죽자 1801년 신유박해가 일어난다. 수많은 천주교 신자들이 처형당할 때, 주문모 신부는 일단 몸을 피하라는 신자들의 권유로 중국으로 가기 위해 황해도 황주까지 도망쳤지만, 양들의 통곡 소리 지축을 흔드는데 차마 목자 홀로 압록강을 건너갈 수가 없었다. 그곳에서 가던 길을 되돌아와 1801년 4월 24일 의금부에 가서 자신이 주문모 신부임을 밝혀 자수했다. 1801년 5월 31일 새남터에서 처형당해 124위 복자품에 올랐다. 신유박해 이후 한국천주교회는 다시 33년 동안 사제 없는 암흑기를 보낸다.

강완숙^(골롬바)과 최창현^(요한)

주문모 신부를 적극적으로 도와준 한국 최초의 천주교 여성 회장인 강완숙(골롬바, 1760~1801)은 어려서부터 아주 영리하고 똑똑했으나 향반의 딸로 태어났다. 향반이란 시골에 낙향하여 살면서 여러 대에 걸쳐 벼슬길에 오르지 못한 양반으로, 경제적 처지에서 보면 농민과 다름없었다. 일부 학자들에 따르선 남편 홍지영이 양반 서얼 출신이었기 때문에 강완숙도 양반의 서얼이었으리라 추정한다.

강완숙은 특출나게 영리했으며 대담했고 매사에 적극적이었다. 어려서부터 인간의 생과 사에 대한 질문을 많이 했다. 남자로 태어났으면 장원급제도 할 수 있었지만 부모들은 여자로 태어난 자식이 너무 똑똑해서 근심거리였다. 신분 사회에서 여자는 과거시험도 볼 수 없었던 때라, 성장할수록 자신의 처지를 비관해 한동안 여승들만 사는 절에서 머물며 방황도 했다.

강완숙은 시부모와 아들 하나가 있는 상처한 양반집으로 시집을 갔는데, 그러던 어느 날 시댁의 어른으로부터 천주교에 대한 설명을 듣는다.

『천주실의』를 구해 단숨에 읽고 난 후부터 강완숙은 만왕의 왕이신 천주님을 확실히 믿고 방황을 접는다. 참 진리를 깨닫고 나서 비관적이던 사고방식을 완전히 전환해서, 천주교를 전하기 위해 자신의 모든 역량을 발휘하며 새로운 삶을 살아간다.

천주교인들이 감방에 갇혀 있을 때 굶고 있는 사람들에게 밥을 갖다 주다 들켜서 이틀 간 형을 살고 나온다. 그 이후 무슨 사연이 있었는지 알 수는 없으나 남편과 이혼하고 시골에서 한성으로 왔다. 시아버지는 이미 죽었고 홀로 남은 시어머니와 전 부인의 아들인 홍필주(필립보)가 있었는데, 이때 이들은 아들이자 아버지인 강완숙의 남편에게 있지 않고, 며느리요 새어머니인 강완숙을 믿고 한성으로 따라온다. 홍필주는 주문모 신부를 여러모로 도와주며 복사를 섰는데 신유박해 때 순교하여 강완숙과 함께 복자품에 올랐다.

최창현(요한, 1759~1801)은 같은 중인계층인 김범우 등과 함께 교회창립에 주도적 역할을 담당하였다. 탁월한 신앙심, 인품, 조금도 흔들림 없이 행하는 사목, 전교에 열성적으로 활동하는 모습을 보면서 주문모 신부는 최창현을 총회장에 임명하여 신자들을 이끌게 하였다. 황사영은 그의 백서 안에서 정약종을 한없이 칭찬하여 소개하면서도, "그의 덕망은 관천 최창현에 미치지는 못했지만……"이라고 할 정도로 교우들 가운데 덕망이 높았다. 그를 사랑하고 신뢰하지 않는 사람이 없었다고 한다.

최창현은 한글 성서의 첫 번역자이다. 중국어에 능통한 역관으로 자신의 실력을 발휘하여, 한문으로 된 『성경직해』(교회력에 따른 주일과 축일의 복음 해설서)와 『성경광익』(복음 묵상서) 두 권의 책을 한 권의 한글본으로 합본하여 『성경직해(聖經直解)』를 저술하였다. 한글본인 이 책은 초창기 일반 신자 사이에 널리 읽혔다. 한문을 모르는 중인계급 이하의 남녀노소 신자들이 복음과 신앙을 받아들이고 전파하는 데 결정적 역할을 했다.

한국 천주 교회사에서 네 복음서의 체계적 번역서를 갖게 된 것은 한기근 신부, 강도용 신부, 정규하 신부 등이 번역하여 1910년에 출간된 『사서성경(四書聖經)』이 있는데, 이 책이 나온 이후에도 최창현에 의해 번역된 한글본 『성경직해』는 오랜 세월 동안 교회 안에서 널리 읽혔다.

신유박해가 본격적으로 시작되자 포도청에서는 김여삼 등 여러 명의 밀고자를 끼고 천주교 신자들을 검거하기에 혈안이 되었다. 1800년 12월 17일(음력) 형조에서는 최필공(토마스) 최필제(베드로) 형제가 이틀 사이에 체포되어 함께 감방에 갇혔다. 최창현은 몸을 피해 잠시 다른 신자 집에 숨었으나, 병이 발병하여 남의 집에 폐를 끼치고 머무를 수 없어 1801년 1월 집으로 돌아왔다. 하지만 밤중에 밀고자 김여삼이 데리고 온 포졸들에게 체포되었고, 처음엔 포도청으로 끌려갔으나 이미 천주교의 우두머리로 지목되어 있었으므로 곧바로 의금부로 압송되어 문초를 받았다.

그는 의금부에 구속되어 혹독한 문초와 고문을 받았는데, 신분이 중인계급인 데다가 정약종의 집에서 발견된 비단 등에 그린 성화가 최창현의 집에서 만들어 보낸 것이라는 사실이 드러났다. 그리고 똑같이 잡혀 와 문초를 받던 정약용이 "최창현은 괴수의 우두머리"라고 진술한 터였다.

의금부는 그를 통해 사학의 세력을 뿌리 뽑을 작정이었기에, 최창현을 향한 문초는 하루도 거르지 않았고 서슬 퍼런 육모방망이 매질은 그칠 줄 몰랐다. 최창현이 뭔가를 숨기는 듯하거나 대답을 우물쭈물하면 어김없이 심한 매질이 시작됐다. 육모방망이의 각진 곳이 어깨와 등, 허리를 강타할 때마다 그는 뼈가 으스러지는 듯한 통증에 비명을 지르다 수차례 정신을 잃었다.

그는 결국 거의 실신한 상태에서 "20년 동안 천주학에 미혹되어 지금에 이르렀으니 후회막급이요. 천주 예수를 결단코 원수로 보고 오랑캐의 도로 보겠소." 하며 배교 의사를 밝혔다.

최창현은 참혹한 문초와 매를 맞는 재판이 계속되는 동안 다시 용맹한 마음이 되살아났다. 이내 그는 전날의 약했던 마음을 진실히 뉘우치며 용감하게 신앙을 고백했다. 심한 매를 맞을 때는 기절하여 정신을 잃었고, 깨어나 있을 때도 땅에 엎드려 마치 죽은 사람같이 있다가도, 관리가 죄목을 말하면 벌떡 일어나서 십계명을 말하기를 반복했다.

1801년 4월 8일 그의 나이 42세에 서소문 밖에서 참수형을 받아 순교의 영광을 얻었다. 124위 복자품에 올랐다.

조선의 당파싸움과 세도정치

우리나라 최초의 순교자 김범우를 필두로 한국천주교회는 유교와의 충돌로 박해가 시작되었다. 정조가 죽기 전까지는 문화적인 충돌로 인한 부분적인 박해가 일어났지만, 1801년 어린 순조가 왕위에 오르면서부터 정순왕후 수렴청정(垂簾聽政)이 시작되면서부터 국가적인 천주교 박해가 시작되었다.

왕의 외척들이 판을 치는 노론 벽파의 세도정치는 정적들을 제거하고 자기들이 확실하게 정권을 잡기 위한 명분이 필요했다. 그런데 마침 정적들 대부분이 천주교를 믿고 있었는데, 천주교인들은 세도가들이 정적을 제거하기 위한 명분으로 이용하기 딱 좋은 먹잇감이었다. 그들에게 천주교인들은 국가의 통치수단인 유교를 무시하고 인간 평등을 주장하며, 제사도 지내지 않는 인륜을 저버린 오랑캐 집단이었기 때문이다. 그리하여 세도정치가 시작되면서부터 천주교인들은 정적들을 제거할 때마다 필요한 명분이 되었고, 대대적으로 국가가 박해한 사건만도 네 번이나 있었다.

그렇다면 조선 시대의 망국적 병인 당쟁(黨爭)은 언제부터 시작되었고 어떻게 전개되었는지 간략하게 짚어보겠다.

　고려 말 권문세족에 대항한 신진사대부는 급진파와 온건파로 나뉜다. 급진파는 이성계, 정도전을 도와 조선을 건국하는 일등공신이 되고, 온건파는 조선 건국을 반대하여 조선이 건국된 이후 시골로 낙향한다.

　급진파인 신진사대부들은 많은 개혁을 주도해 가며 훈구파라 하여 점점 비대해진 세력이 된다. 급기야 세종의 둘째 아들 수양대군인 세조는 훈구파들과 함께 계유정난을 일으킨다. 세조는 13세 어린 단종을 무시하며 고위관직을 독점하다가, 단종이 즉위한 지 2년 만에 단종을 유배시켜 죽여버리고 왕위에 오른다.

　반면 조선 건립 당시 온건파 사대부들은 낙향해서 선비들의 모임인 '사림(士林)'이란 이름으로 서서히 세력을 키워 나간다. 사림파들은 성리학의 연구와 토론 및 제자양성을 위한다는 명분으로 서원을 짓고, 향약이라는 자치법을 만들어 농민들을 통제하는 규약을 만든다. 사림파가 중앙정계에 신세력으로 등장한 것은 조선 9대 임금 성종 때부터이다.

　성종은 갈수록 비대하다 부패해져 간 훈구파들을 견제해야 했고, 신하들의 권력을 무력화시키고 왕권을 강화하기 위해서 사림파들을 끌어들인다. 사간원, 사헌부, 홍문관인 3사에 사림파를 등용시키고 훈구파의 부정과 부패를 엄벌하며 부패 척결을 단행한다. 이에 대한 훈구파의 저항은 거세었고, 네 번의 사화로 사림파들에게는 많은 화가 들이닥친다.

　네 번의 사화 중 처음 무오사화(1498년)는 연산군 때 일어난다. 김일손이라는 춘추관의 사관이 『성종실록』 편찬에 참여하면서 스승 김종직의 조의

제문(弔義帝文)을 시초에 넣었다. 조의제문은 중국 초나라 마지막 왕 의제를 조문하는 글인데 의제는 반역을 일으킨 황우에게 제거되었다. 그런데 훈구파들은 조의제문을 트집 잡아, 이것은 어린 단종을 죽이고 왕위에 오른 세조를 비유한 것이라며, 김일손 등 많은 사림파를 처형시키고 이미 죽은 김종직의 묘까지도 파헤쳐 시신까지 분골쇄신한다.

두 번째 갑자사화(1504년)도 연산군 때 일어난다. 연산군의 어머니 윤씨는 질투가 심해 성종의 얼굴에 손톱자국을 낸 사건으로 인해 폐비가 되고 사약을 받는다. 이 사실을 모르고 있다가 뒤늦게 알게 된 연산군은 어머니 죽음에 관련된 사람들을 훈구파와 사림파 구분하지 않고 다 숙청시킨다. 이들의 자녀, 가족, 동족까지 연좌되어 죽였는데 잔인함이 무오사화에 비교할 바가 아니었다.

조선의 대표적인 폭군 연산군은 사치와 향락에 빠져 국가재정은 궁핍해지고 백성들은 무거운 세금에 시달리게 된다. 연산군은 기녀제도를 확대해 전국에서 수천 명의 기녀를 궁궐로 뽑아와, 그중 1등급 기녀를 흥청(興淸)이라 했는데 흥청망청 단어는 여기에서 나왔다.

미색은 아니었으나 춤과 노래에 탁월한 재능을 가진 첩의 딸로 결혼까지 했던 장녹수는 기녀가 되어 연산군의 총애를 한몸에 받는다. 연산군의 실정을 부추기면서 오빠들과 함께 권력을 함부로 휘둘렀는데, 훈구파에 의해 연산군과 장녹수는 처형당하고 동생 중종이 왕위에 오르게 되는데 이것이 중종반정이다.

세 번째 기묘사화(1519년)는 중종 때 일어난다. 훈구파들은 다시 득세하여 권력을 마음대로 휘두르게 되고, 이를 못마땅하게 여긴 중종은 사림파 출신 조광조에게 개혁을 맡겨 훈구세력을 압박한다. 하지만 중종은 지나치게 급진적인 개혁을 주장하는 조광조에게 약간 피곤함을 느꼈고, 중종의 이 모습을 눈치챈 훈구파들은 이때를 놓치지 않고 역모를 꾸민다.

나뭇잎에 '주초위왕(走肖爲王)'이라 적고 꿀을 발랐다. 주(走)와 초(肖)를 합하니 조(趙)라는 글자가 되고 즉 조씨(조광조)가 왕이 된다는 뜻이 된다. 훈구파들은 벌레들이 글자를 먹게 해놓고는 조광조 일파가 왕이 되기 위해 이 일을 꾸몄다고 주장했다. 훈구파에 의해 조광조는 반역자로 죽임을 당하고 많은 사림파가 죽임을 당하거나 귀양을 간다.

마지막 을사사화(1545년)는 명종의 외척 간의 권력갈등으로 일어난다. 중종 다음 인종이 즉위하나 9개월 만에 사망하고, 12세인 명종이 왕위에 오르니 모후인 문정왕후가 수렴청정한다. 문정왕후가 총감독하는 파평윤씨 윤원형 일파인 소윤은 파벌싸움으로 인해 인종을 따른 대윤 일파를 역모로 몰아 수많은 사림파가 처형당한다.

문정왕후는 죽는 날까지 국정을 장악하고 무기를 이용해 피까지 흘리는 철혈정치(鐵血政治)를 한 여인이었다. 야사에선 표독스러운 여인으로 그리고 있는데 윤원형은 문정왕후를 등에 업은 권력가였다. 사시사철 전국 각지에서 뇌물을 실은 수레가 윤원형의 집으로 올라왔는데, 전국 곳곳에 윤원형의 큰 저택만 10여 채가 넘게 있었다고 한다. 남자를 홀리는 재주가 있는 정난정은 윤원형의 첩으로 들어가 온갖 만행을 저질렀는데, 정실부인을 내몰아 죽이고 정실이 된다. 최고의 권력자 문정왕후가 죽자 정난정, 윤원형도 자살한다.

네 번의 사화로 훈구파들에 의해 사림파들은 엄청나게 처형을 당했으나 이미 비대해진 사림파는 다시 살아난다. 사림파의 힘의 원천은 서원과 향약, 유향소에 있었다. 사림파들은 전국 곳곳에 퍼져 있는 거대한 조직으로 이미 뿌리 깊은 세력으로 자리를 잡아버렸고, 선조 이후부터 훈구파들을 완전히 몰아내 버리고 새로운 주도세력이 된다.

훈구파는 자취를 감추었고 주도세력이 된 사림파들은 끼리끼리 정치라는 붕당정치(朋黨政治)를 하며 갈수록 당파싸움은 가관이었고 치열했다.

조선 시대에는 이조전랑이란 관직이 있었다. 벼슬의 품계는 그리 높지 않았지만 당하관과 삼사의 인사권을 쥐고 있는 권한이 매우 막강한 관직이었다. 아무리 높은 벼슬아치도 말을 타고 가다 이조전랑의 그림자가 보이면 말에서 내려 깍듯이 인사를 해야 했다.

사림파들은 이조전랑 직을 놓고 강경파와 온건파가 서로 싸움이 붙었다. 이조전랑 직에 강경파들은 김효원을 추천하고 온건파들은 이를 반대하는데, 서로 뜻이 맞지 않아 대립하다 파가 갈리게 된다.

김효원 중심의 강경파들은 경복궁 동쪽에 산다 하여 동인이라 하고, 심의겸 중심의 온건파들은 경복궁 서쪽에 산다 하여 서인이라 했다. 이때부터 사림파들은 동인, 서인으로 나뉘면서 당을 만들어 나간다. 파가 갈리면서 패망의 길을 향한 조선의 붕당정치가 본격적으로 시작된 것이다.

동인, 서인은 사건이 발생할 때마다 서로 번갈아 가며 주도권을 잡게 되는데 동인은 다시 또 갈라진다. 이황을 중심으로 하는 남인과 조식을 중심으로 하는 북인으로 갈렸다.

14세 어린 나이에 임금이 된 숙종은 거칠고 까다로운 성격으로 어린 나이지만 수렴청정하지 않고 직접 왕권을 행사한다. 숙종은 파벌정치로 인하여 왕권이 무너지고 신하의 권력이 강화된 신권정치를 무척이나 경계했다.

강력한 왕권정치를 하면서 왕권에 위협을 느끼는 순간, 하루아침에 정권을 뒤바꿔버리는 환국을 6번이나 거듭했다. 신하들은 정권이 넘어갈 때마다 죽거나 유배를 가야 했기 때문에 사생결단하며 싸워 이겨야 했고 당파싸움은 극을 치달았다.

숙종이 즉위하면서 남인에게 권력을 넘겨주는데, 이것이 갑인환국(1674년)이다. 숙종 6년에 확실하게 권력을 잡은 남인들의 유악(油幄) 사건이 일어난다. 유악 사건이란 허적의 집에 잔치가 벌어져 전국에 있는 남인들이 거의 모였는데 그날 따라 많은 비가 내렸다. 집안은 비좁아 마당에 천막이라도 쳐야 했지만, 유악인 기름 먹인 천막은 왕궁에서 쓰는 군사 물자로 임금에게만 딱 하나 있었다. 그것이 생각난 허적은 숙종의 허락도 받지 않고 그걸 그냥 가져왔다. 숙종은 허적의 집에서 잔치가 있다는 걸 알고 안타까운 마음에 비가 내리고 있으니 기름 천막을 가져다주라고 신하에게 명했으나, 자신의 허락도 없이 남인들은 이미 기름 천막을 가져간 뒤였다.

이 사실을 알게 된 숙종은 이것들이 간이 배 밖으로 나왔다 하여, 남인들을 보이는 대로 처단하고 다시 서인을 불러들인 것이 경신환국(1680년)이다.

그 이후 비대해진 서인을 견제해야 했던 숙종은 서인이 지지하는 인현왕후를 폐비시키고, 남인의 지지를 받은 빼어난 미모의 후궁 장희빈을 왕비로 등장시키는데, 이것이 숙종 15년 기사환국(1689년)이다.

그러나 숙종은 시간이 갈수록 장희빈의 과도한 질투심에 싫증을 느끼고 날로 비대해져 가는 남인 세력들을 견제해야 했다. 다시 인현왕후를 그리워하며 그의 궁 앞을 거닐던 날 무수리와 눈이 마주치게 되는데, 이 천민 출신의 여인이 서인의 지지를 받고 후궁이 된 숙빈 최씨였다. 장희빈은 폐비가 되어 사약을 받아 죽게 되고, 최후의 승자는 서인이 된다. 이것이 숙종

20년의 갑술환국(1694년)이다.

서인은 또다시 남인의 처리문제를 두고 파가 갈라진다. 송시열 중심의 노론과 남구만 중심의 소론으로 나뉘게 된다. 노론과 소론으로 갈라진 서인들의 당파싸움은 날이 갈수록 가관이었는데 장희빈과 숙빈 최씨에게는 아들이 한 명씩 있었다. 숙종 36년 경인환국(1710년)은 노론과 소론이 대립한 사건으로 소론 최석정을 영의정에서 물러나게 하고 노론 인물들을 발탁한다. 숙종 42년 병신환국(1716년)은 정권을 장악한 노론이 무수리였던 숙빈 최씨의 아들 연잉군을 세자로 만들기 위해 대리청정을 맡긴다.

숙종의 재위 기간 중 이토록 수차례에 걸친 환국은 남인, 서인, 노론, 소론으로 갈라졌는데, 조선 중기 이래 붕당정치의 치열한 싸움으로 그동안 쌓여 왔던 온갖 폐단과 모순이 폭발하면서 나타난 현상이었다.

1720년 숙종이 사망하여 장희빈의 아들인 경종이 즉위하나 몸이 허약해 4년 만에 죽는데, 경종은 소론의 지지를 받았다. 경종이 죽고 나서 연잉군이 왕위에 오르게 되는데, 이 왕이 바로 영조이며, 노론의 지지를 받는다. 노론과 소론의 당파싸움은 치열했고 시간이 갈수록 노론이 정권을 장악한다.

조선의 왕 중에서 유일하게 어머니가 천출인 21대 왕 영조(1694~1776)는 52년간 통치하면서 민생을 잘 돌보고 어느 왕보다 검소했다.

노비종모법(奴婢從母法, 아버지가 노비이고 어머니가 양인이면 어머니의 신분을 따라 양인화한 제도), 균역법(均役法, 16세 이상 남자들에게 병역의 의무 대신 거두는 베를 두 필에서 한 필로 줄이는 제도) 등 백성들의 삶을 보살펴 손자인 정조와 함께 조선 후기의 성군으로 꼽힌다. 자기 관리도 철저하게 해 한 치의 흐트러짐이 없었고, 폭신한 방석은 나태함을 부른다 하여 항상 딱딱한 의자에 앉아서 정사를 보고 책 읽기를 게을리하지 않았다.

조선의 고질병인 당파의 폐단을 줄이기 위해 최선을 다해 탕평책을 썼지만, 영조의 노력에는 한계가 있었고, 노론과 소론의 갈등은 치열하게 이어졌다. 영조는 노론의 지지를 받았다.

그리고 영조는 경종을 죽이고 왕위에 올랐다는 소문이 가시질 않았다. 이유인즉 경종은 몸이 허약했는데, 어느 날 열이 나서 아파 있는 경종에게 연잉군은 어의들이 극구 말렸음에도 불구하고 서로 상극인 게장과 생감을 먹였고, 그 음식을 먹고 나서 설사와 복통이 심해 탈진했다. 연잉군은 경종에게 기력을 되찾게 해야 한다면서 다시 인삼과 부자를 넣은 한약재를 먹였고 경종은 바로 죽게 된다. 이로 인해 영조는 경종을 죽인 노론의 우두머리라는 괴소문이 끊이질 않았다. 평생토록 영조를 괴롭히는 꼬리표였다.

소론은 이를 이용해 노론 일당을 제거하기 위해 괴이한 문서를 수시로 붙였는데, 영조집권 초기부터 소소한 사건들이 끊이질 않고 이어지다가 영조 31년 을해옥사 일명 나주 괘서사건(掛書事件)이 터진다. 나주 객사에 영조와 노론을 비방하는 내용의 괘문서가 내걸렸는데, 이 사건을 빌미로 영조와 노론 일당은 밀착하여 수많은 소론을 죽여서 소론의 씨를 말려버렸다. 이때부터 노론이 완벽하게 권력을 장악하게 된다.

영조는 왕이 된 후 첫아들을 잃고 아들이 다시 태어나지 않아 애를 태우다가 42세에 귀한 아들인 사도세자를 얻게 된다. 어찌나 기뻤던지 아들이 태어난 다음 해에 바로 세자로 책봉해 많은 기대를 했고, 영조 자신보다 더욱 완벽한 왕이 되어주길 바라며 철저하게 관리한다. 그러나 욕심이 앞선 영조는 안타깝게도 아들을 사랑했으나 진정으로 아버지로서의 사랑을 몰랐다. 사랑이란 이름으로 어린 아들에게 완벽함만을 강요하는 우를 범해버렸다.

거기엔 지울 수 없는 영조 자신만의 가슴 아픈 콤플렉스가 있었다. 왕이 된 영조는 어머니가 천출(賤出)이라는 열등감에서 벗어나고 신하들에게 무시당하지 않기 위해 혼자 힘으로 무던히도 노력했다. 조선의 역대 왕 중에 영조 이외에 무수리 출신 어머니는 없었다. 자신뿐만 아니라 아들 사도세자까지도 자기보다 더욱 완벽하게 자라줘서, 자신의 모든 콤플렉스가 철저하게 지워지길 간절히 바랐던 것이다.

그러다 보니 어린 아들이 자기 기준에서 어긋나면 윽박질렀고, 아버지의 마음을 알 길 없는 어린 사도세자는 항상 다그치는 아버지가 무섭기만 했다. 시간이 갈수록 사도세자는 자존감이 떨어지고 아버지 앞에선 공포에 떨며 제대로 대답을 하지 못했다. 공부보다는 그림과 무예에 뛰어났는데 점점 아버지 눈 밖에 나게 되고 긴장이 고조되어 마음의 병을 얻게 된다. 천둥 번개가 치는 날이면 무서워서 하얗게 질렸다. 옷을 잘 입지 못하는 의대증(衣帶症)이 걸려, 누군가 옷을 입힐 때 자신의 피부에 손이 닿으면 갑자기 광기가 발동하여 죽이기까지 하는 정신이상 반응을 보였다. 사도세자의 아들 은언군이 아주 어릴 때 은언군의 어머니가 사도세자에게 이렇게 죽임을 당했다.

가혹한 운명을 탓해야 하는가? 세월이 흐를수록 둘 사이는 돌아올 수 없는 강을 건너버렸고, 영조는 역사에 길이 남을 이해할 수 없는 잔인한 아버지가 되어버린다. 영조는 사도세자가 15세 되던 해에 인사권, 군사권, 감사권 등 주요 권력을 제외한 나머지를 사도세자에게 대리청정을 맡겼다.

영조는 노론들과 항상 생각을 같이했으나 사도세자는 합리적으로 판단하여 언제나 노론 편에만 서지는 않았다. 노론들은 이때부터 자기편이 아닌 사도세자를 죽일 궁리를 했고, 갈수록 영조는 사도세자를 미워하는 증상이 극을 치달았다. 자연재해에도, 역병이 돌아도, 집안에 우환만 있어도, 모든 것을 사도세자에게 탓을 돌리며 생난리를 쳤다.

한계선을 넘겨버린 사도세자는 평생토록 쌓인 울분과 억울함으로 더이상 버틸 수 없었고, 아버지의 광기에 내몰린 나머지 아버지보다 훨씬 더심각하게 미쳐버렸다. 살인을 밥 먹듯 저질렀다.

영조는 심리학적으로 심한 편집증과 강박증적인 성격이 있었을 것으로 판단된다. 경종의 의문사와 어머니의 콤플렉스가 노출되지 않기 위해 평생토록 자기 관리를 철저히 하며 자신에겐 엄격했고 빈틈이 없었던 반면, 가족들에게는 아주 편향적인 성격의 소유자였다. 누군가는 지나치게 편애했고 누군가는 지나치게 증오했으며 남이 자신에게 악의를 가지고 있다는 생각으로 항상 의심하고 경계했다. 갑자기 어떤 불안이 떠오르면 그 불안을 없애기 위해 이해할 수 없는 자기만의 독특한 행동을 수도 없이 반복했다고 한다.

영조는 11세에 두 살 많은 정성왕후와 결혼했는데 첫날 밤에 웃지 못할 그러나 정성왕후에겐 평생토록 투명인간이 되어버린 일이 터진다. 정성왕후의 손을 잡으며 영조가 손이 곱다고 말했는데, 정성왕후는 영조의 열등감은 생각지도 못하고 겸손한 마음에 "제가 고생을 안 해봐서 그런가 봅니다."라고 말했다. 그 순간부터 죽는 날까지 영조는 정성왕후를 아예 쳐다도 보지 않았다. 이 여자가 허드렛일하며 손이 거칠었던 자기 어머니를 간접적으로 비웃었으며, 자신의 콤플렉스를 제대로 긁어버렸다는 이유였다.

사도세자 부인인 혜경궁 홍씨가 사도세자의 비극적인 죽음과 이를 둘러싼 역사적 사실, 그리고 자신의 비극적 운명을 서술한 궁정 수필인 회고록 『한중록(閑中錄)』에 이렇게 적고 있다. '정성왕후는 왕비로 살면서 영원토록 왕의 눈길 한 번 받지 못했으나 주변 사람들에겐 언제나 인자했다. 특히 친아들이 아님에도 영조에게 늘 야단맞은 사도세자를 따뜻하게 잘 보살폈다. 하지만 정성왕후는 죽기 며칠 전, 요강으로 하나 가득 검은 피를 토해냈는데, 평생 쌓인 한 여인의 울분의 한을 쏟아내고 죽었다.'

영조는 이런 콤플렉스에다가 노론 당파의 모략까지 더하여 사도세자에겐 갈수록 잔인한 아버지가 되어갔다. 결국엔 아들 사도세자를 뒤주에 가두어 죽인 비정한 아버지가 되어버렸다. 영조는 아들 사도세자를 뒤주에 들어가라 명했고, 사도세자가 뒤주에서 나오지 못하게 자신이 직접 못질을 했다. 사도세자는 타는 목마름으로 팔다리가 오그라져 뒤주에 갇힌 지 8일 만에 한 많은 인생을 마감한다. 차라리 영조가 단칼에 죽였으면 사도세자의 한이 구천을 떠돌진 않았으리라 생각해본다. 영조는 사도세자에게 자결하라 명했으나 신하들이 말렸고, 영조는 손자인 정조를 보위하기 위함이라지만, 그 어떤 말로도 이 잔인한 사건은 미화될 수 없고 정당화될 수 없다.

노론은 사도세자의 죽음을 두고 또다시 파가 갈라진다. 영조가 사도세자를 죽인 것은 합당했으며 잘한 일이라는 노론 벽파, 아버지로서 조금 더 너그럽게 사도세자에게 관용을 베풀었어야 했다고 주장하는 노론 시파로 갈라진다 그리고 영조에게 영원히 지워져 있던 여인 정성왕후가 죽어 3년 상을 치른 후, 66세 할아버지 영조는 15세의 계비 정순왕후를 새 왕비로 맞아들인다. 지금과 달리 그 당시 66세는 초고령의 나이이다. 천민들은 열악한 환경으로 평균수명이 40에서 45세였다.

영조가 늘그막에 들인 어린 새 왕비, 이 영민한 여인 정순왕후는 영조의 또 다른 실패작이었다. 조선이 망하는 외척의 세도정치를 끌어들인 주범으로 조선의 역사에 나타나지 않았더라면 좋았을 인물이다.

1752년 영조가 죽고 영조의 손자이자 사도세자의 아들인 정조가 조선 22대 왕위에 올랐다. 정조는 조선에서 세종과 함께 조선 최고의 선왕이다.

다방면으로 개혁을 추진해 가던 중 1800년 정조는 갑작스럽게 종기 치료를 하다가 의문사로 죽게 되고, 정조의 외아들인 순조가 왕위에 오른다.

11세 어린 왕 순조를 대신해 순조의 할머니, 다시 말해 영조가 늘그막에 맞아들인 여인 정순왕후가 수렴청정하며 정권의 실세가 되었고, 조선의 역사를 완전히 퇴행시켜 버렸다.

부정부패가 차고 넘치는 외척들에 의한 세도정치로 정순왕후 눈 밖에 난 세력들은 무자비하게 제거했다. 이때를 시발로 안동김씨, 풍양조씨 등의 세도정치는 60여 년간 계속 이어졌다. 안동김씨 세도가가 주로 정권을 장악했으며, 정치적 폐해는 3정(전정, 군정, 환정)의 문란을 가져와 조세제도에서부터 나라 기강은 무너졌고, 벼슬을 사고파는 매관매직이 공공연하게 이루어졌다. 외척들에 의한 세도정치로 순조, 헌종, 철종은 허수아비 왕이었다.

여러 차례 전쟁을 겪은 데다 농경 신분 사회, 당파싸움 등으로 경제가 성장 발전할 수 없었던 조선은 19세기부터는 그야말로 상상을 초월한 굶주림과 폭정에 시달렸다. 부패 권력인 세도정치에 성난 민심은 끊임없는 민중봉기로 이어졌다. 1811년 홍경래의 난을 비롯해 1894년 동학혁명까지 전국 곳곳에서 일어난 민란은 정권교체나 기득권 획득을 위해서가 아니라, 국가의 탄압에 저항하는 오로지 생존을 위한 민중의 항거였다.

1863년 이하응의 지략으로 고종이 왕위를 계승하게 되면서부터 안동김씨를 비롯한 세도가들의 부패정치는 막을 내린다. 고종의 아버지 대원군 이하응의 등장으로 파격적이고 획기적인 개혁을 통해 그동안 잘못된 나라의 기능이 정상으로 돌아왔고, 조선이란 나라에는 백성들이 바라던 희망이 비쳤다. 그러나 아쉽게도 대원군의 무서운 권력욕은 기득권의 저항에 끝까지 맞서질 못했고, 그들을 달래기 위한 수단으로 천주교인들을 무자비하게 박해했으며, 여러 가지 사정으로 정치적 판단을 잘못해 나라의 문호를 개방해야 할 시기에 열강들에 대한 통상거부정책을 펼쳐버렸다.

아들 고종이 성인이 되면서 정치에서 물러났는데 대원군이 물러나자 고종의 비이자 대원군의 며느리인 민비가 정권을 잡았다. 민비의 사치와 민씨 척족정치는 그동안의 세도정치 이상의 상상을 초월한 세도정치를 부활시켜버렸다. 열강들이 격동하는 조선 말기에 고종은 나라를 위하고 백성들의 안위를 위해 외교를 펼친 것이 아니라, 민씨 일족들의 정권 유지를 위한 수단으로 열강들을 끌어들였다.

청나라, 러시아, 일본은 조선을 먹기 위해 치열한 각축전을 벌였고 조선은 일본에 의해 패망하여 일본의 식민지가 되었다. 백성들의 삶은 상상을 초월한 피폐함에 시달렸고, 조선 왕조 오백 년은 역사 속으로 사라진다.

05

박해 속에서 자란
한국천주교

신유박해

조선 22대 왕 정조는 규장각을 설치하고 신진학자들을 등용하여 다양한 서적들을 간행했다. 되도록 탕평책을 펼쳤지만 아버지 사도세자에게 관대했던 노론 시파, 숙종 이후 오랫동안 정권에서 물러나 있었던 남인들을 좀 더 가까이하면서 관료제를 통한 왕권 강화를 추구했다. 전제(田制) 개혁을 통해 생산성을 증가시키고, 장용영(壯勇營)을 설치해 군대를 정비했으며, 재정을 튼튼하게 해서 재화를 늘려갔다.

사회 전반적으로 개혁을 해나가던 중 즉위한 지 24년 만에 정조는 갑작스럽게 죽었고, 조선에 희망이 보였던 개혁은 완성되지 못했다. 정조의 노력에도 노론 시파와 벽파는 물밑에서 끊임없이 치열한 싸움을 벌였고, 정조 10년 노론 벽파인 정순왕후의 오빠 김귀주가 9년간 흑산도로 귀양을 가게 된다. 정순왕후는 자기 오빠가 귀양 간 것을 보면서 오뉴월에도 서리가 내린다는 여인의 한을 품는다. 어린 순조를 대신해 권력을 장악한 정순왕후는 영민하고 언변이 뛰어났으며, 정치적 감각이 뛰어나 조정의 중신들도 그

앞에선 말문이 막혀버렸다. 정순왕후는 영조가 사도세자를 죽이는 데 한 몫을 톡톡히 한 노론 벽파의 실세로, 순조를 등에 업고 정권을 잡자마자 노론 시파들을 모조리 처단해버린다.

탁월한 인재로 정조가 그토록 총애했던 남인 세력인 정약용, 이가환, 이승훈 등은 눈엣가시였고, 정순왕후에겐 이들도 제거의 대상이었다. 남인들을 몰아내기 위한 마땅한 명분을 찾다가 이들이 대부분 천주교를 믿는다는 아주 절묘한 구실을 찾게 된다.

정조가 죽어 5개월 간의 국상이 끝나자마자 국가에서는 1801년 신유박해가 시작되었다. 정순왕후는 신유박해가 끝나갈 무렵인 1801년 12월에 천주교 금지령인 토사교문(척사윤음)을 선표한다.

"선왕(정조)이 늘 말하기를 바른 도리가 밝아지면 사학은 스스로 그칠 것이라 하였으나 사학은 날로 성하고 심화하여 간다고 들었다. 사학이란 것은 아버지도 없고 임금도 없어 인륜을 져버린 행위로 교화에 어긋나, 스스로 오랑캐나 짐승으로 돌아가게 한다. 어리석은 백성들이 점점 이에 물들어 그릇되어 가니 어린아이가 우물에 빠진 것과 같도다. 감사와 수령들은 사학을 믿는 이들을 자세히 타이르고 징계해서 우리 선왕이 백성을 편하게 길러낸 공에 그릇됨이 없게 하라. 이같이 타일러도 말을 듣지 않거든 그땐 반역죄로 다스려라. 내 뜻이 이러하니 이 땅에 사학을 뿌리째 없애버려 조정에서부터 밝히 펴서 전국에 고루 널리 알리도록 하라."

그 이후 1839년에는 풍양조씨 세도가들에 의한 기해박해, 1846년 김대건 신부를 중심으로 한 병오박해, 1866년부터 대원군의 6년 간에 걸친 엄청난 탄압인 병인박해까지 커다란 박해만도 네 번이나 있었다.

그 외에도 1815년 교우촌에서 구걸하며 기거하던 전지수가 더 이상 먹을 것이 없어지자 배교하고 교우촌을 밀고한 경상도 박해(을해박해), 1827년에는 천주교인들이 옹기를 만들 토굴을 만들어 두고 곡성 주막에서 막걸리를 먹으면서 사소한 시비가 붙어, 화를 참지 못한 전이라는 주막 주인이 곡성 현감에게 천주교도를 밀고해서 일어난 전라도 박해(정해박해) 등, 거의 100여 년 동안 나라에서는 천주교를 믿는다는 이유 하나로 이름도 성도 모르는 천주교인들이 수도 없이 무자비하게 죽임을 당했다. 이것은 천주교 역사상 유례가 없는 일이다. 순교자만이 아니라 많은 밀고자가 있었고, 고문과 죽음의 공포를 견디지 못해 수많은 배교자가 있었다.

신유박해로 주문모 신부를 비롯해 이승훈, 정약종, 이가환, 황사영, 최창현, 권철신, 강완숙, 홍필주, 최필공, 최필제, 홍익만, 이존창, 유항검, 윤유오, 권상문, 조용삼, 유중철, 이순이 등 조선 최초의 천주교 선각자 양반들은 대부분 처형당했고, 정약전, 정약용, 조동섬 등 많은 양반들이 유배를 갔다.

정순왕후 세력인 노론 벽파들은 천 명을 죽여도 정약용 하나를 죽이지 못하면 한 명도 죽이지 못하는 것과 마찬가지라며, 정약용만은 죽여야 한다고 했지만 형 정약종에게 보낸 편지에서 자신은 천주교를 믿지 않는다는 글을 증명해 보여 간신히 살아 유배를 간다. 그 이후 황사영 백서사건이 터지면서 유배를 가 있던 정약전과 정약용은 조카사위와 음모를 꾸몄을 것이라 의심을 받아, 유배지에서 다시 붙들려 왔으나 그것과는 무관하다는 결론이 나서 정약전은 흑산도로 정약용은 강진으로 다시 유배를 간다.

천주교인 하나도 품지 못한 나라에 무엇을 기대할 수 있겠느냐며 개탄해 히던 정약전(안드레아)은 흑산도로 유배 가서, 14년 간 지내면서 바다생물에 관한 생생한 기록을 적은 해양생물학 사전『자산어보(玆山魚譜)』라는 책을 남겼다.

조선 초기에 만들어진 오가작통법(五家作統法)은 다섯 집을 한 통으로 묶어, 연대책임을 묻는 호적의 보조조직이었지만 널리 활용되지는 않고 있었는데, 신유박해 당시 천주교인들을 색출하기 위해 오가작통법을 활용했다. 다섯 가구 중에서 한 사람만 천주교인이 나와도 다섯 집 모두에게 연대책임을 물어, 서로서로 살벌하게 감시하게 해서 천주교인들을 색출했다. 신유박해로 한성 등지의 법정에서 처형당한 천주교인은 공식적인 숫자만 300여 명이었다. 조선 천주교의 지도자 양반들은 대부분 죽거나 유배를 가버린 상황에서, 아직 붙잡히지 않은 평민이나 천민들은 천주교를 믿고 살기 위해 도망쳐야 했고, 사람이 살지 않은 깊은 산속 오지(奧地)로 피신해 갔다. 야심한 밤에 아무것도 갖고 나오지 못한 채, 사람들 눈을 피해서 여러 마을과 들을 지나 지치고 굶주린 몸으로 심산유곡으로 도망쳐갔다.

'시련이 클수록 열망은 강해진다'고 했던가?

태백산맥, 소백산맥 줄기를 따라 험한 길을 정처 없이 헤매다가 마을이 내려다보이고 누군가 나타나면 언제라도 도망칠 수 있는 곳, 여러 갈래 산길이 있는 곳을 중심으로 교우촌(敎友村)이 형성되었다. 척박한 땅에서의 피폐한 삶은 처참했다. 신자들은 나무 열매와 껍질, 풀뿌리, 도토리 등을 먹으며 연명했으며, 이웃을 내 몸같이 사랑하라는 그리스도의 복음 정신에 따라 콩 한 쪽도 서로 나누었다. 심산유곡에서 천주교인들은 생계를 유지하기 위해서 주로 옹기를 구워 팔거나 나무로 그릇을 만들고, 참나무로 숯을 만들어 팔았다. 옹기는 초기 가톨릭 신자들의 생계수단인 성스러운 유물이다.

옹기를 만들기 위한 거대한 모양의 토기 굴은 길이가 25m, 높이가 2.5m로 경사진 언덕처럼 길게 되어, 아래쪽 끝에 불을 지핀 구멍이 있고 지붕에는 30cm 간격으로 연기가 나오는 구멍을 만들었다. 옹기는 고운 흙으로 빚어 5단계를 거쳐 4일 간 불을 지피고, 불을 끄고 나서 불을 지핀 구멍을 막아 밀폐시킨 후 3일을 더 기다리면 완성된다. 잘 말린 옹기는 다른 창고에 차곡차곡 쌓아 두었다가, 교우들은 장날이면 이고 지고 나가서 팔아 생계를 유지하고 세상 소식도 전해 들었다.

지금부터 신유박해를 통해 만나게 된 조선의 별 중에서 많은 감명을 받았던 정약용, 정약종, 이승훈, 황사영, 이순이를 만나보고자 한다.

정약용(요한)

우리나라 천주교 역사에 거대한 획을 이루며 많은 희생을 겪어야만 했던 집안이 있다. 대대로 9대째 관직을 이어온 나주정씨 정재원의 집안이다. 이들은 경기도 마재가 고향이다. 정재원의 첫째 부인이 정약현을 낳고 죽자, 윤선도의 후손이자 조선의 화가로 이름난 윤두수의 손녀인 해남윤씨와 재혼한다.

윤씨 부인은 정약전, 정약종, 정약용 삼 형제와 딸을 낳았는데, 삼 형제가 모두 대단한 천재들이었다. 정재원의 딸은 이승훈과 결혼하고, 첫째 아들 정약현은 이벽 누나와 결혼하고, 정약현의 딸 정난주는 황사영과 결혼한다. 이리하여 정약용 형제들은 이벽, 이승훈, 황사영과 서로 인척 관계가 된다.

한국천주교 성조인 이벽과 이승훈에 의해 정약전, 정약종, 정약용 삼 형제는 천주교를 알게 되고, 특히 정약종 집안은 아들 정하상까지 대를 이어온 가족이 순교함으로써 한국천주교 역사에 길이 남을 뿌리 깊은 기둥이 된다.

조선 실학의 최고봉에 선 대학자 정약용(요한, 1762~1836)은 네 살 때 천자문을 다 외우고 일곱 살에 한시를 지었다고 한다. 어린 시절 산사에 있는 책을 지게로 지고 날라다 읽었을 만큼 많은 책을 읽었는데, 책을 지고 나른 횟수가 잦아 산사에 있는 사람들은 저 어린아이가 책을 다 읽었으리라 생각하지 못하고 책을 나르는 소년으로 오해를 했다.

일곱 살에 "작은 산이 큰 산을 가렸으니 멀고 가까움의 차이니라." 하면서 시를 읊으면, 아버지는 어린 아들이 벌써 자연의 이치를 깨달았다고 즐거워했다. 경기도 정약용 묘소 앞에는 정약용의 실학사상을 계승 발전하기 위한 실학박물관이 있다. 실학(實學)은 실제로 일상생활에서 소용되는 참된 학문이란 뜻으로, 백성들의 생활에 도움이 되지 않는 비실용적인 성리학을 비판하며 과학기술 등 서양사상과 문물을 받아들일 것을 강조한다. 이익의 실학사상을 통해 실학에 눈을 뜨게 된 정약용은 22세에 소과(小科)에 합격하고 성균관에서 근무하다 28세에 대과(大科)에 급제한다.

정조의 평생소원은 사도세자인 아버지의 명예를 회복하는 일이었는데 그 소원을 정약용이 훌륭히 해냈고 정조의 총애를 한몸에 받게 된다.

정조는 '백성들이 질병, 가난으로부터 어떻게 하면 벗어날 수 있을까?'를 항상 고민하면서, 평생토록 탕평책과 함께 탁월한 인재 등용에 힘을 쏟았고, 책을 많이 읽은 학자 군주였기에, 실학으로 백성들 삶의 질을 높여야 한다는 정약용과 온전히 뜻을 같이했다.

'정조는 정약용이 있었기에 정조일 수 있었고, 정약용은 정조가 있었기에 정약용일 수 있었다.'라는 말이 나올 정도였다.

효자인 정조는 해마다 아버지 사도세자의 능이 있는 수원 화성으로 참배를 드리러 갔다. 왕과 함께 수천 명의 인원과 수백 필의 말이 움직여야 했는데 한성에서 수원으로 가는 도중에 폭 600m의 한강이 흐르고 있었다. 정조 일행이 이곳을 편리하게 지나가기 위해선 한강 위에 다리가 필요했는데 정약용이 배다리[舟橋]를 제작해서 완공한다.

배다리 공법은 정조 이전부터 있던 방식이었는데 36척의 배를 강바닥에 엇갈리게 두고, 그 위를 가로 목, 세로 목으로 단단히 묶어 고정하고 연결해서, 흙과 잔디를 깔아 판자를 고정해 놓고, 물의 부력을 견디기 위해 강가와 가운데의 높이도 조절해 튼튼한 다리를 놓는다. 현대의 보 설치와 일치할 정도로 이 토목공사는 치밀하고 과학적이었다.

정조는 다시 아버지 묘를 수원 화성에서 화산으로 옮기고, 수원 화성에 성곽과 성벽을 쌓아 적의 공격을 막고 백성들이 안전하게 살 수 있는 새로운 도시를 만든다. 한마디로 현대판 신도시를 만들 계획을 세웠는데 이 일도 정약용이 해낸다.

1794년 정약용은 채제공의 도움도 받았지만 직접 설계하고 기계도 개발해서 10년 정도 걸릴 공사를 28개월(정조 20년, 1796년) 만에 완성한다. 수원 화성은 근대적 성곽구조를 갖추었으며 여러 위상을 인정받아 1997년 유네스코 세계유산으로 지정되었다. 돌담을 쌓는 데 필요한 돌만 18만 개가 넘었는데 나라에서 강제로 노역을 동원하는 방식이 아니라, 일당을 주면서 인부들에게 음식까지 제공하며 후한 대접을 했기 때문에 동원된 인부들은 자기 일처럼 능동적이고 적극적이었다.

정약용은 돌을 생산하는 과정에서부터 적극적으로 개입하며 돌의 등급을 매겨 다듬게 했다. 중국의 기중기인 도르래 원리를 이용한 거중기는 무거운 돌을 운반했는데 현대의 지게차 같은 것이다. 이것은 고구려 고분벽화에도 나오는 방법이다. 거중기보다 공사현장에서 많이 활용했던 것은 돌, 목재 등 건설자재를 나르는 수레였다. 그 외에도 기존에 있던 수많은 장비를 보완하고 계량해 건축 현장에 사용했다.

정약용은 천재적인 머리로 단순한 호기심에서 시작한 공사가 아니라, 시스템을 만들어 체계적으로 국가적 지원을 받아 최선을 다해 국책사업을 수행한 유능한 엔지니어인 공학도였다.

정약용은 이벽과 이승훈을 통해 천주교 신앙을 받아들였고, 젊어서는 이벽, 이승훈, 정약전, 정약종과 함께 확실하게 믿었다. 그는 신앙인으로 살았지만 여러 가지 저항에 부딪히며 방황도 했고, 정조를 도와 나랏일을 하면서 왕을 선택할 것인가 하느님을 선택할 것인가 많은 고민을 했을 것이다.

정조의 총애를 한 몸에 받으면서 정약용은 차마 그 사랑을 거절할 수 없어 임금을 도와 많은 개혁을 이루기 위해 왕을 선택하지 않았을까? 추측해본다. 다만 천주교인들이 처형을 당하는 신유박해 때는 살아남기 위해, 천주교 신자가 아니라고 극구 부인하며 유배를 간 걸 보면 그 당시엔 배교했음이 분명하다.

정약용은 최고의 권력을 누리며 살다가 신유박해 때, 한순간에 명예와 부를 모두 잃고 낯선 땅 전라도 강진으로 유배를 간다.

하지만 주어진 현실에 낙담하지 않고 실의와 좌절을 극복해 오히려 자신을 단련하는 기회로 삼아, 잃어버린 삶의 아픔을 잊기 위해 집필에 몰두한다. 글을 쓰는 목적은 명예를 회복하기 위함이 아니라 사회 부조리와 모순을 지적하고 인간의 본성을 되찾길 바라는 심정으로, 복숭아뼈가 세 번이나 구멍이 나도록 앉아서 글을 썼다 한다. 그는 화려했던 시절이 오히려 나를 잃어버린 시간이었으며, 유배지에서 새벽마다 마당을 쓸고 글을 쓰면서 내가 누구인지 깨달았노라 회고했다.

유배 생활 18년 동안 수필집과 정치, 경제, 역사, 지리, 문학, 역사 등 182책 508권의 책을 저술한 정약용은 조선의 대학자로 거듭난다. 대표작으로 역사지리서인 『아방강역고(我邦彊域考)』, 행정, 토지 등 제도 개혁안에 관한 『경세유표(經世遺表)』, 관리의 폭정을 비판하며 목민관들의 지침서를 마련한 『목민심서(牧民心書)』, 죄수에 대해 신중히 심의해 재판하라는 형법연구서 『흠흠신서(欽欽新書)』 등 다방면의 책들이 있다. 정약용은 사람 하나에 따라 움직이는 나라가 아니라, 무능한 사람이 집권하더라도 나라의 근본 체계인 시스템이 바로 선 나라를 만들기 위해 최선을 다했으나, 정조 이후에 외척들의 세도정치로 활용되지 못했다.

1818년 유배 생활을 마치고 고향 마을 마재로 돌아와 '세상을 조심하며 살라.'는 뜻으로 여유당(與猶堂)이란 집을 짓고 살았다. 고향에서 천주교를 배교했던 지난날을 뉘우치며 유방제(파치피코) 신부에게 고해성사를 받았다. 인생 말년에는 조과, 만과, 성로신공 등 기도를 바치며 지난날을 참회하는 마음으로 몸에는 항상 무거운 띠를 두르며, 금식, 금육, 극기, 묵상 등으로 철저하게 주일을 지키는 천주교인으로 살았다고 하는데, 다른 의견도 있어 아직 역사학자들은 논의 중이다. 그가 저술한 『한국 천주교회사』는 믿지 않는 자들의 학설과 미신적 행위를 반박하며 신입 교우들을 위해 저술했는데, 안타깝게도 박해를 피해 땅속에 묻어둔 것이 습기로 인하여 대부분 파손되어버렸다.

조윤제 작가의 『다산의 마지막 공부』 『다산의 마지막 습관』 『다산의 마지막 질문』은 정약용이 인생을 정리하면서 쓴 노작(老作)을 정리했다. 소소한 일상을 잘 관리하라, 인격을 형성한 뒤에 자신의 호연지기를 펼쳐라, 내 마음을 다스릴 수 있는 자가 가장 강한 자이다. 남을 사랑하려면 자기 자신을 먼저 사랑해야 한다 등, 왕의 총애를 한몸에 받다 유배 중의 고통까지, 극과 극의 삶을 다 겪은 후에 터득한 다산 정약용의 주옥 같은 인생 조언과 명상들로 가득하다. 방황하는 현대인들의 메마른 감성을 촉촉이 적셔주고, 나의 가치관에 문제는 없는지 나의 삶을 되돌아보며 통합할 수 있게 하는 좋은 묵상글이다.

정약종(아우구스티노)

정약용의 형 정약종(아우구스티노, 1760~1801)은 우리나라 천주교 신앙이 뿌리내리고 정착하는데, 신앙의 모범을 보이며 선도적 역할을 한 선구자이다. 한국천주교회의 발전 과정에서 많은 희생을 당한 가족이기도 하다.

정약종과 큰아들 정철상은 신유박해 때, 그리고 부인 유체칠리아와 둘째 아들 정하상, 딸 정정혜는 기해박해 때 처형당함으로써 온 가족이 모두 천주교 신앙을 지키고 복음을 전하다가 순교의 영광을 얻었다.

정약종은 정약전, 정약용 삼 형제 중 가장 늦게 천주교인이 되었으나, 조정과 가정의 극심한 탄압과 박해에도 불구하고 용감하게 탁월한 신앙을 증거했다. 첫째 부인과 결혼하였으나 정철상을 낳고 사별하였고, 유체칠리아와 재혼하여 정하상과 정정혜를 낳았다. 정약종은 어려서부터 성격이 반듯하고 강직했으며 주변 사람들을 배려하는 마음이 남달랐다. 뛰어난 지적 탐구와 통찰력으로 주자학과 도가사상에도 접근하였으나, 결국 이들이 공리공론에 치우치고 허무맹랑한 사상임을 깨닫고 배우기를 중단했다.

1784년 이승훈이 북경에서 세례를 받고 돌아와, 이벽, 권일신, 정약전, 정약용에게 대세를 주었을 때, 정약종은 입교를 서두르지 않았다. 좀 더 진지하게 서학을 탐독하고 나서, 스스로 확신이 생긴 후(1786년)에 이승훈에게 세례를 받는다.

입교한 뒤에는 천주교가 극심하게 탄압받는 시대환경임에도 불구하고 흔들림 없이 신앙에 초지일관하였다. 1794년 이승훈과 함께 사제영입 운동을 추진하여 조선교회 역사상 최초의 첫 사제로 중국인 주문모 신부를 맞아들였다. 정약종은 해박한 교리 지식으로 신자들을 가르치며 그들의 신앙생활을 격려하면서 돌보아주었다.

"정약종은 조그마한 이치라도 밝히지 못한 것이 있으면 먹고 자는 것에 흥미를 잃고, 전심전력으로 그 이치를 생각하여 반드시 완전히 꿰뚫은 뒤에서야 그쳤으며, 여러 해 동안 깊이 학문을 연구하는 것이 아주 습성이 될 정도였다."라고, 『황사영 백서』에 기록되어 있다.

정약종은 최초의 순 한글로 된 천주교 교리서 『주교요지』를 상하 두 권으로 지어 한자를 모르는 신자들을 전교하는 데 큰 공을 세웠다. 이 책을 통해 하층민인 천민, 부녀자를 비롯해 어린아이들도 쉽게 천주교 교리를 이해할 수 있었다. 교리를 체계적으로 종합한 천주교 교리서 『성교전서(聖敎全書)』도 저술하였는데 이 책은 1801년 신유박해로 완성되지 못한 채 불태워졌다.

정약종은 조선사회의 계급주의와 인습에 대해 대단히 회의적이고 부정적인 시각을 가진 시대의 선각자였다. 천주교에 입문 후 묵상을 통해 통찰하면서, 하느님 안에 모든 인간이 평등하다는 천주교의 평등사상을 더욱 확고히 터득했고, 그 깨달음을 구체적으로 실천한 참다운 그리스도 인이었다.

정약종은 많은 재산이 있었고 집안에는 하인들도 많았다. 주변에서 무시받고 어렵게 사는 사람들에게 수시로 곡식을 보내주며 따뜻하게 보살펴 주었다. 천민 출신 임대인(토마스), 포수인 행랑아범 김한빈(베드로), 백정 출신 황일광(시몬) 등을 집의 일꾼으로 맞아들여 함께 생활하면서 교리를 가르쳐 훌륭한 천주교 신자들로 키워냈다.

김한빈은 신유박해 때 박해정보를 황사영에게 전달하여 역사에 길이 남을 《황사영 백서》 작성에 큰 협조를 한다. 천민 중에서도 천민인 백정으로 태어나, 평생토록 말로 표현할 수 없는 천대를 받으며 인간 취급을 받지 못했던 황일광은 여러 곳을 배회하다가 정약종의 집에서 청지기로 살았다. 그는 "나의 천한 신분에도 불구하고 양반 어르신이 이토록 점잖게 대해주시니, 천당은 하늘에도 있고 이 세상에도 있어, 나에겐 천당이 두 개 있다." 라고 증언하며 신유박해 때 순교한다.

정약종은 1800년 정조가 죽은 후 아직 국상 중이었으나 천주교인들에 대한 박해 조짐을 직감했다. 이 박해를 피해갈 수 없음을 예감하고 자신의 집에 모아 두었던 교리서, 성물, 주문모 신부로부터 받은 편지, 교회 관련 서류 등을 작은 상자에 넣어 포천의 홍교만의 집으로 옮겼다. 그러나 그 집 도 위험에 처하게 되었고, 다시 1801년 2월 임대인을 시켜 나무 장사꾼으로 위장해, 교회물건을 넣은 상자를 나뭇짐 속에 넣어 집으로 옮기던 중 불심

검문에 걸렸다. 포졸들이 상자를 열어보니 그 내용물은 천주교에 관한 물건이었고, 이것이 정약종의 것임을 확인하였다.

정약종은 고향 마재에서 한성으로 말을 타고 오는 도중 의금부 도사 일행을 지나쳤는데, 순간 그 사람들이 분명히 자신을 체포하기 위해 마재로 가는 행렬임을 직감했다. 하인을 보내 알아본 뒤 "그렇다."라고 하니까 자신이 정약종이라 자백하고 바로 의금부에 압송되었다. 그는 심문관에게 상자는 자기 것이라 하였으나 주문모 신부의 거처에는 침묵을 지켰다.

정약종은 끝까지 분명하게 천주교에 대한 자신의 신앙이 진실됨을 밝히면서 목숨을 구하기 위해 배교할 수 없다고 단호하게 선언한다. 더 나아가 천주교 교리를 설명하고 조정의 천주교 탄압정책이 부당하다고 용감하게 주장하였다. 이러한 주장은 '불경죄'로 단죄되었다.

정약종은 자신의 일기에다 '신자들은 삼구(三垢)라 하여 사람의 마음을 괴롭히는 3가지 번뇌, 세상(돈), 마귀(교만), 육신(쾌락)에 대항하여 싸워야 한다.'라고 표현했는데 천주교의 교리 지식이 없는 심문관이 볼 때, 여기서 세상은 곧 정부를 지칭하는 것이라고 해석하여 대역무도한 반역죄까지 더하여졌다.

양쪽 겨드랑이에 나무를 대고 어깨뼈가 부러지기 직전까지 비트는 팔 고문, 허벅다리에 줄을 감아 줄이 살을 파고들어 뼈가 보일 때까지 당기는 다리 톱질 등, 정약종이 실신할 때까지 혹독한 고문은 수도 없이 반복되었다.

그 이후 정약종은 감방에서 나와 형장을 향해 갈 때 조금도 흐트러짐

없이 당당하였다. 얼굴에선 빛이 났으며, 모여 있는 수많은 군중을 향하여 큰소리로 외쳤다. "당신들은 나를 비웃지 마시오, 사람이 세상에 태어나 하느님을 위해 죽는 것은 당연한 일입니다. 대 심판 날에 천주교인의 슬픈 울음은 진정한 낙으로 변할 것입니다."

사형장에 도착한 후에도 형구 앞에 앉아 주위를 에워싼 구경꾼들을 향해 큰소리로 다시 말하였다. "스스로 존재하시고 무한히 존경하올 내 천주께서 당신들을 창조하셨고 보존하셨습니다. 당신들은 모두 회개하여 그 근본으로 돌아가야 합니다. 그 근본을 어리석게도 멸시와 조롱거리로 삼지 마십시오. 당신들이 수치와 모욕으로 생각하는 것이 내게는 곧 영원한 영광이 될 것입니다."

형리가 정약종의 말을 중지시키고 머리를 나무토막 위에 대라고 하였다. "죽을 때 하늘을 우러러보는 것이 땅을 보는 것보다 좋다"라고 말하며 하늘을 보고 누웠다. 죽음 앞에서도 위엄 있고 담대한 정약종의 모습에 질린 칼잡이가 오히려 정신이 몽롱해졌다. 목이 반쯤 떨어졌을 때 정약종은 벌떡 일어나 앉아 십자 성호를 긋고 다시 처음의 자세로 마지막 칼을 받았다. 정약종의 시신은 광주 마재 선영에 안장되었고, 지금은 한국천주교의 발상지인 천진암 꼭대기에 모셔져 있다.

정약종이 아직 죽임을 당하지 않고 있을 때, 포졸들은 정약종의 아들 정철상에게 여러 차례 사람을 보내어 주문모 신부의 거처를 말하라고 하였다.

대왕대비 정순왕후가 주문모 신부를 아직도 못 잡아들였느냐며 대노를 한 바람에, 두려움에 지쳐 있던 포졸들은 어찌해서라도 주문모 신부를 체포해야만 했다. 포졸들은 아버지를 정성껏 보살핀 효심 가득한 정철상에게 주문모 신부의 거처만 알려주면 아버지의 생명을 구하고 옥고도 면해 줄 수 있다면서, 아버지를 구할 수 있다는 심각한 유혹의 고통을 겪게 한다.

그러나 정철상은 아버지가 모르는 일을 제가 어찌 알겠느냐며 끝내 이 유혹의 시련을 이겨내고 아버지 옥바라지에 정성을 다했다. 마침내 아버지 정약종이 1801년 4월 순교의 영광을 얻자 그날로 정철상은 형조에 감금되어 문초를 받고, 1801년 5월 아버지와 같이 서소문 밖 형장에서 순교한다.

정약종이 처형당하자 나라에서는 정약종의 재산을 모두 몰수해버렸다. 남은 가족으로는 정약종의 아내 유체칠리아, 둘째 아들 정하상(7살), 딸 정정혜(5살), 그리고 정철상의 아내와 그의 젖먹이 어린 아들까지 다섯 식구가 있었다. 한성에선 더 이상 기거할 수 없어 고향마을 마재로 돌아왔으나, 정약종 가족들을 본 친척들은 자기들에게 무슨 해라도 닥칠까봐 천주교 '천' 자도 듣기 싫다고 진저리를 치며 떠나라 했다. 큰형 정약현뿐만 아니라 유배를 떠나고 부인만 남아 있는 정약전의 아내, 정약용의 아내도 문전박대하였다. 가까운 형제 간에도 세상인심은 각박했다.

정약종 가족들은 집까지 뺏겨버려 방 한 칸도 없는 막막한 상황이었는데, 이런 사정을 전해 들은 마을의 어느 분이 자기 집에 있는 방 하나를 내어주었다. 천주교 신자도 아니었으나 살아 생전 정약종의 인품과 사람 됨됨이를 보고 무척이나 존경하였다. 자신이 천주교인을 도와주게 되어 핍박을 받을지언정 훌륭한 정약종 가족을 내칠 수 없다며 자선을 베풀었다.

유체칠리아는 짚신을 만들어 팔고 남의 집에서 빨래, 바느질 등 집안일도 도와주며 가족들의 생계를 유지했는데 참으로 비참하고 고단한 생활이었다. 여러 기록을 참고하면서 살펴보았으나, 정약종 가족들이 고향 마을에서 계속 살았다는 설이 있고, 조금 후에 어느 심산유곡 교우촌에서 살았단 설이 있는데, 어느 것이 참인지는 분명치 않다.

이승훈(베드로)

이승훈(베드로, 1756~1801)은 본인이 직접 청나라 북경에 가서 세례를 받은 우리나라 최초의 천주교 세례 신자이다.

점잖은 명문대가의 집안에서 태어나 어릴 때부터 집에서 독선생을 들여 글을 배웠고, 이승훈 아버지가 서장관으로 부연사 일행으로 북경을 다녀올 때마다 서적을 구해 와 어릴 때부터 많은 책을 읽었다. 성격이 주도적이고 활발해 친구들과 놀 땐 항상 골목대장을 했으나 집에만 들어오면 열심히 책을 읽은 모범생이었다.

우리나라에서 최초로 세례를 받은 천주교인이 되면서부터 유교와의 문화적 충돌로 인해, 조정과 가정에서 수없이 많은 위기에 직면해야 했고, 그때마다 현란한 말솜씨로 풀려난다. 서학을 믿는다는 이유로 파직과 유배도 여러 차례 당했고, 배교와 회개를 거듭하다가 신유박해 때 "나는 드디어 즐거움과 자유를 찾았다."라고 고백하며 장렬히 순교한다.

조상제사에 대해서 아담 샬 신부는 동양 문화의 좋은 풍속인 민간의식으로 보았는데, 1705년 『성교절요(聖敎切要)』란 천주교 교리서가 나오면서부터 중국에서는 제사 금령을 내린다. 이승훈, 권철신, 정약용 등 많은 책을 읽은 조선의 유학자들은 책을 통해서, 후일 제사 금령은 불변의 교리가 아니라 변화 가능한 규정임을 알게 된다.

이승훈은 서학을 믿는다 하여 맨 처음 붙잡혀 갔을 때는 서학을 사학으로 배척하는 척사문(斥邪文)을, 다음엔 천당을 부정하는 벽이문(闢異文)을 지어 풀려난다. 그가 사면을 구걸하기 위해 형조판서 김화진에게 올렸다는 벽이문의 내용은 대충 다음과 같다.

「천하의 학술은 그릇됨과 바름을 떠나 이해가 되어야 사람들의 마음을 움직이는 법입니다. 그런데 서학에서 주장하는 천당과 지옥은 패관잡설(稗官雜說) 소설의 이야기보다 못 합니다. 서학은 천당과 지옥을 위주로 삼아 천하의 억만 생령(生靈)을 속이니 어찌 가증스럽다 하지 않겠습니까? 서학에서는 가짜 천주인 악마가 횡행한다 주장하고 있으나, 이와 같은 주장은 요망하고 허탄하며 망령되기 그지없습니다. 이미 하늘이 있다고 말해 놓고 (절대 전능한 신이 있다고 하면서) 또 가짜 천주가 있다 함은 어찌된 말입니까? 내가 반드시 그 주장을 깨뜨려 보려 합니다.」

이리하여 이승훈은 풀려났으나 다시 신앙 활동을 재개해 붙잡혀 갔다. 그리고 이번에는 유혹문이라는 배교의 글을 지어 풀려났다. 벽이문과 유혹문의 내용은 대동소이하며 자기 신앙을 근본에서 부인하지 못했고 풀려나기 위한 수단으로 썼다고 볼 수 있다.

「하늘이 사람이 되어 내려왔다는 말은(신 예수가 사람으로 탄생했다는 말은)

지극히 요망하고 허탄하니 어찌 빠져 미혹될 이치이겠습니까? 그러나 조금 문자를 아는 저는 역상의 방법이 교묘함에 미혹되었고 어리석은 천당 지옥설로도 미혹되었습니다. 내가 유혹문을 지은 것은 바로 이 때문인즉 그 요망한 이치를 쪼개어 부수려는 의도였던 것입니다.」

이승훈은 이와 같은 자신의 오락가락한 행보에 대해, 매제인 정약용에게 보낸 편지에서 다음과 같이 어려운 마음을 고백했다.

"다산, 나는 감당할 수 없는 진리를 가슴에 품었던 것을 후회하네. 그래서 내가 지킬 수 없는 진리를 버리기로 하였네. 그것이 아무리 옳은 것일지라도 내가 지킬 수 없는 것이라면 진리가 아니라는 것을 이제야 깨달은 셈이지. 진리는 내가 지킬 수 있을 때만 진리일 뿐이고, 그럴 수 없을 때는 진리가 아니라는 사실 그걸 나는 늦게 깨달은 것인데, 어찌됐든 서학은 내게 진리가 아니라는 것일세.

다시금 말하지만 내가 서학을 버리는 것은 서학이 말하는 것이 옳지 않아서가 아니라, 내가 그 진리를 지키고 실행할 수 없기 때문일세. 그래도 또 묻고 싶은가? 왜 천주를 버렸느냐고? 그렇다면 다시 답을 함세.

사실 천주를 믿는 일이 무척이나 힘들었어. 나는 한 번 믿으면 되는 줄 알았네. 한 번 믿는다고 고백하면 그것으로 끝이라 생각했네. 그런데 그렇지가 않았네. 신앙은 내게 끝없는 결단을 요구했네. 신앙은 내게 끝없는 용기를 요구했네. 신앙은 내게 끝없는 희생을 요구했네. 신앙이란 그 결단과 희생과 용기를 밑거름 삼아 성장하는 것이었지만, 나는 신앙이 요구하는 것을 계속 내줄 능력이 없었던 것일세."

정약용이 훗날 이미 죽은 매형 이승훈에게 쓴 편지의 일부이다.

「아시겠지만 서학의 가르침을 따르고 믿었다는 이유로 헤아리기 힘든 수난을 당하고 고통을 겪었습니다. 그래서 할 수만 있다면 완전히 잊고 싶고 그 믿음을 듣기 이전으로 돌아가고 싶습니다. 그러나 믿음은 버리려고 한다고 해서 버릴 수 있는 것이 아닌 듯합니다. 반대로 얻으려 한다고 해서 얻을 수 있는 것도 아닙니다. 믿음은 본인의 의지로 갖거나 버릴 수 있는 것이 아니라는 생각을 합니다. 그래서 믿는 일이 어려운지도 모르겠습니다.

20대 시절 뜨겁게 천주를 믿었던 그 흔적이, 그리고 십자가에 매달린 구세주 예수를 버리는 것이 얼마나 큰 죄일까 두려워하던 30대 시절의 방황과 번민의 흔적이, 60살 노인이 된 지금도 제 몸과 영혼 어딘가에 여전히 남아 있는 듯합니다. 저는 그것을 부인하지 않습니다. 그것은 부인하려야 부인할 수 없는 것입니다. 이를 두고 아직도 정 아무개가 서학을 버리지 못한 증거라고 말하기도 합니다만, 서학을 믿는 것과 그 믿음의 흔적이 남아 있다는 것은 다른 이야기입니다. 믿음은 절대자가 주는 선물 같은 것이 아닐까요?

개인의 의지나 능력과는 무관하기 때문에 믿는 일이 그렇듯 어려운 건 아닐까요? 혹시 제 마음속에 죽은 믿음이라도 믿음이 남아 있다면 그것은 제 의지에 의해서가 아니라 절대자의 선물일진대, 아직 그런 것이 제게 있는지 모르겠습니다.

매형! 오늘 따라 매형이 더 그리워집니다. 어릴 때처럼 매형과 마주 보고 앉아 술 한 잔 나눌 수 있다면 얼마나 좋겠습니까? 우리 이런 약속을 한 적이 있지 않습니까? 나이 들면 같이 살자고, 마음 넉넉하게 술도 한 잔 하면서 그렇게 말년을 보내자고 약속했던 것이 기억나시겠지요? 약속은 남았는데 사람이 남아 있지를 않으니 참으로 쓸쓸하기 짝이 없습니다.」

조선의 유학자들은 선교사도 없고 신앙의 자유가 없던 박해의 시절, 현실과 종교 사이에서 수많은 번민과 싸우며 힘들어했음을 그들의 고충이 드러나 있는 대목이다. 이승훈은 한국천주교 최초로 본인이 직접 중국에 가서 세례를 받았고, 핍박 중에도 초창기 많은 활동을 주도했으며 하느님의 종으로 인정받아 아직 복자품에는 오르지 못했지만, 이승훈 묘도 한국천주교 발상지 천진암 성지 꼭대기에 모셔져 있다. 이승훈의 아들과 손자들은 성직자 영입 운동과 주교의 복사를 서는 등 많은 일들을 했다.

한 알의 밀알이 땅에 떨어져 많은 열매를 맺었다. 2022년 말 현재 우리나라의 천주교 영세자는 594만 명이 넘는 것으로 추정한다.

남인 학자들은 실학을 통하여 성리학이란 학문의 한계에서 벗어나, 자신들의 번민과 갈증을 참된 진리라고 여겨지는 천주교를 통해 해결하고자 했고, 진정한 자유를 찾아 하느님을 믿고 구원의 길을 가려고 했다.

하지만 나라에선 문화적으로 작은 충돌이 일어나다가, 세도정치가 시작되면서 이를 정치적으로 악용해 정적을 제거하기 위한 명분으로 국가적 차원에서 천주교인을 박해해버렸다.

유학자들은 끝없는 충돌로 수많은 고난과 방황을 겪어야만 했는데, 특히 이승훈은 북경에 가서 스스로 세례받고 온 우리나라 최초의 세례받은 천주교 신자로, 숱한 어려움 속에서도 한국천주교가 설립되고 전파되기까지 지대한 공헌을 했다.

황사영(알렉시오)

황사영(알렉시오, 1775~1801)은 창원황씨로 선조들이 17대에 걸쳐 문무 고관을 지낸 가문이었다. 한림학사였던 아버지는 황사영이 태어나기 직전 병으로 죽고 유복자로 태어난다. 어릴 때부터 뛰어난 천재로 열 살이 되기 전에 자기는 더 이상 가르칠 게 없다며 스승들은 오자마자 떠나가 버렸다고 한다. 황사영 어머니는 강화에서 살다가 아들 교육을 위해 양근 일대에 유명한 학자들이 많다는 소문을 듣고 이사를 왔다. 황사영은 정약종을 찾아가 스승이 되어주길 청했으나 정약종은 자신은 가르칠 게 없다며 스승이 되길 거부했다. 황사영은 정약종에게 자신의 처지를 간곡히 아뢰며 다시 한번 스승이 되어주길 간청했고, 그렇다면 함께 공부해 보자고 해서 황사영은 정약종의 제자가 된다.

1790년(정조 14년) 황사영은 17세에 진사에 장원으로 합격한다. 문제에 대한 답을 특출나게 잘 써서 과거시험을 감독하고 채점했던 시관(試官)들이 감탄했고, 정조도 답지를 보며 너무 놀라 이런 답지를 쓸 수 있는 사람이라면 나이가 많은 선비일 것으로 추측했다.

　모두 어떤 선비인지 궁금해 하고 있었는데 홍안의 17세 소년이었다. 정조는 어린 나이의 소년이 이토록 특출난 인재였음을 보며 너무 기쁜 나머지 황사영의 손목까지 잡았다. 조선 시대에 임금이 손을 잡으면 어무(御舞)가 내렸다 하여 손목을 비단으로 감싸고 지나가던 사람들이 그 손목을 보면 절을 해야 했다. 임금이 지나가다 어떤 무수리가 눈에 들어 그 손을 잡으면 무수리는 곧바로 정2품의 벼슬을 얻었다. 정조는 황사영의 나이가 너무 어려 아직 관직에 있기는 어려우니 20세에 다시 찾아오라고 신신당부한다. 그 대신 3년 동안 급양비라 하여 모든 학비는 나라에서 보내라고 명했다.

　황사영은 정약종 밑에서 많은 학문을 깨우친 후에 인간의 생과 사, 우주 만물의 이치와 천지창조, 사서삼경에서 말하는 상제(上帝)에 관해서 스승이신 정약종과 많은 대화를 나눈다. 이토록 많은 학문을 깨우친 정약종 스승은 왜 관직에 나가지 않고 초야에 묻혀 사는지도 항상 황사영의 의문이었다.

　황사영은 정약종의 큰형 정약현의 딸 정난주와 결혼한다.

　폭넓은 학문을 했음에도 불구하고 채워도 채워도 채워지지 않는 의문으로 갈증을 느낀 황사영은 스승에게 질문은 계속 이어졌다. 진리를 향한 계속된 질문에 정약종은 모든 것은 주님 손에 맡기며 황사영에게 『천주실의』와 『칠극』을 읽어보라고 권한다, 황사영은 천지 창조주 하느님이 존재하심을 깨닫고 그동안의 갈증을 풀어나갔고, 스승님께서는 이토록 참된 진리를 왜 이제야 가르쳐 주셨느냐며 항변한다.

많은 이치를 깨우친 황사영은 조선의 관료들이 유교 사상과 당파싸움으로, 오로지 눈앞에 이익과 손해만을 따지면서 치열하게 싸운 모습이 이 세상 부귀영화에 목숨을 건 우물 안 개구리들 같았다.

천주교를 서학이니 사학이니 하면서 척결하는 것은 성리학의 영향도 있지만 자신들의 영달을 위해 상대방을 몰아내기 위함임도 깨닫는다. 몇 백 년 동안 이어져 온 뿌리 깊은 당쟁은 서로 뜻을 달리하면 모함과 험구를 일삼아 자리 보존하기가 힘든 것이 조선의 벼슬이었다. 황사영은 비록 바른 뜻을 가졌을지라도 그것을 실천하기는 대단히 어려운 현실임도 자각하게 되었고, 잠깐인 이 세상 너머의 영생이 있다는 참된 진리를 알고 나서 앞으로 어느 길을 가야만 할 것인가 많은 고민을 하게 된다.

황사영에겐 정조 임금만 찾아가면 미래가 보장된 탄탄대로의 부귀영화가 발아래 있었고, 세상의 공명과 욕망 등 세상에서 많은 것을 누릴 수 있었지만 참된 진리를 찾아 세상과 결연히 단절한다.

황사영은 권력을 가진 인간의 지배를 받을 것인가? 신에 대한 복종으로 영혼을 얻을 것인가? 이를 사이에 두고 아마도 숱한 번민을 했을 것이다.

황사영에게는 이 세상 부귀영화를 버리고 구원과 영생의 길인 자유를 향해 신을 선택한 순간부터가, 어쩌면 피의 순교자로 거듭나는 순간이 아니었을까?

황사영의 이런 뜻을 알고 부인 정난주(마리아)는 반겼으나 어머니는 너무나 섭섭했다. 그동안 아버지도 없이 자신을 뒷바라지하며 최선을 다해 도와주신 어머니의 마음을 누구보다 잘 알기에, 황사영은 어머니의 섭섭해

하는 마음에 공감이 되었다. 그러나 자신이 참된 진리를 찾아 이런 선택을 하게 되었음을 충분히 설명했고, 어머니도 황사영의 뜻을 따르게 된다.

정약용은 조카사위인 황사영이란 탁월한 인재가 자신과 함께 정조를 도와 바른 뜻을 펼쳐주길 바랐지만, 황사영과 둘이 만나 많은 대화를 주고 받으며 확고한 믿음을 가진 황사영을 보면서 지난날의 자신을 뒤돌아보았다. 정조도 황사영을 기다리고 있었는데 천주교 신자가 되었다는 말을 전해 듣고 매우 안타까워 했다고 한다.

황사영은 주문모 신부를 도와 함께 지방으로 사목활동도 따라다니며 정약종, 강완숙, 최창현 등과 복음전파에 최선을 다했다. 황사영이 지나갈 때마다 사람들은 붉은 비단으로 감싼 손을 보며 절을 했다. 천재인 황사영이 천주교 교리를 설명해서 못 알아듣는 사람은 바보천치가 아니고선 아무도 없었다고 할 정도로 간단명료하면서도 일목요연하게 말을 잘했다.

신유박해로 대부분 천주교 선각자들이 잡혀갔고 황사영에게도 검은 그림자가 덮치고 있었다. 황사영은 교우들의 권유로 충청도 제천 산골 배론에 있는 옹기마을로 피신해 갔다. 그곳에서 옹기를 보관한 토굴 속에서 멍석을 깔고 책상 하나를 놓고 생활했다.

숨어 지내는 동안 우리나라에 복음이 전파될 수 있도록 신앙의 자유를 찾기 위해 주님께 간절히 기도드리며 주님과의 대화를 이어갔다.

"주님이시여! 주께서 번제를 행하실 때 저와 주님이 하나 되게 해주십시오. 제 몸은 주님의 것이옵니다. 저를 하느님께 바치어 주님의 높고 거룩한 피와 함께 저를 조선 선교의 교우들에게 나눌 수 있게 도와주십시오."

"나의 아들아, 그러기 위해선 너의 것을 모두 버려야 한다. 네 안에 있는 너의 마음마저도 모두 버려야 한다. 내가 너의 어깨에 지워주는 십자가도 져야 한다. 아니다. 십자가를 짊어지고 갈바리아산까지 가서 나와 함께 처형당하는 것까지 해야 한다. 그것까지 할 수 있겠느냐?"

"당신은 십자가가 무거워 세 번이나 넘어지셨습니다. 이 불쌍한 죄인도 겨레를 위해 최후까지 백 번을 넘어지더라도 십자가를 지고 주님과 함께 그 길을 따르겠나이다."

황사영은 주문모 신부가 1801년 5월에 순교했지만 이 사건을 가을이 지나서야 김한빈으로부터 소식을 접했고 충격에 휩싸였다. 주문모 신부와 함께 충청도, 전라도로 전교를 위해 동행하면서, 황사영은 태어날 때부터 아버지가 없었던 터라 온화하고 인자한 주문모 신부의 인품에 그 누구보다도 존경하며 따랐다.

무엇보다도 우리나라는 한국천주교가 설립되고 10년 만에 겨우 얻은 사제를 잃어버렸으니, 나라에선 박해도 심해 또다시 목자 없는 양떼들만이 남았으니 눈앞이 캄캄했다. 교황청으로부터도 멀어져 다시 동토의 땅으로 되돌아가버렸다.

왕과 신하들은 백성들의 안위에는 관심이 없고 자신들의 탐욕만을 위한 세도정치가 기승을 부리는 이 나라에서, 어떻게 하면 신앙의 자유를 찾고 나라가 바로 서게 할 수 있을 것인지 주님께 간절히 기도드렸다.

이때 배론으로 찾아온 황심(토마스 1757~1801)을 만나 조선 천주교회를 구출할 방도를 상의한 끝에, 신유박해의 경과와 재건책에 대한 백서를 작성하기로 한다. 이것이 『황사영 백서』이다.

황심은 1796년도 주문모 신부의 명을 따라 북경으로 가는 부연사 일행의 마부로 들어가, 구베아 주교를 만나 주문모 신부의 편지를 전하고 귀국했었다. 황심과 황사영은 서로 논의한 끝에 『황사영 백서』가 완성되면, 황심이 옥천희(요한)를 통해 북경 구베아 주교에게 전달하기로 했다.

그러나 혹여라도 일이 잘못되어 백서를 전달하는 과정에서 발각이 되면 포졸들이 황사영을 찾기 위해 전국의 교우촌을 뒤지고 다니게 되고, 그리되면 또다시 많은 희생자가 나올 수 있으니까 빨리 황사영의 은거지를 말하기로 약속했다. 그런데 옥천희는 1801년 6월 북경에서 돌아오는 길에 의주에서 체포되어버렸다.

황심이 속옷 안에 『황사영 백서』를 감춰서 부연사 일행과 출발하려고 하던 중 황심도 10월 22일 체포돼 포도청에서 바로 의금부로 압송되었다. 그리고 황심은 붙잡혀 가서 옷 속에 감춰 둔 『황사영 백서』를 포졸들에게 뺏겨버렸다.

『황사영 백서』란 황사영이 자신에게 주어진 모든 역량을 총동원해서 길이 62㎝, 너비 38㎝의 흰 비단에다 122행, 13,384자를 검은 먹글씨로 깨알같이 적어나간 글이다.

『황사영 백서』 내용은 대략 이러하다.

1785년(정조 9년) 이후 교회 사정과 박해에 대해 간단히 설명했고, 정조가 죽고 신유박해가 일어난 전개과정을 적은 후에 삼십여 명 순교자들의 약전도 간단히 적었다. 주문모 신부의 활동과 자수 죽음에 대하여 증언하였고,

끝으로 폐허가 된 조선교회가 재건되고 신앙의 자유를 획득할 수 있는 방안에 대하여 언급하였다. 즉 종주국인 청나라 황제에게 청하여 조선도 서양인 선교사를 받아들이도록 강요할 것을 요청하였고, 아니면 조선을 청나라의 한 성으로 편입시켜 감독하게 하거나, 서양의 배 수백 척과 군대 5만에서 6만 명을 조선에 보내어 신앙의 자유를 허용하도록 조정을 굴복하게하는 방안 등을 제시하였다.

『황사영의 백서』를 읽은 조선 조정은 말 그대로 발칵 뒤집어져 버렸다. 역적 황사영을 잡으려고 포졸들이 전국의 교우촌을 뒤지고 다녔고, 황심은 더 이상 희생자가 나오지 않게 하고자 황사영의 은거지를 실토했다. 1801년 11월 5일 황사영은 배론에서 체포된다. 이리하여 이 땅에 신앙의 자유를 찾기 위한 노력과 꿈은 물거품이 되었다.

황사영은 곧바로 역적으로 몰려 가혹한 매를 맞고 수차례 실신했고 그때마다 물을 뿌려 정신이 돌아오면 다시 고문은 시작되었다. 그러나 황사영은 정신이 다시 돌아올 때마다 전혀 흔들림이 없었고, 위엄 있고 태연한 모습으로 조정의 신하들 앞에서 말하였다.

"여보시오, 정승 나리님들. 당신들은 학문을 하였으니 분명 알 일이오만 무릇 학문이란 사람을 깨우치고 올바른 길로 인도하는 것이 아닙니까? 서양에서 중국을 통해 천주학이 들어왔으니 사람은 누구나 학문을 연구하고 비판을 통해, 바른 이치를 얻고자 함이 옳은 도리입니다. 그러할진대 지금 조정은 이를 사학이니 이단이니 하고 유학만을 학문이라 하여, 다른 학문은 모두 부인함은 무엇 때문이요?

중국의 주문모 신부만 해도 그렇습니다. 그분은 자기 고국을 버리고 말과 풍속이 다른 남의 땅에 무엇을 얻기 위해 왔겠습니까? 그분은 우리 조선 백성들의 영혼을 구하기 위해 이 땅에 오시어 육칠 년을 고생하시다가 이제 이 땅에서 처참히 죽으셨으니, 이 어찌 학문을 중시하고 예의를 존중하는 나라가 할 일이오니까? 서학을 믿는 그들이 조정에 대해 무엇을 잘못하였소. 그들은 착하고 어진 백성입니다, 다만 그들은 천주님을 믿고 그것을 지키려 한 것 말고 또 무엇을 잘못했단 말이오?"

황사영의 말은 조정의 중신들 가슴을 서늘하게 했다. 그러나 다시 황사영에게는 양쪽 허벅지에서 밧줄을 잡아당기다 늦추길 반복하는 다리 톱질이 가해졌다. 넓적다리에선 피와 살이 튕겨 나오고 뼈가 드러나 살은 밧줄에 감겨 눈 뜨고는 볼 수 없는 처참한 광경이 펼쳐졌다. 몇 번이나 실신을 거듭하였으나 황사영은 마지막 순간 "주님, 감사하옵니다. 이제 제 몸은 당신의 것이옵니다." 하고 외쳤다.

황사영과 황심은 1801년 11월 28일 대역죄인이 되어 육시(六屍)를 당해, 머리가 잘리고 두 팔과 다리가 잘리는 능지처참(陵遲處斬)을 당했다. 황사영은 31세, 황심은 44세였다.

나라에서는 『황사영 백서』와 관련된 자들을 즉각 처형함과 동시에 천주교인들에 대한 탄압을 한층 더 강화하였다. 한편 청나라에는 자기 나라 백성인 주문모 신부의 처형 사실이 행여라도 알려질 것을 염려하여, 온갖 아양을 떨어가며 『황사영 백서』 내용을 16행 922자로 대폭 축소하여 가짜로 만들어 보냈다. 이 축소된 백서를 이른바 '가백서'라 하는데, 여기에는 중국의 종주권 행사 등에 관한 내용은 빼고 서양 선박과 군대 파견을 요청한 사실을 적어, 조선에서 천주교인들에 대한 박해의 정당성을 주장하고자 하였다.

『황사영 백서』 원본은 1801년에 압수된 이후 줄곧 의금부에 보관되어 오다가, 1894년 갑오경장 후 옛 문서를 파기할 때 우연히 당시의 교구장이던 뮈텔 주교에게 전해졌다. 1925년 한국 순교 복자 시복식 때 로마 교황에게 전달되었다. 현재 황사영 백서 원본은 로마교황청 민속박물관에 보관되어 있고, 우리나라엔 『황사영 백서』 사본이 있다.

황사영이 능지처참을 당한 후 가족들은 관노가 되어 어머니는 거제도로, 부인 정난주는 아들과 함께 제주도로 유배되었다. 정난주는 두 살의 어린 아들 황경한을 차마 노비로 살게 할 수 없어 뱃사공들에게, 가던 길에 어린아이는 죽어버렸다고 보고해주고 추자도 바위 옆에 내려놓아 달라고 부탁하였다. 그리고 어린 아들 옷섶에 황사영 아들 황경한이라 적어 두었고 제발 이 아이를 살려주시라고 주님께 간절히 기도드렸다. 황사영 아들 황경한은 오씨 성을 가진 자가 바위 옆에서 울고 있는 아이를 발견하여 키웠다고 전해진다.

이순이(루갈다)

　이순이(루갈다, 1782~1802)의 아버지 이윤하(마태오)는 태종 이방원의 둘째 아들(부인은 효빈 김씨) 경녕군의 13대 왕손이다. 이윤하의 선대에 지봉유설의 저자 이수광도 있고 실학자 이익과는 외손이다. 이순이 어머니 권 데레사는 당대의 유학자 집안인 권철신, 권일신의 여동생이다. 신유박해 때 순교한 이경도(가롤로)는 이순이 오빠이고, 1827년 정해박해 때 전주옥에서 순교한 이경언(바오로)은 이순이 동생이다. 이들 삼 남매가 모두 복자품에 올랐다.

　이순이 아버지는 초기 교회의 주역으로 활동하였으나 1793년 일찍 세상을 떠나고, 이순이는 어머니에게서 교리를 배우며 열심히 신앙생활을 해나간다. 또래 아이들이 소학을 읽을 나이에 천주교 서적을 읽으며 자랐고, 하느님을 향해 온 존재를 내어 맡긴 삶을 어려서부터 준비하고 있었다.

　1795년 4월 5일 우리나라에서 최초로 주문모 신부와 함께 부활절 첫 미사가 봉헌되었을 때, 14살이었던 이순이는 자신도 미사에 참례하고 특히 성체를 영하고자 하는 열망에 가득 차 있었지만, 나이가 어려 어른들은 그의 소망이 이루어지지 못할 것이라고 하였다. 이순이는 4일간 단식하고 기도하며 첫 영성체를 준비하였고, 이경도 오빠로부터 이 말을 전해 들은 주문모 신부는 이순이에게 첫 영성체를 할 수 있도록 허락했다.

그동안 말로만 듣고 책으로만 보아 왔던 성체를 모시게 된 이순이는 "예수님과 한 몸을 이루었으므로 이제는 내가 사는 것이 아니라 그리스도께서 내 안에 사신다."라며 기뻐했다.

성모님처럼 동정의 삶을 살면서 나에게 오신 예수님과 함께 하느님의 일을 하고자 결심한다. 주문모 신부가 전라도로 사목활동을 갔을 때 유항검(아우구스티노, 1756~1801)의 집에서 지내게 되었는데, 유항검의 아들 유중철(요한, 1779~1801)도 성체를 영한 후에 자신은 동정으로 살겠다는 말을 한다. 주문모 신부는 이순이를 떠올리며 하느님의 신비에 너무나 놀라워한다. 결혼하지 않고 살기 힘든 조선의 혼인제도에 대해 잘 알고 있던 터라, 사회적인 문제를 만들지 않고 유중철과 이순이의 뜻을 지켜줄 수 있었기 때문이다. 유중철의 아버지 유항검과 이순이의 어머니 권데레사의 동의를 얻어 이들에게 1797년 가을 혼배미사를 올렸고, 동정 서약을 한 후 유중철과 이순이는 4년 동안 벗이며 오누이로 살았다.

신유박해가 일어난 1801년 3월에 유항검이 체포되고 유항검의 아들 유중철도 체포되었다. 이순이는 전라도의 갑부로 부유한 가정에서 고생을 해보지 않고 자란 유중철이 고문을 당하는 중에, 주님을 배반하지 않기를 간절히 빌었다. 유중철의 동생 유문석도 포졸들에게 잡혀갔는데 그편에 그동안 간직했던 말을 전하였다. "저와 한날한시에 같이 죽자 하더라고 요한에게 전해 주세요." 얼마 뒤 두 형제와 아버지 유항검은 1801년 11월 전주에서 교수형으로 순교하였다. 유중철의 나이 22세였다.

유중철이 순교한 후 집으로 전달되어 온 유중철의 옷 속에서 '누이여, 하늘나라에 가서 다시 만납시다.'라는 편지가 들어 있었다.

이순이는 유중철에게 순교의 은총을 허락해 주신 하느님께 눈물로 감사를 드렸고, 자신에게도 순교의 은총을 허락해 주시도록 기도하였다.

"누우나 앉으나 구하고 바라는 것은 순교의 은혜입니다."

하지만 이순이에게 내려진 형벌은 평안도 벽동군 관비로 끌려가는 것이었다. 이순이는 관장에게 "우리도 주님을 공경합니다. 국법대로 주님을 위하여 죽게 해 주십시오. 나라의 봉급을 먹으면서 왜 임금님의 명령에 순종하지 않으십니까."라고 따졌고, 유배 가던 중 돌아와 옥에 갇혔다.

이순이가 심문받고 고문을 받던 중, 정강이에서 살이 터지고 피가 흘러도 얼마 안 되어 아픔이 그치고 상처가 낫는 기적이 일어났다. 은총 위에 또 다른 은총을 받은 것이다. "이 세상에서는 다시 돌아보아도 마음 둘 데가 없어, 생각하는 것은 오직 주님이며 제 마음이 향하는 곳은 하늘나라뿐입니다." 1802년 19세의 나이로 순교하였다.

이순이가 옥중에 있을 때 어머니에게 보낸 편지의 요약이다.

「슬프고 두려운 이때를 당하여 이 자식의 마음을 아뢰려 하니 다할 길 없사오나, 그간에 여러 가지 사정과 4년 동안 헤어진 심정을 직접 글로 써

올립니다. 비록 이 딸자식이 죽는 지경에 이르러도 너무 상심하여 주님의 각별한 은혜를 배반하지 마시고 부디 마음 편히 순명하십시오. 주님께서 다행히 저를 버리지 않으시고 치명의 은혜를 주시거든 주님의 은혜에 감사하십시오. 쓸데없는 자식이지만 특별한 은총으로 치명의 결실을 맺는 날이 오면 비로소 어머님께서도 거룩한 자식을 두었다고 할 것이오, 저도 또한 떳떳한 자식이 될 것입니다. 이 세상을 꿈같이 여기시고 영원한 세상을 고향으로 하시어 아주 조심하여 순명하시다가 이 세상을 떠나신다면, 보잘것없는 이 자식이 영원한 복락의 면류관을 쓰고 즐거운 복을 지닌 채, 어머님의 손을 붙들어 영접하여 함께 영원한 복락을 누릴 것입니다.

어머니와 제가 서로 이별한 지 4년 만에 이런 상황이 되어 그간의 회포를 풀지 못하니 망극한 정이야 오죽하겠습니까마는, 이것도 오로지 주님의 뜻입니다. 우리에게 생명을 주심도 주님의 뜻이요 목숨을 거두심도 주님의 뜻이니, 이런 일에 마음 쓰는 것은 오히려 우스운 일입니다. 만 번 엎드려 바라오니 마음을 너그러이 하시어 자제하십시오. 영원한 세상에서 모녀의 정을 다시 온전히 이룹시다. 올케언니 너무 서러워 마세요. 오빠가 비록 죽지만 참된 남편을 두었다고 할 것이니 언니가 치명자 아내가 되심을 천만번 축하드립니다. 이 세상에서 잠깐 부부가 되고 영원한 세상에서는 성인의 반열에 올라, 모자, 형제, 남매, 부부가 영원한 세상에서 즐기면 얼마나 좋겠습니까?

이 딸자식은 요한과 맹세하여 4년을 친남매같이 지내는 도중에 10여 차례 유혹에 빠질 뻔하다가, 주님의 성혈공로에 의지하여 능히 유혹을 물리쳤습니다. 저희 일을 답답히 여기실 것 같아 이렇게 말씀드리니 저를 본 듯이 이 편지를 반기시기 바랍니다. 치명의 결실을 맺기 전에 이처럼 붓을 들어 글을 쓰는 일이 참으로 경솔한 짓이지만, 어머님의 근심을 풀어드리고 반기시게 하려는 것이니 이것으로 위로 삼으시기 바랍니다. 천만 번 바라니 마음을 너그러이 자제하십시오. 1801년 9월 27일 딸자식이 이 편지를 올립니다.」

이순이가 처형되고 나서 평소에 즐겨 사용하던 물건에서 향긋한 향기를 맡았다는 사람들이 많았다. 이순이가 순교하고 상당한 세월이 흐른 뒤에도 이 사실이 구전으로 전해져, 뮈텔 주교가 여러 향을 가져와 맡게 했는데 장미 향과 가장 흡사했다고 전해진다.

진리가 너희를 자유롭게 하리라 하신 성경 말씀을 따랐던 조선의 순교자들, 선교사도 없이 이토록 수많은 순교자가 나온 한국천주교회를 일명 평신도 교회를 넘어 기적의 교회라고 한다.

현재 한국천주교회 시복시성추진위원회에서는 이벽(세례자요한), 김범우(토마스), 권일신(프란치스코 하비에르), 권철신(암브로시오), 이승훈(베드로), 이존창(루도비코) 등 하느님의 종 132위 시복을 추진 중이다.

그리고 1950년 한국전쟁을 전후하여 순교하신 홍용호(프란치스코 보르지아) 주교와 동료 80위, 신상원(보나파시오 사우어)과 동료 37위를 위한 시복도 추진 중이다.

가경자나 복자의 전구를 통해 기적이 일어났을 때는 시복시성추진위원회에 알려주면 순교자들이 복자가 되고 성인이 되는 데 커다란 도움이 된다.

06

한국천주교 재건과
사제영입 운동

정하상(바오로)

신유박해 이후 피바람이 몰아친 한국천주교회는 주문모 신부가 순교하고 다시 목자 없는 양떼가 되어 33년 간 사제가 없는 교회가 된다.

많은 신자가 순교했고, 살아남은 신자들은 박해를 피해 깊은 산골로 피신해 교우촌을 형성하며 명맥을 유지하고 있었다. 신유박해 때 일곱 살이었던 정약종의 둘째 아들 정하상(바오로, 1795~1839)이 1814년 스무 살 청년이 되어 한국천주교회에 혜성처럼 나타난다. 정하상은 아버지 정약종의 강직하고 신심 깊은 성격을 똑같이 닮아 한국천주교회의 기둥으로 우뚝 선다.

어머니 유체칠리아 밑에서 기도 생활을 하면서 지냈지만 아무런 서적도 없고 글도 제대로 익히질 못했다. 정하상은 함경도 무산으로 유배가 있는 어머니의 인척인 조동삼(유스티노)를 찾아갔고, 조동삼애게서 밤낮으로 한문과 천주교 교리를 배웠다. 조동삼도 먼 길을 찾아온 정약종의 장한 아들 정하상이 너무나 반갑고 고마워, 열과 성을 다해 한문과 천주교에 관해 알고 있는 모든 것을 가르쳤다. 대학자 집안의 후예답게 정하상은 스승의 가르침을 금방 깨우쳤고, 굳건한 믿음을 바탕으로 천주교 교리를 완벽하게 이해한 후에 한성으로 돌아와 교우들을 모으며 본격적으로 복음전파를 위해 노력한다.

정하상은 한성에 있으면서 조숙(베드로, 1787~1819)과 권천례(데레사, 1784~1819)의 집에서 기거했다. 조숙은 냉담자였으나 3살 많은 권천례와 결혼하여 15년 동안 동정 부부로 살면서, 누구보다 신심 깊은 신앙인으로 생활했다. 권천례는 명문대가의 집안인 권일신의 딸이다. 어려서 어머니가 죽고 아버지 권일신은 진산사건 때 고문당하고 유배 길에서 순교했다. 일찍 부모를 여의고 큰아버지 권철신의 집에서 살았으나 신유박해 때 권철신도 고문 끝에 감방에서 옥사했다.

권천례는 믿음직스럽고 자랑스러운 주님의 종 정하상을 조선을 일으킬 기둥이라 여기며 적극적으로 지지해준다. 조숙과 권천례는 정하상이 북경을 다녀올 때마다 잘 다녀올 수 있도록 최선을 다해 뒷바라지했다.

어느 날 조숙의 집에서 축일이 적힌 표가 발견되어 조숙과 권천례는 포졸들에게 잡혀갔다. 그날은 정하상이 몰래 북경에서 온갖 성물과 성서를 사서 조랑말을 타고 조숙의 집에 도착하기로 한 날이었다. 그런데 말에 문제가 생겨 오는 도중 하루를 지체하게 되었다. 그 바람에 정하상은 포졸들에게 잡혀가지 않고 천만다행으로 위험한 순간을 모면했다. 조숙과 권천례는 끌려가 1819년 순교하여 복자품에 올랐다.

정하상은 조선 천주교회에서 가장 절실한 일은 미사를 봉헌하고 성사도 받을 수 있도록 사제를 모셔와야 한다고 판단했다. 사제영입을 위해 부연사 일행의 짐꾼으로 가장하여 아홉 번이나 북경으로 가서 조선에 사제를 보내달라고 청했다. 구베아 주교는 중간에 돌아가시고 다음 임명된 교구장 주교는 북경에 들어오질 못해서 교구의 대리들을 만나기도 했다.

그런데 정하상이 북경을 다니면서 보니까 부연사 일행으로 따라다니는 일은 아주 위험한 일이었다. 정하상은 자신이 동사하거나, 굶어 죽거나, 짐승에게 물려 죽거나, 아니면 짐꾼으로 위장한 것을 들켜 어느 날 갑자기 죽어버릴 수도 있겠다는 생각이 들었다.

만약 그런 일이 생기면 사제를 모셔오는 일을 누가 할 수 있겠는가?

다시 기약할 수 없이 세월은 흘러가야 하고, 그러다 보면 목자 없는 양떼들은 많지도 않은데 흩어져서, 어느 날 사라져버릴지도 모르겠다는 불안감이 들었다. 정하상은 함께 일을 할 수 있는 사람을 찾던 중 주님의 도우심으로 유진길, 조신철을 만나 셋이서 함께 일했고, 기해박해 때 순교하기까지 셋은 조선의 사제영입을 위해 피나는 노력으로 최선을 다했다.

정하상은 결혼도 하지 않고 선교사로 오신 서양 신부들을 도와 전교하며 오로지 교회 발전을 위해 일생을 헌신하였다. 정하상의 서한문인 호교론서『상재상서(上宰相書)』는 홍콩에서도 천주교 교리서로 활용되었다.

이벽에 의해 최초로 천주교를 전파한 강학회가 열렸던 한국천주교 발상지 천진암성지엔 성지 맨 위에 창립 성조 5위인 이벽, 이승훈, 정약종, 권일신, 권철신의 묘가 있다. 그 아래엔 정하상, 유진길, 정철상의 묘를 조성하고 신앙 선조들의 친필과 유물을 담은 박물관도 있다.

유진길(아우구스티노)

정하상은 주변에서 함께 일할 수 있는 사람 만나기를 학수고대하던 중, 세 번째 북경에 도착하여 성당을 갔을 때 그곳에서 영원한 동반자 유진길을 만나 한국천주교 발전을 위해 함께 노력한다.

유진길(아우구스티노, 1791~1839)은 역관의 아들로 태어나 어려서부터 부와 재능을 다 갖추었다. 유진길이 걸어가면 만권의 책이 움직인다고 할 만큼 많은 책을 읽었지만, 철이 들어갈수록 인생의 허무를 느끼고 참된 진리를 찾아 방황한다.

삶의 진정한 의미는 무엇인가? 우주 만물은 어디에서 출발해서 종착지는 어디이며 이 모든 만물을 주관하신 분은 도대체 누구인가?

유교, 불교, 도교에 대한 수많은 서적을 읽어봤지만 명쾌한 해답을 찾을 수 없었다. 자신이 찾고자 하는 삶의 의미를 찾다 지쳐가던 어느 날, 자기 집 궤짝에 붙어 있는 종이에 낯선 글자들이 눈에 들어왔다. 그곳엔 공교롭게도 『천주실의』 낱장이 붙어 있었다. 유진길은 신유박해 때 천주교인들이 기쁘게 죽음을 맞이했다는 소문도 들었던 터라, 주변 사람들에게 수소문하여 홍 암브로시오란 신자에게 대충 천주교에 대해서 전해 듣는다.

유진길은 그동안 방황하면서 찾고자 했던 진리를 발견한 것 같았고, 마음으로 환한 빛이 들어온 것을 느꼈다. 역관으로 일을 했기 때문에 부연사 일행과 함께 북경에 도착하자마자 바로 북경성당을 들렀는데, 그곳에서 하느님의 오묘하신 섭리로 주님의 종 정하상을 만났다.

바로 눈빛으로 통한 두 사람은 몇 마디 주고받으며 순교하는 날까지 생사고락을 같이 한 영원한 동반자가 된다. 정하상, 유진길은 우리나라에 사제를 영입하기 위한 운동에 적극적으로 나섰는데, 역관 유진길 덕분에 정하상은 어렵지 않게 부연사 일행을 따라 다닐 수 있었다.

유진길은 타고날 때부터 천재성을 지녔으며 많은 책을 읽어 천주교 교리를 설명하는데도 남다른 능력을 지녔다. 본인이 직접 참된 진리를 찾아 방황하던 끝에 깨닫게 된 진리였으므로, 천주교 교리를 설명할 때도 핵심을 잘 파악해서 천주교를 이해시키는 데 비상한 재주를 가졌다. 그리하여 많은 사람이 입교했다.

유진길에 의해 당대 최고의 세도가였던 안동김씨 김유근, 추사체로 유명한 명필가요 학자였던 김정희도 천주교를 받아들였다. 하지만 가장 가까운 아내와 딸, 큰아들은 천주교를 믿지 않았다. 유진길의 아내는 천주교를 믿으면 패가망신을 당하고 저토록 죽어 나가는데, 잘 모셔야 할 조상들에게 죄를 짓는 천주교가 무슨 진리냐며 완강히 거부하였다.

유진길의 딸과 큰아들은 어머니의 말을 따랐으나 둘째 아들 유대철(베드로, 1826~1839)은 어머니의 끈질긴 설득에도 끝까지 맞섰다. 열세 살의 어린

아들 유대철이 어머니에게 이렇게 말했다. "어머니 말은 모두 맞습니다. 하지만 나는 어머니보다는 아버지 말을, 아버지 말보다는 할아버지 말을 따를 것입니다. 그러나 그 무엇보다 앞서 천주님의 말을 따를 것입니다."

유대철은 아버지 유진길이 기해박해 때 순교한 후 포졸들의 설득에도 끝까지 굴복하지 않고 처형당한다. 14세 어린 나이에 순교해 아버지와 함께 복자품에 올랐다.

기해박해가 시작되면서 조정에서는 서양 선교사인 모방 신부, 샤스탕 신부, 앵베르 주교를 잡아들이기 위해 혈안이 되었다. 포졸들은 유진길에게 서양 신부들이 있는 곳을 말하라며 혹독한 고문을 가했고, 이렇게 물었다. "서양인들은 현란한 말솜씨로 어리석은 백성들의 영혼을 구하러 왔다지만, 쉬운 말로 하자면 그들은 재물을 빼앗고 여자들과 향락을 누리러 온 것이 아니냐?"

유진길은 이 물음에 어처구니가 없었다. "그분들이 여기까지 온 것은 천주의 영광을 드러내고 어리석은 백성을 가르쳐 천주를 공경하게 하기 위함입니다. 십계명을 지키게 함으로써 우리의 영혼을 구원코자 합니다. 그분들이 이런 훌륭한 교를 전파하려고 하면서 어찌 스스로 나쁜 일을 할 수 있겠습니까? 만약 명예와 부를 얻으러 왔다면 그곳에서 잘 살고 있던 주교가 무엇이 모자라서 이 이역만리 가난한 나라를 찾아왔겠습니까? 그들이 쓰는 돈은 모두 자기 나라에서 가지고 왔습니다." 참된 진리를 증거하는 천주교인들에게 말싸움에서 조선의 충신들과 포졸들은 이길 수가 없었다.

조신철(가롤로)

정하상은 유진길과 함께 부연사 일행으로 다니던 중, 짐꾼 중에서 믿을 만한 또 한 사람이 필요했다.

조신철(가롤로, 1795~1839)은 다섯 살에 조실부모하고 절에서 허드렛일을 해주면서 살다가 적응하지 못했다. 마을로 내려와서 남의 집 일꾼으로 살았으나 방황은 계속되었고, 철이 들 무렵 어느 분의 도움으로 부연사 일행의 짐꾼이 되었다. 부연사의 짐꾼으로 산다는 것은 목숨을 내어놓는 극한 직업이었지만 조신철은 최선을 다해 짐꾼으로 따라다녔다. 정하상은 부연사의 짐꾼 중 가장 성실하고 진실해 보인 사람을 물색하던 중 수차례 면밀하게 살펴봤지만 아무리 봐도 조신철밖에 없었다.

천주교인들의 박해가 심하던 때라 잘못 말해 밀고해버리면 사제영입 운동의 모든 꿈은 물거품이 되어버리기 때문에, 알 수 없는 누군가에게 접근할 땐 신중하고 또 신중해야 했다. 어느 날 정하상은 조신철에게 다가가 천주교에 대해서 아느냐고 조심히 물었고, 조신철은 물끄러미 정하상을 바라보고 있다가 아무 말 없이 그 자리를 박차고 나가버렸다. 조신철은 사흘이 지나서 정하상을 다시 찾아왔다. 조신철이 밀고해버릴까봐 기다리던 사흘은 정하상에게는 삼십 년보다 더 길고도 긴 시간이었다.

조신철은 정하상을 다시 찾아와 자신의 심경을 이렇게 말했다. "난 평생을 살면서 당신처럼 진실한 사람을 만난 적이 없었소. 그런데 그런 사람이 천주교에 대해 아느냐고 물었고, 난 당황했었소. 다른 사람이었으면 바로 고발을 했겠지만 나는 그냥 아무 말도 못 들었다고 마음먹었소. 그런데 이틀이 지나니까 난 궁금해지기 시작했소. '도대체 천주교가 무엇이길래 저런 사람이 믿는 것일까'라는 의문이 생겼고, 사흘이 지나니까 그렇다면 한번 들어나 보자 싶어서 찾아왔소." 정하상은 자연스럽게 예비자교리를 하게 되었고, 조신철은 천주교에 대해서 알아갈수록 평생을 거친 삶을 살면서 느꼈던 고통이 한순간에 사라진 것만 같아 뛸 듯이 기뻤다. 완강한 성격의 아내까지 천주교에 입교시키며 누구보다 열성적인 신자가 되었다.

그리하여 정하상, 유진길, 조신철은 무너져버린 조선의 천주교를 다시 세우는 사제영입 운동에 지대한 공헌을 했다. 정하상, 유진길, 조신철은 기해박해(1839년) 때 함께 순교하여 성인품에 올랐다.

사제영입을 위한 피눈물의 편지

정하상, 유진길, 조신철은 북경을 다니면서 북경 주교에게 조선에 사제를 보내 달라고 부탁을 드려봐도 사제가 부족하여 소용이 없었다. 그러던 중 로마에는 교황청이 있고 교황이 있다는 것을 알게 된다. 조선 교우들은 1811년에도 권천례 데레사의 사촌 권기인(요한)이 이여진 등을 밀사로 파견해서 교황에게 사제청원 편지를 보냈다고 한다.

1825년 유진길 명필과 정하상의 깊은 신심을 총동원해서 교황께 조선에 사제를 보내주시라고 간곡한 글의 편지를 보낸다. 이들이 쓴 편지는 북경을 거쳐 마카오에 있는 신학교에서 라틴어로 번역된 후에 교황청으로 보내졌다. 그 당시엔 조선에서 교황청으로 편지가 도착하기까지 2년 넘게 걸렸다. 조선에 사제가 얼마나 필요한지 사제를 청원하는 열정의 편지는 피를 토하는 심정으로 구구절절 간절했으며, 젖이 필요한 어린아이가 생사의 갈림길에서 엄마를 찾고 있다는 비유를 들어서 썼다.

「태어난 어린아이들이 엄마가 없어서 누워 있습니다. 벌써 굶은 지 오래되어 목숨이 경각에 달렸습니다. 시급히 엄마가 달려와서 이 어린아이들의 목숨을 살려주십시오. 우리의 '시급히'를 예사로 여기지 마십시오. 우리의 '시급히'를 예사로 여기시어 하루라도 늦으면 우리 어린아이들은 모두 죽을 것입니다. 어린아이들이 죽은 후에 엄마가 열 명이 오고 백 명이 오면 무슨 소용이 있겠습니까? 그러나 시급히 오란다고 해서 혼자 달랑 오지 마십시오. 우선 먹을 수 있는 우유 한 통을 들고 오면 며칠은 더 살 수 있겠지만 결국 죽게 될 것입니다. 시급히 그러나 항구한 대책을 세워 주십시오.」

그러면서 선교사도 없이 천주교가 전파되어 많은 사람이 순교했고, 나라에서 대대적인 박해로 인해 처음이자 마지막으로 온 주문모 신부를 비롯해 많은 사람이 순교하고 있으니, 교황께서 조선에 사제를 보내주시라고 적었다.

정하상과 유진길이 간절하게 적어 보낸 편지는 2년 후인 1827년 교황청에 도착했다. 피맺힌 편지를 받은 레오 12세 교황은 조선이란 나라에 사제가 절실히 필요함을 너무나 잘 알겠으나 사제가 부족하여 난감하였다.

카펠라리 추기경도 편지를 읽고 누구보다 마음이 아팠다. 파리 외방전교회에 연락을 취해 조선에 선교사를 파견해 달라고 요청했으나 프랑스에도 사제가 부족했다. 아프리카, 터키, 마닐라, 태국, 남경에서도 사제를 보내 달라고 아우성인 상황에서 보낼 수 있는 사제가 없었다. 카펠라리 추기경은 답답한 마음에 친구인 파리 외방전교회 교장 신부에게 이 편지를 보냈다. 교장 신부도 애절한 편지에 감동되어 여러 곳으로 연락을 취해 수소문을 해봤지만 워낙 사제가 부족하여 갈 수 있는 사제가 없었다.

프랑스 외방전교회에서 중간보고를 통해 돌아온 답은 한결 같았다. 다른 나라에서도 보내달라 아우성이지만 갈 수 있는 사제가 없고, 조선이란 나라가 도대체 어디에 있는지도 모르고 거기까지 배를 타고 갈 수 있는 돈도 없고, 조선이란 나라에 어렵게 들어간다 한들 박해가 심해 살아남을 수도 없어 다시 사제가 없어져 버릴 텐데, 모래 위에 건물을 지을 수는 없지 않겠느냐면서 어렵다고 했다.

그러나 카펠라리 추기경과 교장 신부는 이 피맺힌 편지를 읽고 그냥 손놓고 있을 수가 없었다. 궁리 끝에 조선에 사제를 보낼 수 없는 여러 가지 이유를 적은 글과 조선에서 온 편지, 이 둘을 전 세계에 있는 프랑스 외방전교회 소속 주교들에게 보냈다. 간절한 편지를 읽고 혹시라도 조선으로 갈 수 있는 사제를 찾을 수 있을까 해서였다. 이 둘의 편지가 프랑스 외방전교회 선교잡지에도 실렸다고 한다.

프랑스에서는 새 나라에 새신부를 보내자는 운동이 전개되기 시작하면서, 주로 아시아 지역에 종신 선교사를 파견하기 위한 목적으로 〈파리 외방전교회〉란 선교단체가 1658년 창설되었다.

우리나라는 파리 외방전교회에서 1831년 브뤼기에르 주교가 최초로 임명되었으나, 만주까지 도착해 입국하지 못하고 건강 악화로 선종한다. 1836년 모방 신부가 최초로 입국했고, 현재는 20여 명의 선교사가 활동하고 있다. 파리 외방전교회는 아시아 지역에 약 4,000여 명의 선교사를 파견하였고, 그중 170여 명이 한국에 파견되었다. 24명의 선교사가 한국에서 순교하였다.

　우리나라에서는 교세가 확장되면서 파리 외방전교회에 대한 보은(報恩)의 차원에서, 1975년 부산교구 최재선(요한) 주교가 한국외방선교회를 설립해 다른 나라로 선교사를 파견하고 있다. 우리나라 선교사들이 주로 가 있는 나라는 대만, 캄보디아, 필리핀, 파푸아뉴기니, 중국, 멕시코, 모잠비크 등이며, 2022년 현재까지 61명의 선교사가 파견 나가 있다.

브뤼기에르 주교

태국의 방콕에는 나이 많은 주교가 있어서 그 밑에 브뤼기에르라는 젊은 보좌주교가 대신 사목을 하고 있었는데, 마침 이 젊은 주교가 조선에서 보내온 편지를 읽게 된다. 브뤼기에르 주교(프랑스, 1792~1835)는 편지를 읽고 나서 잠을 이룰 수가 없었다. 조선이란 나라에 선교사도 없이 복음이 전파되었고, 그 와중에 박해로 인해 수많은 순교자가 나오고 아직도 사제가 없어, 이토록 간절히 애타게 사제를 기다리고 있는 절박함이 온몸으로 전해져 왔기 때문이다. 상황이 이렇다면 자신이 프랑스 외방전교회에 편지를 보내봐도, 갈 수 있는 사제가 없을 것 같아 바로 교황에게 편지를 썼다.

브뤼기에르 주교의 편지 주요 내용이다.

「첫째, 사제가 없어서 보낼 수 없다는 것은 말은 되지만 그렇지 않다. 예수님은 12명의 제자로 복음을 전파했다. A라는 지역에 사제가 50명이 필요한데 6명밖에 없다면 44명이 모자라지만 유지는 되고 있다. 그렇다면 어차

피 모자란 거면 6명 중 한 명을 빼서라도 불모지인 곳으로 보내야 하지 않 겠는가? 여긴 지금 아예 없지 않은가?

둘째, 하느님의 복음을 전할 때 돈이 필요하다면 예수님이 갑부의 아들 로 태어났지 구유에서 태어났겠느냐?

셋째, 조선이 어디 있는지 모른다는 것은 대단히 부끄러운 이유이다. 조 선이란 나라는 사제가 없이도 스스로 천주교를 전파했고, 많은 사람이 순 교했으며, 교황에게 편지까지 보내 왔는데 그것이 이유가 되느냐?

넷째, 지금도 박해 중인데 어렵게 가봤자 다 죽는다? 이에 대해 브뤼기 에르 주교는 쓸데없는 말은 그만하라, 사제가 가다가 죽으면 순교의 영광 을 얻어서 좋고, 무사히 도착해서 사목 하면 애타게 기다리고 있는 양떼 목장을 목자가 찾아가서 복음을 전하니까 좋은 일이다.

다섯째, 내 말이 백 번 틀려도 좋으니 조선에 사제를 보내야 한다. 그 곳으로 누군가는 가야 한다. 꼭 가야 한다. 아무도 갈 사람이 없으면 나 라도 가겠다. 위의 모든 내용은 오롯이 나의 생각이니 모든 결정은 온전 히 장상들에게 맡기고 나는 명령에 따를 것이다. 이곳에서 영원히 머물 것처럼 일하고, 그러나 떠나라 하면 즉시 떠날 수 있도록 모든 것을 준비 하고 있겠다.」

브뤼기에르 주교의 편지가 교황청에 도착했을 땐 레오 12세 교황은 선 종했고, 그레고리오 16세 교황이 편지를 받았다. 그런데 천만다행으로 그레 고리오 16세 교황은 조선에서 온 편지를 읽고 누구보다 안타까워했던 카펠 라리 추기경이었으며, 브뤼기에르 보좌주교의 편지를 읽고 감사의 눈물로 반겼다. 그레고리오 16세 교황은 바로 1831년 9월 9일 조선 대목구를 설정하고, 브뤼기에르 주교를 초대 조선 주교로 임명하였다.

브뤼기에르 주교는 즉시 입국하기 위하여 조선을 향해 바로 떠났다. 3년이 지난 뒤 온갖 고초를 다 겪었으나 중국에서 더 이상 오질 못하고 1835년 10월 선종했다. 그 당시 중국에도 천주교 박해가 심해 낮은 되도록 피해가며 주로 밤에 걸어야 했는데, 겨우 조선 땅이 보이는 봉황성 부근의 교우촌 마가자 성당까지 왔으나, 기나긴 여정으로 영양실조와 과로가 누적되어 뇌출혈로 선종했다. 현재 용산성당의 성직자 묘역에 유해가 모셔져 있다.

브뤼기에르 주교는 항상 일기를 썼는데, 일기를 통해서 엿볼 수 있었던 조선으로 선교를 오기까지의 과정을 대충 소개해 보겠다.

「방콕에서 중국으로 가려고 배를 탔는데 돈이 많지 않았다. 사공에게 중국으로 가야 하는데 돈에 맞게 태워달라고 했더니 방콕에서 홍콩으로 갈 돈이 안 된다며 필리핀 마닐라로 데려다주었다. 필리핀에는 일찌감치 스페인 선교사들이 복음을 전파하여 주교가 세 분이 있었다. 갑자기 또 브뤼기에르 주교가 오니까, 어느 곳에 새로운 교구가 생겼나보다 생각하며 마중을 나갔는데 뜻밖의 말을 했다. 그의 딱한 사정 이야기를 전해 듣고 후원금을 걷어 넉넉하게 돈을 마련해 주었는데 중국으로 오던 중, 아직 중국에 도착하기 직전에 해적을 만나 돈을 몽땅 뺏겨버렸다. 해적들은 이 사람에게 또 누군가 돈을 전달할지도 모른다면서, 많은 돈을 빼앗은 뒤에 주교를 배 밑바닥에 가둬 두었고, 사흘 간 물 한 모금 주지 않았다. 주교는 혀가 입천장에 자꾸만 달라붙어, 손가락을 넣어 혀가 입천장에 붙지 않도록 서로를 떼어놓고 있었다.

온갖 고초를 겪은 후에 중국에 도착했지만, 위생 상태가 좋지 못하고 벌레와 날씨 변화에 적응하지 못한 피부는 부르트고 굳어서 몸 안에 털은 거의 다 빠져버렸다. 동양의 음식은 아무리 배가 고파도 향신료 등 독특한 맛으로 먹을 수가 없어서 몸무게는 출발할 때보다 3분의 1로 줄어들었다. 어느 날 반갑게 빵처럼 생긴 것이 보여서 먹으려 했으나 얇은 밀가루 속에 고기와 채소가 섞인 곳에, 마늘 등 독특한 향신료가 가득 차 있어 도저히 먹을 수가 없었다. 너무 배가 고파 속은 버리고 얇은 빵만 먹으려 했으나 그곳에도 괴괴한 향이 배어 있어서 먹을 수가 없었고, 그래도 배가 고파 깨끗이 씻어 얇은 빵만 먹었으나 허기졌다.」

한국천주교회는 목자인 사제가 없어 사라질 위기에 처해 있을 때, 정하상, 유진길, 조신철의 사제영입을 위한 간절한 소망, 브뤼기에르 보좌주교의 복음을 전하기 위한 대단한 열정과 노력, 교황의 발 빠른 대처로 다시 신앙은 뿌리를 내릴 수 있었다.

브뤼기에르 주교는 조선 땅을 밟지 못했지만 브뤼기에르 주교가 조선으로 들어간다고 하니까, 주교가 가는 곳이라면 함께 따라가겠다고 했던 모방 신부(1836년), 샤스탕 신부(1837년)가 입국한다.

모방(나 베드로) 신부

　모방(Maubant, 1803~1839, 羅伯多祿) 신부는 파리 외방 전교회 소속으로, 서양 선교사로는 최초로 우리나라에 들어온 사제이다. 그는 1804년 8월 23일 프랑스 배시 지방에서 농부의 아들로 태어났다. 어릴 적부터 열성적인 면과 부지런함이 뛰어났고, 항상 "세계의 끝까지 가서 우상을 숭배하는 자들에게 천주교를 전하겠다."라고 말하였으며, 이러한 전교의 의지는 결국 그의 일생을 통하여 실현되었다.

　1829년 5월 13일 사제로 서품된 후 파리 외방전교회 신학교에 들어가 선교사로서의 교육을 받고, 3년 뒤에 중국 사천성 포교지로 파견되었다.

　브뤼기에르 주교가 사천성으로 가던 도중 모방 신부는 브뤼기에르 주교를 만나게 되는데, 이때 조선의 상황을 전해 듣고 자신도 주교와 동행하기를 희망한다. 브뤼기에르 주교는 모방 신부의 경건함과 열성적인 면을 생각하여 기꺼이 조선의 선교사로 받아들였다. 그러나 모방 신부는 브뤼기에르 주교가 조선에 입국도 하지 못하고 선종하였다는 소식을 듣고 달려가 장례

미사를 드렸다. 그곳에서 주교를 영접하기 위해 와 있던 정하상, 유진길 등을 만나 함께 입국한다.

모방 신부와 정하상, 유진길 등은 중국 국경 봉황성과 조선 국경 의주 변문을 통과하는 동안 통행증이 없어서 고초를 겪었다. 천주교 박해가 심한 상황에서 서양의 사제는 더더욱 무사히 통과할 수가 없었다.

1836년 1월 12일 밤중에 중국 봉황성 국경에서 궁리 끝에, 모방 신부의 몸을 한복으로 둘둘 감고 환자로 위장하여 들것에 싣고 그곳을 지키는 관원들에게 거짓말을 했다. 부연사 일행으로 북경을 가던 중에 전염병이 걸려 빨리 조선으로 데려가라 해서, 지금 급하게 가는 중이라 말하면서 무사히 중국 국경을 넘어왔다. 나무 철책이 있는 봉황성 변문을 통과하고 나면 온갖 짐승과 황량한 벌판 백 리 길을 걸어야 한다. 다시 백 리 길 황무지를 지나면 조선의 관문인 의주가 나온다.

의주 관문에서는 전염병이 걸렸다고 할 수 없어서 성벽 밑으로 뚫린 하수구를 타고 넘어왔다. 이리하여 서양 선교사로서는 처음으로 조선에 첫발을 디뎠다. 그가 입국하는 데 얼마나 큰 고역을 치렀는지를 그의 편지에서 보면 알 수 있다.

「나는 여권을 조사하는 동안 정신을 잃을 정도로 벌벌 떨었다. 머리에 상투를 틀어 얹고 얼굴에는 누렁 칠을 하고 병들어 앓는 사람 모양으로 끙끙 앓는 소리를 내었다. 그 후 밤과 낮을 굶으면서 달리어 백 리 길을 걸었다. 변방에 목재로 된 문으로부터 조선의 검문소에 이르는 사이에는 인적이 없는 황무지만 있었고, 그곳엔 호랑이와 이리떼만이 돌아다니는 언덕과 골짜기가 가로 놓여 있었다.」

조선에 입국한 후 모방 신부는 조선어를 배우려고 노력하였으나 교우들의 요청으로 우선 한문으로 고백성사를 주기 시작했다. 신유박해 이후 다시 지역적인 박해는 있었으나 전국적 박해는 조금 잠잠해지고 있었다.

사제가 온 후에 조선교구는 다시 형성되어 모든 활동은 보고되고 기록되었다. 모방 신부는 서울에서 시작하여 다음에는 경기도, 충청도 등 17개 교우촌을 돌며 포교를 하였다. 이렇게 하여 그해 12월까지는 어른 213명에게 영세를 주고 6백여 명 이상에게 고해성사를 줄 수 있었다.

가는 곳마다 회장들을 뽑아 주일과 축일에 교우들을 모으도록 했고, 모임에서는 공동으로 기도를 드리고 교리문답과 복음성가와 성인전기 등을 배우도록 지도하였다. 그의 사목활동 중 특별한 점은 한국인 성직자 양성이다. 최양업(토마스), 최방제(프란치스코 하비에르), 김대건(안드레아) 등 세 소년을 선발하여, 라틴어를 가르치고 성직자에게 필요한 덕행을 쌓게 한 후 1839년 12월 2일에 이들을 마카오로 보냈다.

정하상, 유진길, 조신철의 활약으로 모방 신부가 조선으로 들어오기 전, 1834년 1월 이탈리아에서 사제서품을 받은 중국인 사제 유방제(파치피코) 신부가 조선으로 들어왔다. 브뤼기에르 주교가 조선에 들어오기 전에 먼저 가서 준비하라고 로마교황청에서 선교사로 파견했다.

그런데 유방제 신부는 3년 남짓 거주하고 나서 사제생활을 더 이상 할 수 없는 성무 집행 정지를 당해서 추방되었다. 성무 집행 정지 사유에 대해서 여러 가지 자료를 찾아보았지만, 어느 곳엔 유방제 신부가 사목활동도 성실히 하지 않고 여자 문제로 물의를 일으켰다고 하고, 또 다른 자료에선 모방 신부가 모함하여 억울하게 누명을 썼다는 기록이 있어 어느 것이 진실인지 정확하게 알 수가 없었다.

분명한 것은 그는 부뤼기에르 주교가 조선에 입국하는 일을 방해했다는 사실이다. 유방제 신부가 추방당해 나갈 때 이를 배웅하러 가는 정하상 등과 함께 최방제, 김대건, 최양업 유학생들이 함께 떠났다.

세 명의 신학생들은 조선 500년 역사를 통하여 해외로 파견된 최초의 유학생들이고, 우리나라 역사상 처음으로 서양 학문을 배운 선각자들이다.

1837년 1월 15일에 두 번째로 선교를 온 샤스탕 신부가 서울에 도착하자, 모방 신부는 양평으로 내려와 열심히 조선말을 배워 본격적으로 전교했다. 그러나 1837년 7월 중순에 과로와 영양부족으로 열병에 걸려 아주 위독한 상태에 빠졌다. 샤스탕 신부에 의해 병자성사를 받았는데 모방 신부는 성체를 모시고 나서 병이 다 나으리라는 느낌이 들었고, 3개월 후에 말끔하게 완쾌되어 다시 사목을 할 수 있었다.

샤스탕^(정 야고보) 신부

샤스탕(Chastan, 1803~1839, 鄭牙各伯) 신부는 프랑스 디뉴 인근에 있는 마르쿠라는 조그마한 마을에서 농부의 아들로 태어나, 양떼 지키는 일로 부친을 도왔다. 그는 프란치스코 하비에르의 전기를 읽고 선교사가 되기를 결심한다. 1823년에 신학교에 들어가 사제서품을 받고 파리 외방전교회에 입회하였다.

중국으로 파견되었지만 얼마 동안 중국에 입국하지 못하고 말레이반도의 페낭 신학교에서 교수로 활동하던 중, 브뤼기에르 주교가 조선 초대 대목구장으로 임명된다는 소식을 듣고 주교에게 조선으로 동행을 요청하여 허락을 받았다. 1836년 말 조선의 교우 정하상, 유진길, 조신철, 이광렬 등의 안내를 받아 어렵사리 변문을 통과한 후 자신의 기쁨을 토로한다.

"나는 천주의 영광을 위하고 사람들의 구원과 특히 나의 구원을 위하여 일할 것이므로 어떤 일이라도 각오하고 있습니다. 나는 기회가 오면 주님의 이름을 위하여 고통을 감수할 힘을 주님께 청합니다."

서양 선교사들은 조선에서 천주교 박해가 심해 신분이 노출되면 포졸들에게 붙잡혀 가니까, 선교 활동을 위해 길을 나설 땐 수도복 대신 상복(喪服)을 입어야 했다. 조선에선 상복 차림을 하고 있으면 부모를 잃은 슬픔에 공감하며 검문도 하지 않았고 먼저 지나가도록 길을 비켜주었다. 얼굴이 거의 가려진 방갓이란 모자도 쓸 수 있어서 서양의 선교사들에겐 상복이 아주 요긴한 필수품이 되었고, 그들에게 상복은 선교사들을 보호하는 '천사의 날개'로 통했다.

샤스탕 신부는 서울에 있는 정하상의 집에 머물면서 조선어를 배우기 시작하고 2개월가량 성찰에 관한 문구를 외운 다음, 조선말로 백 명 가량의 신자들에게 첫 고해성사를 줄 수 있었다. 그 후 샤스탕 신부는 여러 지방을 다니면서 성무 집행을 계속하였다. 어린이 세례, 혼인, 장례, 주일과 축일의 모임, 말썽거리 해결 등에 관한 지침을 정해주었다. 혼자서 자라 온 한국천주교회가 일정한 조직과 법칙을 가질 수 있게 된 것이다.

모방 신부와 샤스탕 신부가 함께 열심히 노력한 결과 1837년 한 해 동안 1,237명이 세례성사를 받았고, 2,078명에게 고해성사를 주었으며 1,950명에게 성체를 모시는 즐거움을 주었다. 뿔뿔이 흩어져 살고 있던 신자들이 되도록 신자 마을을 만들어 살게 하였다.

교우촌에 있는 신자들은 서양의 신부가 오면 남녀노소 모두 맨발로 뛰어나와 눈물로 반겼다. 어쩌다 조선의 언어로 한마디라도 하면 신자들은 모두 박장대소를 하며 즐거워하였다. 신자들의 소박하고 순수한 열정에 신부들은 헤어질 땐 발걸음이 떨어지질 않았고, 깊은 산골을 찾아와 준 신부들이 너무 반가워 신자들은 눈물로 맞이하고 이별하였다. 선교사들도 모든 것이 낯설고 열악한 환경에서, 신자들의 따뜻한 마음은 이역만리 타국에서의 고생과 수고로움을 보상받는 주님께서 내려주신 복음선포의 위로이고 기쁨이었다.

앵베르(범 라우렌시오) 주교

    앵베르(Imbert, 1787~1839, 范世亨) 주교는 프랑스 머리난에서 농부의 아들로 태어났는데, 집이 너무 가난하여 학교도 다닐 수 없고, 끼니도 거를 때가 많았다. 어느 날 친구와 길을 가다가 은전 한 닢을 주웠는데 글을 배우고 싶은 마음에 주운 은전으로 책방에 가서 책을 샀다. 마을 사람들도 다들 문맹이었으나 다행히 마을 꼭대기엔 교사로 있다 은퇴한 할머니가 살았고, 앵베르 주교는 책을 들고 그 할머니를 찾아가서 글을 배웠다.

    본당 신부가 앵베르 주교 소식을 전해 듣고 기특하게 생각하여 학교를 보냈고 파리 외방전교회 소속 신학교에도 입학시켰다. 앵베르 주교는 신학교에 들어가서도 자신은 편하게 밥 먹고 공부도 하면서 살고 있는데, 끼니를 제대로 잇지 못하고 굶고 있는 가족들이 생각나 마음이 편칠 않았다. 신학교에 입학해서 필요한 공부를 마치고 나면 묵주를 만들어 팔아, 그 돈으로 공부에 필요한 학용품도 사고 가족들에게도 보내주었다.

    앵베르 주교는 중국 사천성에서 몇 년간 사목을 한 후에 조선에 입국했는데, 조선으로 첫 발령을 받은 브뤼기에르 주교는 도착하기 전에 선종하였기에 그는 우리나라의 2대 주교이지만 조선 땅을 밟은 최초의 주교이다.

앵베르 주교는 건강이 좋지 못했는데 박해를 피해 교우들이 사는 심산유곡을 찾아다녀야 하고, 가난한 나라의 열악한 환경에서 음식과 문화도 달라 하루하루 고된 일상은 과로로 지쳐갔다. 조선에서의 어려움이 일기에 적혀 있다. 「영양도 없고 입에 맞지 않은 음식으로 연명하며 침대와 이불이 없는 딱딱한 맨바닥에서 추위와 굶주림과 싸워야 했다. 눈을 뜨자마자 시작된 일은 대충 처리하고 휴식을 취하려 하면, 굶어가며 백 리 길을 걸어온 노인들이 고해성사를 받으려고 기다리고 있었다. 잠자리에 들기 전까지 한순간도 쉴 틈이 없었다. 죽음의 칼날이 내게 다가온다 할지라도 이런 환경과 싸우노라면 결코 죽음이 두렵지 않을 것만 같다.」라고 회고했다.

1839년 기해박해가 시작되었고 나라에선 어떤 수단을 써서라도 서양인 신부들을 잡아 오면 많은 포상을 하겠다고 했다.

한없이 착하고 순진하고 신심 깊은 정화경(안드레아, 1807~1840)은 심산유곡까지 찾아온 배교자 김순성의 간교한 꼬임에 속아 넘어갔고, 앵베르 주교의 거처는 들키고 만다. 앵베르 주교는 정화경의 말을 듣고 직감적으로 순교할 때가 왔구나 하면서 바로 모방 신부와 샤스탕 신부에게 편지를 썼다.

〈나는 사악한 무리에게 속은 선량하고 열심인 신자에 의해 조선 정부에 붙잡혀 가서 순교할 것이다. 두 분 신부들은 내가 연락을 할 때까지 은신처에서 기다리고 있으라.〉는 내용이었다.

포졸들은 앵베르 주교를 붙잡아 가기 전에 앵베르 주교가 다른 서양 신부들과 내통하리라 추측하며 뒤를 밟았지만, 만날 기미가 보이질 않자 결국 잡아갔고 다른 신부들이 있는 곳을 말하라며 가혹한 고문을 했다. 끝까지 거부하자 신부들을 찾기 위해, 다시 교우촌을 뒤지고 다닌다는 소식을 들은 앵베르 주교는 더 많은 교우가 희생되는 걸 막기 위해 자수하라고 신부들께 편지를 보낸다. 그리하여 1839년 기해박해 때 앵베르 주교, 모방 신부, 샤스탕 신부는 조선이란 열악한 환경의 이역만리 타국에서 장렬히 순교하고 103위 성인 품에 올랐다.

프랑스 작곡가인 구노가 앵베르 주교의 조선에서의 순교 소식을 전해 듣고, 친구 잃은 슬픔을 이기지 못해 뒷동산에 올라가 즉흥적으로 작곡했다고 하는 구노의 〈아베마리아〉는 전해진 것과는 달리 사실이 아니다.

구노는 1818년생으로 출생연도에서부터 1787년인 앵베르 주교와는 나이 차이가 난다. 구노는 파리 외방전교회 신학교에 들어갔으나 신학교 성당의 음악 담당 악장이 된 후에 선교사의 꿈을 접고 음악을 전공한다. 구노는 조선교구 5대 주교인 다블뤼 주교와 신학교 동기이다.

프랑스 항구에서 신학교 선후배들이 순교를 각오하고 선교하러 가기 위해 배에 몸을 싣는 광경을 보면서, 자신도 선교의 꿈을 이루지 못함을 못내 아쉬워하다가 선교사들의 순교 소식을 접하고 나서, 구노는 바하의 〈아베마리아〉를 편곡했다. 우리나라 가톨릭 성가 284번 〈무궁무진세에〉는 구노가 조선을 위해 작곡한 단 하나의 곡으로, 신학교 시절 동료와 후배들이 조선에서의 순교를 안타까워하며 기리는 곡이다.

조선에 사제가 절실히 필요함을 느낀 앵베르 주교는 세 명의 신학생이 마카오로 유학을 갔지만, 언제 사제가 되어 돌아올지 기약이 없어 조선에서 신학생을 양성하기로 한다.

6년 간 중국과 티벳 국경 지대인 목평에서 신학교를 세워 신학생을 양성한 경험을 바탕으로 조선에 신학교를 운영하기로 한 것이다. 그는 독실한 청년 정하상을 포함하여 네 명의 신학생을 선발했는데, 1838년 여름까지 8개월 간 라틴어를 가르쳤다. 선발된 신학생들에게 그해 11월부터 아멜 신부가 중국인 신학생들을 위해서 한문으로 번역한, 페르쇼 주교의 『교의 및 윤리 신학』을 교재로 신학을 가르쳤다. 이 책은 가톨릭 교리와 윤리, 우상 숭배와 미신에 관한 교회 가르침, 개신교의 오류 등에 관해 문답식으로 해설한 책이다. 그리고 앵베르 주교는 1839년에 15세에서 16세 소년 3명을 다시 신학생으로 선발해 마카오로 유학을 보낼 계획도 가지고 있었다.

당시 보편 교회에는 트리엔트 공의회 교령에 따라 신학교 운영과 사제 서품에 관한 상세한 규칙이 확립돼 있었다. 트리엔트 공의회는 사제품을 받으려면 삭발례(削髮禮)를 받은 이후부터 수문품, 독서품, 구마품, 시종품, 차부제품, 부제품의 6단계를 거쳐야만 했다. 또 차부제는 만 22세, 부제는 23세, 사제는 25세 이전에 서품할 수 없다고 명시했다.

신학원에 입학한 신학생들은 문법, 성가, 교회 전례력 계산법과 다른 유용한 과목을 배워야 했고, 성경, 교회 서적, 성인들의 강론, 성사 집행, 전례 예식 양식을 배워 익혀야 했다.

그러나 베리트의 명의 주교는 파리 외방전교회 설립자 가운데 한 사람인데, 지역 교회의 첫 대목구장들에게 선교 지역의 교회가 빨리 자립할 수 있도록, 현지인 사제들을 양성해 동포들에게 선교 활동할 벌이게 하는 '특별 권한'을 교황청에서 받아냈다. 특별 권한 중 하나가 대목구장은 라틴어를 읽을 수 있는 능력만 갖추면 사제로 양성해서 서품할 수 있다는 것이다.

이에 파리 외방전교회 『선교사 활동 지침서』는 선교지에서 신학교 교육을 받지 않고, 특정 선교사에게 개별적으로 교육을 받은 검증된 사람에게도 사제 서품 가능성이 주어진다고 규정했다.

앵베르 주교는 이를 근거로 조선교회 장래를 위해 일차적으로 덕망 있는 회장들을 선발 교육해 사제품을 주어 교회를 안정시키고, 별도로 어린 신학생들을 선발해 마카오 등지에서 정규 신학 교육을 받게 한 다음 사제품을 줘 자립 교회로 성장시킨다는 두 가지 방안을 시행한 것이다.

앵베르 주교가 한문 신학 서적으로 조선인 신학생들을 교육한 것도, 우리 문화와 전통을 존중하는 깊은 이해에서 빨리 교회를 형성하려는 것이었다. 기해박해로 인해 앵베르 주교는 순교했고 이 모든 노력은 참으로 안타깝게도 허망한 꿈이 되어버렸다.

기해박해와 『기해일기(己亥日記)』

어린 순조가 즉위하면서 정순왕후의 외척 안동김씨 김조순이 실권을 장악한다. 순조는 15세가 되어 정권을 넘겨 받았는데, 건강이 좋지 않아 나이가 들면서 아들 효명세자가 대리청정을 한다.

효명세자가 정권을 잡자 이번엔 효명세자의 처가인 풍양조씨들이 판을 치기 시작했다. 하지만 효명세자가 21세에 갑자기 사망하면서 풍양조씨들은 안동김씨 세력을 뿌리 뽑지 못한 채, 다시 안동김씨 세도가에게 밀려난다.

안동김씨인 김조순 아들 김유근이 주도세력이 되었는데 김유근은 노년에 중풍에 걸렸다. 그리고 정계에서 은퇴한 후 권력의 무상함과 세상만사 헛되고 헛됨을 느끼던 중, 유진길에게 천주교 교리를 듣고 천주님을 믿게 된다.

1834년 순조가 죽고 효명세자의 아들 헌종이 즉위하는데, 헌종의 나이는 8세였다. 이때부턴 어린 헌종의 할머니이자 순조의 비인 순원왕후가 수렴청정을 시작한다. 풍양조씨인 순원왕후가 등장하면서 다시 풍양조씨들은 권력을 장악했고 안동김씨들을 몰아낼 명분을 찾는다.

풍양조씨들은 안동김씨 실세인 김유근이 천주교 신자임을 알았다. 풍양조씨들은 이번에도 자칫 잘못해서 역공을 당할지 모른다며 기존보다 더욱 강력하게 죄 없는 천주교도들을 발본 색원하라고 명령한다. 이것이 1839년에 일어난 천주교인들에 대한 대대적인 두 번째 박해인 기해박해이다.

천주교 2세인 정하상, 유진길, 조신철을 비롯해서 서양 선교사들도 들어오고 하면서 천주교는 점점 전파되고 있었으나, 이들은 모두 기해박해로 처형당한다. 서울 경기도에서만 참수된 사람이 70여 명, 옥사한 사람도 60여 명이다. 서울 경기도를 제외한 충청도 내포, 전라도 등 지방에서 처형당한 사람들은 아무런 기록이 없어 가늠할 수조차 없다.

앵베르 주교는 1838년 박해로 순교자가 발생하자 1838년 12월 30일부터 자신이 체포되기 사흘 전인 1839년 8월 7일까지, 〈1839년 조선 한성에서 일어난 박해에 관한 보고서〉란 이름으로 박해의 진행 과정을 기록해 두었다. 그리고 체포된 후 자신이 기록한 자료를 가장 신뢰했던 정하상과 현석문에게 넘겨주면서, 앞으로 전개될 모든 순교 사건도 기록으로 남기라고 하였다.

1839년 9월 21일 앵베르 주교, 모방 신부, 샤스탕 신부는 순교했다. 그 이후 정하상도 기해박해 때 처형당했고, 현석문은 다른 이름으로 개명해 도망쳐서 그때의 모든 것들을 기록했다.

현석문(가롤로, 1797~1846)은 최방제의 형 최형(베드로, 1814~1866)과 이승훈의 손자 이재의(토마스, 1785~1868)의 도움을 받아, 순교자들의 행적과 순교

사실을 수집하고 확인하며 기록해 나갔다. 이것이 너무나 소중한 현석문의 『기해일기(己亥日記)』이다.

『기해일기』에는 1839년 4월부터 1840년 2월까지 70여 명이 참수당하고 60여 명이 옥사한 내용이 상세히 기록되어 있다. 그 뒤 페레올 주교(Ferreol, 1808~1853, 高 주교)가 1845년 입국하여 기해박해 때의 목격자와 증인들을 불러서 내용을 다시 검토해 더욱 정확하게 기록했다.

페레올 주교는 기해박해 이후 병오박해로 희생된 김대건 신부, 현석문 등의 순교자 이야기까지 추가로 기록했다. 하지만 원본은 계속된 박해로 사라졌고, 1881년 사본이 발견되었다가 다시 사라졌는데, 1904년 뮈텔 주교가 한글로 된 것을 입수해 활판으로 출간했다.

『기해일기』는 조선에서 생성된 최초의 순교자전(殉敎者傳)이다.

이를 기초로 순교자들의 자료를 수집하고 기록해서 계속 추진해 나갈 수 있었고, 이 기록을 바탕으로 하여 1925년 순교자 103위가 복자품에 올랐다. 1984년 방한한 성 요한 바오로 2세 교황에 의해 103위 복자는 103위 성인으로 시성되었다. 기해박해 때 순교한 70명, 병오박해 때 9명, 병인박해 때 24명이다. 『기해일기』를 통해 알 수 있듯이 기록으로 남겨 둔 자료가 얼마나 소중한 것인지를 일깨워준다.

조선의 신학생과
가톨릭신학교 탄생

세 명의 유학생

　　모방 신부가 선발한 최방제, 최양업, 김대건 세 명의 신학생은 1836년 12월 3일 마카오에 있는 신학교에 입학하기 위해 유학길에 올랐다. 조선의 유학생 세 명은 중국에 있는 신학교에 입학하려 했으나 중국어를 다시 배워야 했고, 면학 분위기도 좋지 않았기 때문에 모방 신부로부터 라틴어 수업을 받고 마카오에 있는 신학교로 갔다. 유학생들은 중국인 안내원 두 명과 함께 북경을 거쳐 천진, 제남, 남경, 항주, 소주, 하문, 광동을 지나, 한성에서 출발한 후 7개월이 지난 1837년 6월 6일 마카오에 도착했다. 유학생들은 마카오까지 가는 동안 중국인 안내원들과 소통하면서 중국어를 많이 습득했다.

　　마카오에는 로마교황청 직속 경리부가 있어 동양 선교 사업에 대한 중책을 맡았는데, 파리 외방전교회 신부 세 분이 함께 있었다. 그곳에서 최방제는 일종의 풍토병인 말라리아에 걸려 15개월 만에 안타깝게 죽고, 김대건과 최양업은 중국에서 사제서품을 받았다. 마카오에서 공부하던 중 중국내에서 민란이 일어나 유학생들은 필리핀 마닐라로 두 번이나 피신했다.

　김대건과 최양업은 불어, 라틴어, 철학, 신학 공부를 거의 끝내고 신품성사를 받을 수 있는 시점이었지만, 나이가 아직 어려 서품을 받을 수 없었다. 그런데 이때 아편전쟁이 일어났고, 김대건과 최양업은 프랑스 군함에 승선하여 통역을 맡게 된다.

아편전쟁

김대건과 최양업은 아편전쟁 중 프랑스 함대에 승선하게 됐는데, 여기서 잠깐 청나라와 영국 사이에서 일어난 아편전쟁에 대해 짚고 가겠다.

1839년에 일어난 아편전쟁은 오천 년의 역사를 자랑하던 청나라를 종이호랑이로 만들어버린 사건이다. 영국에서는 광저우 항구를 통해서 청나라에 모직이나 고급품인 비싼 물품을 팔았고, 청나라에서는 도자기, 비단, 차를 팔면서 서로 교역을 하고 있었다. 하지만 청나라 백성들은 가난했고, 광저우 지방은 아열대 기후라서 영국으로부터 들어온 모직 등 비싼 물건들이 잘 팔리지 않았다.

반면 산업혁명으로 대량생산을 통해 부를 획득한 영국 백성들은 중국에서 수출한 물건들을 불티나게 사 갔다. 특히 영국 상류사회에선 티타임이 있을 만큼 차를 즐겼는데, 중국에서 재배한 녹차 등을 대부분 소비했다.

영국은 군비를 증강하느라 재정이 어려운 상태에서 중국과의 교역에서도 계속 적자가 누적되어 갔는데, 무역적자를 해결하기 위해 기발하게 생각해 낸 것은 아주 치사하고 야비한 방법이었다. 강한 중독을 일으키고 이성을 마비시키는 아편을 중국에 밀수출하기로 한 것이다. 아편을 피우면 처음엔 정신도 맑아지고 긴장도 풀려 모든 감각이 즐거워진다. 우울한 기분까지 몰아내고 행복하게 해준다. 지금 병원에서 중환자들에게 진통제로 쓰이는 모르핀은 이 아편을 이용한 것이다.

고된 노동으로 힘들어 하던 중국 백성들은 현실에서의 고통을 없애주고 기분을 즐겁게 해주는 아편에 미친 듯이 빠져들었다. 아편은 하루만 태워 그 향을 맡아도, 헤어나오기가 힘들 정도로 중독성이 강하고 사람 마음을 사로잡았다. 중국인들은 아편굴에서 통제할 수 없이 아편에 빨려 들어갔다. 갈수록 아편 중독자가 늘어나면서 일상생활이 불가능할 정도로 그 피해는 심각했다. 수많은 관료와 군인들까지 피워댈 정도였다고 한다. 영국의 식민지로 있는 인도에서 재배한 아편은 가격도 싸면서 중독성이 아주 강했다. 영국 상인들은 엄청난 양의 아편을 중국으로 밀수출했고, 영국은 그동안의 무역적자를 모두 해결하고 거대한 부를 획득했다.

아편 문제로 심각해져 버린 청나라에서는 이 문제를 그냥 더 이상 두고 볼 수가 없었다. 아편에 중독된 백성들은 일도 제대로 하지 않고 나라는 거의 마비 상태였다. 경제뿐 아니라 나라의 공권력까지 시스템 전체가 무너져 갔다. 급기야 1799년 중국 정부는 아편 금지령을 내리고 관료들에게 아편을 단속하라고 지시했지만, 부패해져 버린 청나라 관료들은 영국 무역상들에게 뇌물을 받고 지긋이 눈감아 버렸다. 군인들마저 아편에 중독되어 군기가 다 빠져 전투능력마저 상실되었다.

난감해진 청나라는 국기가 문란해져 버린 이 난국을 해결할 방법이 없었는데, 궁리 끝에 충신 임칙서가 황제의 권한을 임시로 넘겨받아 광저우로 달려갔다. 임칙서는 항구로 들어온 아편을 모두 불에 태우거나, 소금, 석회와 함께 바닷물에 섞어 아편을 분해한 후 바다로 흘려보냈다. 이때 몰수한 아편만 해도 2만 상자가 넘었다고 한다. 임칙서는 영국 상인들에게 다시는 아편을 팔지 않겠다는 각서도 받아낸다. 하지만 아까운 돈이 바다로 흘러들어간 것을 본 영국 상인들은 이 모든 사실을 자기 나라에 일러바쳤다.

영국 의회에선 대영제국을 모독했으니 전쟁을 일으켜야 한다고 하는 전쟁 찬성파, 중국 정부에서의 조치는 합당한 것이니 돈벌이에 혈안이 되어 해로운 아편을 팔아 대영제국의 자존심까지 팔아서는 안 된다는 전쟁 반대파가 서로 충돌했다. 영국 의회는 투표를 해서 결정하기로 했는데, 9표 차로 전쟁 찬성표가 승리하여 아편전쟁이 일어난다.

2만의 영국군은 산업이 발달해 신식 무기로 청나라를 침략했고, 25만이 넘는 청나라군은 군기도 빠지고 열악한 무기로 영국군에게 처참하게 몰살당했다. 1842년 청나라는 영국과 불평등한 난징조약을 맺었다. 상하이, 광저우 등 5개 항구를 개항하고 많은 배상금과 홍콩을 할양(割讓)하는 등 청나라는 영국에게 치욕을 당한다. 금융의 중심지인 홍콩은 이때부터 영국의 식민지가 되었다가 1997년 7월 1일에 중국으로 반환되었다.

아편전쟁으로 불평등조약까지 맺었으나 영국의 생각과는 달리, 십 년이 지나도 영국은 청나라로부터 많은 부를 획득하지 못했고, 오히려 무역적자까지 일어났다. 청나라 백성들은 영국산 아편 대신 몰래 자기 나라에서 질 좋은 아편을 직접 재배했다. 화가 잔뜩 난 영국은 꼬투리만 잡히면 다시 전쟁을 일으키려고 벼르고 있었다. 그때 청나라 바다에 해적선이 나타나 청나라 정부에선 그 해적선을 검거했다. 그런데 이 배의 선주도 배에 탄 선원들도 모두 청나라인이었고, 선장만 영국사람이었다. 영국에선 이 배가 비록 해적선이고 청나라 배일지라도 이 배에 자기 나라 국기가 걸려 있었으며, 청나라인들이 자기 나라 국기를 바다에 빠트렸다면서 시비를 걸었다. 위대한 대영제국의 국기를 훼손했다는 이유를 들었으나, 청나라에선 영국 국기는 걸려 있지도 않았고, 자기 나라 해적선을 검거했을 뿐이라고 항변했다. 하지만 영국은 다시 막무가내로 1856년 2차 아편전쟁을 일으킨다.

1차 아편전쟁을 지켜보던 다른 열강들도 쇠락한 청나라에 꿀단지가 있음을 인지하고 영국 편을 들며 함께 전쟁에 동참한다. 프랑스는 자기 나라 선교사 한 명이 중국에서 처형되었다는 구실로 영국군과 합세했고, 미국과 러시아도 동참한다. 베이징까지 침입해 들어간 영국군에 놀란 중국 황제는 도망쳤고, 영국은 중국 최고의 정원 오명원도 불태워 버렸다. 오명원 안에 찬란한 문화유산을 자랑하던 진귀한 귀중품들은 거의 소실되고 남아 있는 것들은 밀거래되었다.

청나라는 1858년 영국, 미국, 러시아, 프랑스 등 4개 나라와 톈진조약을 체결했다. 청나라는 불평등조약이라 하여 톈진조약의 이행을 거절하자, 영국과 프랑스군이 연합해 청나라를 굴복시킨 뒤, 또다시 베이징조약을 체결하게 된다. 1860년 베이징조약으로 10개의 항구가 개항되었고, 아편 무역도 공인되고 막대한 배상금을 영국은 물론 프랑스에도 물어야 했다.

청나라는 주룽반도의 영국 할양(割讓) 외에 연해주를 러시아에 넘겨주었다. 막강한 황제의 나라요, 군주의 나라, 영원할 줄만 알았던 중국의 몰락을 지켜본 조선은 커다란 충격에 휩싸였다.

김대건의 조선 입국

아편전쟁 중에 프랑스는 중국과 조선에서의 이권을 위해 영국군과 연합하여 군함을 파견했다. 프랑스 함대에선 아편전쟁을 마무리하는 조약 체결에 참여하길 원하면서, 부차적으로 조선과의 통상을 위해 프랑스어를 잘하는 조선인 통역이 필요했다. 프랑스 함장은 프랑스어를 잘하는 조선인을 찾던 중 마카오에 있는 로마교황청 직속 경리부에 조선인 신학생들이 있음을 알게 되고, 파리 외방전교회 리브와 신부에게 신학생을 보내 달라고 요청했다.

리브와 신부는 조선 조정과의 교섭이 잘 되면 조선에서도 천주교가 선교의 자유를 찾을 좋은 기회라고 여겼기 때문에, 프랑스 함대로 두 신학생을 보내기로 한다. 김대건과 최양업은 이 소식을 전해 듣고 꿈에도 그리던 고국 땅도 밟고, 신앙의 자유까지 찾을 수 있으리라 생각하니 너무나 기쁜 나머지 가슴이 벅차 잠을 이룰 수 없었다.

김대건과 최양업은 1842년 2월 15일 프랑스군 장교 세실 함장의 군함인

에리곤호에 승선하게 된다. 마카오를 떠나 마닐라, 대만, 만주, 주산까지 와서 2개월 동안이나 정박해 있었는데, 프랑스 함대는 영국군이 중국 남경으로 간다는 소식을 전해 듣고 조선으로 향하지 않고 방향을 틀어버렸다. 그러더니 중국 남경으로 가서 기약 없이 지체하던 프랑스 함대는 조선으로 들어가는 것을 포기해 버렸다.

김대건은 혼자서 조선으로 들어가기 위해 고생 끝에 12월 25일 조선과 국경이 맞닿은 봉황성에 도착했으나, 국경을 넘으려면 통행증 없이는 갈 수가 없었다. 봉황성 근처에서 배회하던 중 조선의 동지사 일행을 만났다. 지나가고 있는 동지사 일행을 자세히 살펴서 천주교인 같은 사람을 찾았는데, 천만다행으로 그 일행 중에 밀사로 파견된 김 프란치스코를 만나게 된다. 김 프란치스코는 기해박해로 인해 세 명의 서양 신부와 김대건 아버지, 최양업 부모 및 200여 명이 순교했다는 말을 전한다.

꿈에도 그리던 고국으로 돌아가길 고대했던 김대건 앞에는 먹구름 속에 잿빛 하늘만이 야속하게 망연히 맴돌고 있었다. 사사로운 감정을 뒤로하고 김 프란치스코에게 어떻게 조선으로 입국할 수 있느냐고 물었다. 그는 감시가 삼엄해 통행증이 없으면 마땅히 국경을 넘어갈 방법이 없다고 했다.

김대건은 몰래 국경을 넘어가기로 마음먹고 기다리다가 중국 국경에선 소떼들 사이에 숨어 봉황성을 넘었고, 조선에선 통행증을 검사받고 있는 사람 곁에 바싹 붙어 일행처럼 잽싸게 속여 의주 관문을 통과했다. 그런데 김대건을 의심한 포졸이 뒤에서 계속 부르면서 쫓아왔고, 김대건은 너무 놀라 조금 전에 보여주지 않았느냐고 큰소리로 호통치며 위기를 모면했으나, 수상히 여긴 포졸이 다시 소리치며 쫓아와 금방이라도 붙잡힐 것만 같았다.

공포에 질린 김대건은 좁은 골목길과 산속을 쫓겨 다니면서 공포에 휩싸인 채 정처 없이 계속 걸었다. 굶주림과 추위로 하얗게 눈 덮인 허허벌판에서 쓰러져 잠이 들어버렸을 때 어디선가, "일어나 걸으라!"라는 어머니의 목소리 같은 소리가 들려 정신을 차린 후 다시 걸었다. 추위에 떨다가 잠이 들어버리면 그대로 동사(凍死)한다. 김대건이 무작정 걷다가 도착한 곳은 빙판의 압록강이었고 언 강을 건너 중국 땅으로 되돌아가야만 했다.

조선에 입국할 방법을 다시 찾던 중 김대건은 함경도 경원으로 해서 조선으로 들어갈 길을 찾았다. 경원 너머 경춘에서는 2년에 한 번씩 한나절 동안 청나라와 조선 두 나라 간에 국제시장이 열리는데, 그날은 조선과 청나라를 자유롭게 오고 갈 수가 있었다. 김대건은 1844년 2월 4일 한겨울에 장춘, 훈춘, 길림, 경원까지 험난한 길을 지나 국제시장에 도착했다.

한성에서 올 교우들과 흰 수건을 들고 허리에 노란 차 봉지를 차는 것을 표식으로 서로 만나기로 약속을 해놓고 있었지만, 시장바닥을 십여 차례나 돌고 돌아도 서로 엇갈리는 바람에 만나지 못하다가 해질 무렵 간신히 만났다. 교우들의 이야기를 듣고 여기서도 조선으로 들어가기가 아주 위험하단 걸 알고 김대건은 다시 중국으로 돌아가야만 했다.

김대건은 페레올 주교와 메스트르 신부가 기다리는 곳으로 두 달 만에 도착했고, 그해 1844년 12월 10일경 페레올 주교에게 김대건은 최양업과 함께 부제품을 받았다. 김대건은 동지사 일행 중 밀사로 파견된 김 프란치스코와는 계속 접선을 이어갔다.

　조선에서는 기해박해 때 순교한 3명의 서양인 선교사들이 국경을 넘어온 것을 안 이후부터, 국경에서의 감시가 더욱 심해져 동지사 일행에게도 통행증을 줬다. 조선인도 어려웠는데 서양 신부들이 육로를 이용해 국경을 넘어온다는 것은 불가능했다. 김대건 부제는 다시 조선으로 들어올 방법을 혼자서 찾아 나섰다. 김대건 부제는 국경 통행로가 아닌 길도 없는 험난한 산길을 헤매다 간신히 의주에 도착했고, 현석문 등을 만나 1845년 1월 15일 드디어 한성에 도착했다.

김대건^(안드레아) 신부와 병오박해

충청남도 당진이 고향인 김대건(안드레아, 1821~1846) 신부는 병오박해 때 서울 한강 새남터에서 순교했다. 증조부인 김진후(비오)는 진산사건 이후 여러 번 체포되었다가 풀려나곤 했는데, 이곳저곳 감방을 옮겨 다니다 1814년 해미국제성지에서 순교했다. 작은할아버지 김종한(안드레아)은 1816년 대구 관덕정에서 순교했고, 아버지 김재준(이냐시오)은 1839년 기해박해 때 서울 서소문 밖에서 순교했다. 김대건 신부는 4대를 이어온 순교자 집안이다.

김대건 부제는 조선을 떠난 지 십여 년 만에 천신만고 끝에 귀국했지만, 그리운 어머니 소식을 듣고도 박해가 심해 붙잡히게 될까봐 바깥출입도 하지 못하고 만날 수도 없었다. 그동안 누적된 피로까지 겹쳐 중병을 앓고 누워 있다가 겨우 회복된 후, 중국에서 기다리는 페레올 주교와 신부를 모셔오기 위해 다시 일어났다.

김대건 부제는 한성에 선교사들을 위한 집을 마련한 후 육로는 불가능하여 해로를 이용하기로 하고, 작은 배(크기는 길이 9.75m, 너비 4.22m, 깊이

1.62~1.94m로 추정)를 한 척 준비했다. 조선전도(朝鮮全圖)인 지도를 제작해 현석문, 최형, 이재의 등 교우 11명과 함께 제물포에서 중국 상해를 향해 출발했다. 항해 도중 5일 만에 큰 파도를 만난 배는 거의 망가져 돛대도 키도 없어져 버렸다. 작은 배는 물 위에 뜬 가랑잎처럼 바람 따라 이리 밀리고 저리 밀리며 떠갔다. 험난한 항해에 굶주림과 추위까지 겹쳐 배 안에 있는 교우들은 극도의 공포로 떨었고, 제물포를 떠난 지 열흘 만에 중국 산이 보였으나 제자리만 맴돌고 있었다.

그때 다행히 중국 배가 다가오고 있어서, 김대건 부제가 중국 배로 올라가 상해로 데려다주길 간청했으나 거절당했다. 김대건 부제는 선장에게 도착하면 많은 돈을 줄 테니 태워달라고 간곡히 간청했고, 망가진 배는 중국 배 뒤에 매단 채 8일 만에 오송까지 갈 수 있었다. 역풍과 해적선을 만난 중국 배도 오송까지 가는데 어려움이 많았다. 중국 배가 해적선을 만났을 때 해적들이 위협하며 선장에게 뒤에 매달린 배를 떼내라고 했다. 놀란 선장은 해적 앞에서 벌벌 떨고만 있을 때, 김대건 부제는 선장에게 하늘을 향해 공포탄을 몇 발만 쏘면 도망칠 거라며 용기를 줬다. 선장이 공포탄을 쏘자 해적들은 총소리에 놀라 도망쳤다.

오송에서 상해까지는 2시간 남짓한 거리밖에 되지 않았지만 오송에 도착한 중국 배는 풍랑이 심해 더 이상 항해하질 못하고 그곳에 정박했다. 오송 항구에서는 망가진 조선 배와 조선인들을 구경하기 위해 중국인들이 점점 몰려들었고, 난감하게 된 김대건 부제 일행은 위기에 처했다.

이때 마침 김대건 부제가 길을 걸어가고 있는 영국인 장교들을 보았고, 그들에게 다가가서 그동안의 모든 이야기를 프랑스어로 말했다. 자신은 마카오에서 신학 공부를 한 부제인데, 상해로 가서 주교를 모시고 조선으로 들어갈 수 있도록 도와주길 간절히 요청했다. 다행히 영국 장교 중에 프랑스어를 하는 사람이 있었고, 그때부터 김대건 부제 일행은 영국공관의 적극적인 도움을 받았다. 영국 장교는 김대건 부제가 마카오에서 유학한 사제임을 알고 상해까지 갈 수 있도록 극진히 대접했다. 마카오에 있던 페레올 주교와 다블뤼 신부는 김대건 부제 일행의 연락을 받고 상해로 달려와 이들은 서로 상봉했다.

부제 김대건은 1845년 8월 17일 상해의 김가항 성당에서 페레올 주교로부터 신품성사를 받았다. 그리고 김대건 신부는 1845년 8월 24일 횡당 신학교 성당에서 첫 미사를 봉헌했다. 반만 년 역사상 최초로 한국인 천주교 신부가 탄생했다. 겨레의 희망이고 앞날을 비춰줄 커다란 횃불이었다.

김대건 신부는 지난 십여 년의 세월이 파노라마처럼 스쳐 지나가 감개무량했다. 천신만고 끝에 사제가 되었음에 주님께 감사와 찬미 기도를 드렸다. 1845년 9월 8일 성모 탄신 축일을 맞이하여 중국 배 안에서 중국 신부와 중국 선원 중 천주교 교우들, 김대건 신부 일행, 페레올 주교, 다블뤼 신부는 모두 함께 성대하게 미사를 봉헌했다.

조선으로 돌아오기 위해 타고 갔던 험하게 망가진 배를 다시 고쳐서, 김대건 신부 일행은 그 작은 배를 타고 다시 상해에서 출발했다. 배의 이름은 대천사 이름을 본따 '라파엘 호'라 했으나, 작고 불안한 배는 곧바로 높은 파고에 시달리다 다시 부서졌고 돛대도 키도 망가져 버렸다. 배 안으로 물이 들어와 배 안에서 물을 퍼내기에 바빴다. 위험해진 배에 계속 타고 있을 수 없어 지나가는 중국 배에 신호를 보냈고, 중국 배는 몇 번이나 가까이 다가와 밧줄을 던져주었으나 번번이 실패했다. 풍랑이 잔잔해지자 다시 돛대를 세우고 키도 대충 만들어 조선을 향해 뱃머리를 향했다.

부서지고 망가진 배가 어느 섬에 도착한 날은 9월 28일이었고, 그곳은 다행히 조선 땅 제주도였다. 김대건 신부 일행은 제주도에서 부서진 배를 타고 북진하여, 1845년 10월 12일 강경 부근 나바위 교우촌에 도착했다. 교우들은 서로 연락하여 상복과 모자를 가져왔다. 페레올 주교는 사람들 눈에 띄지 않게 천사의 날개라 칭하는 상복을 입고 주로 밤에 이동해서 한성에 도착했다. 다블뤼 신부는 바로 서울로 오지 않고 충청도에 머물렀으며 베르뇌 주교 때 주교로 임명되었다. 김대건 신부는 이듬해 부활절쯤 해서 용인에서 살고 계신 어머니를 만났다.

3대 교구장 페레올 주교와 다블뤼 주교는 심산유곡을 찾아다니며 교우촌을 순례 사목을 하였는데, 페레올 주교는 과로와 열병으로 1853년 45세로 선종했다. 이재의, 현석문, 최형, 황석두는 페레올 주교와 다블뤼 주교를 도우면서 곁에서 복사도 서고 사목활동을 함께 했다. 병오박해(1846) 때 김대건 신부와 현석문은 순교하고, 다블뤼 주교, 이재의, 최형, 황석두는 병인박해(1866) 때 순교한다.

김대건 신부는 아직도 중국에서 조선으로 넘어오기 위해 기다리고 있는 최양업 신부와 메스트르 신부를 입국시키기 위해 다시 노력했다.

최양업과 메스트르 신부는 훈춘을 거쳐 경춘에서 열리는 국제시장에서 입국을 시도하려다 중국 관원에게 붙잡혀 2주일 간 옥살이를 하고 풀려났다. 메스트르 신부와 최양업 부제는 어느 학교에서 선생으로 아이들을 가르치고 있으면서, 이젠 육로는 포기하고 해상으로 들어올 생각으로 조선에서 연락이 오길 기다리고 있었다.

김대건 신부는 다시 두 사람을 입국시키기 위해 조기잡이 중국 배를 이용하기로 한다. 중국 산둥 지방에서는 해마다 음력 3월이면 조기잡이 배가 서해안으로 왔다가 5월 말이면 돌아간다. 조선에서는 감시대까지 설치해서 중국 배와 조선인들 간의 접촉을 철저하게 감시했다. 그렇더라도 김대건 신부가 두 사람을 데려오기 위해선 서해안에 있는 중국 배를 이용하는 것이 가장 손쉬운 방법이었다.

김대건 신부 일행은 임성룡이 주인인 배를 타고 강화도, 연평도를 지나 백령도에 도착했다. 백령도 바다에는 중국 산둥의 조기잡이 어선이 백여 척 떠 있었다. 김대건 신부는 5월 29일부터 6월 1일까지 작은 배로 밤마다 중국 배들이 있는 이곳저곳을 다니며 마땅한 중국인을 만나 주교의 편지와 서해안의 지도를 최양업 신부께 전달해 달라고 부탁하고, 편지가 전달될 때 3배의 돈을 더 받을 테니까 꼭 잊지 말라고 신신당부했다.

배에서 김대건 신부를 기다리던 일행들은 갑자기 조기가 많이 잡힌 바람에, 돌아가는 도중 조기가 부패해버리면 버리기 아까워 조기를 반건조라도 해서 상하지 않게 한나절만 더 기다렸다 출발하기로 했다. 그런데 이때 조선 포졸들이 나타나 중국 어선들을 추방해야겠으니 배를 좀 빌려달라고 고압적인 자세로 말했다. 배를 빌려달라, 못 빌려주겠다 하며 포졸들과 김대건 신부 일행은 시비가 붙었고, 배를 빌리지 못한 포졸들은 선원 두 명을 끌고 가서 고문했다. 포졸들은 선원들에게 김대건의 신분을 밝히라고 했고 고문을 못 이긴 선원들은 모든 사실을 불어버렸다.

　김대건 신부는 1846년 6월 5일 밤에 체포되었고, 이후 김대건 신부는 한성으로 압송되어, 국가의 금령을 어기고 출국한 사실 및 천주교 사제임이 밝혀졌다. 김대건 신부가 옥살이하는 동안 몇몇 대신들은 김대건 신부의 탁월한 식견에 탄복했다. 신하들이 여러 가지를 부탁해 김대건 신부는 세계지리를 그려 작은 책으로 만들고, 영국에서 만든 세계지도를 번역하여 2벌의 지도를 채색하여 바치기도 했다. 이 당시 조선 정부는 그동안 권세를 누리면서 천주교 박해에 앞장서 왔던 풍양조씨의 세도가는 막을 내리고, 안동김씨들이 권력을 장악하고 있었기 때문에 천주교 박해는 소강상태였다.

　조정에서는 김대건 신부가 라틴어, 중국어, 프랑스어까지 유창하게 하고, 우리나라 최초의 유학생으로 서양에서 많은 공부를 하고 온 조선의 인재였기에 죽여버리기엔 너무나 아깝다고 생각하고 있었다. 더구나 어린 나이에 머나먼 타국에 가서 천신만고 끝에 공부를 마치고 온 것도 기특하고 대견해 했다. 그래서 김대건을 죽이기보다는 살려줘서 나라의 인재로 등용하자는 쪽으로 기울고 있었다.

　그런데 이때 기해박해로 프랑스인 신부 3명이 처형된 것에 항의해 1846년 프랑스 함대가 충청도 홍주 앞바다에 들어와, 조선국 정대감 앞으로 된 문책서(問責書)를 전달한 후 사라져간 사건이 벌어졌다. 이에 화들짝 놀란 조선 정부는 프랑스 선교사는 죽이면서, 자기 나라 신부는 처형하지 않는다고 프랑스에서 더욱 거세게 반발할까봐 김대건 신부를 처형하기로 한다.

아, 귀하고도 아까운 조선의 첫 사제요, 젊고 유능한 인재! 조선 최초의 사제 김대건 신부는 온갖 고초를 다 겪고 고국에 돌아왔건만, 사제서품을 받은 지 1년 1개월 만인 1846년 9월 16일 새남터에서 망나니들의 칼춤으로 막을 내린다. 26세였다. 그의 시신은 거의 한 달이 지난 후에 몰래 교우들이 모래 속에서 찾아 경기도 안성시 양성면 미산리 산중 미리내에 안치했다.

김대건 신부는 용감하고 다재다능했으며 인간적으로도 장점이 많았다. 김대건 신부와 함께 지냈던 서양 신부들은 이 순교 소식을 전해 듣고, 자식 잃은 부모의 슬픔 이상으로 슬픔을 주체하지 못했다. 우리나라 최초의 신부이고 열성적 전교 활동과 경건하고 당당한 신앙인의 자세가 모범이 되어, 김대건 신부는 우리나라 많은 교회나 수도회의 주보 성인이 되었다. 내가 지금 있는 대전 궁동성당에도 김대건 신부의 유해 일부가 모셔져 있고, 궁동 본당 주보 성인이다.

2019년 유네스코 제40차 총회에서는 김대건 신부를 '2021년 세계 기념 인물'로 선정하였다. 2021년은 김대건 신부 탄생 200주년을 맞이하는 해였다. 유네스코의 세계 기념 인물 지정은 유네스코가 추구하는 이념과 가치에 일치하는 역사적 인물, 사건, 기념일을 선정해 그 중요성을 알리고자 하는 목적으로 2004년부터 시작되었다.

김대건 신부가 순교하기 전 교우들에게 옥중에서 보낸 편지의 일부이다.

「마음으로 사랑해서 잊지 못할 교우 여러분,
여러분은 이런 어려운 시절을 만나 부디 마음을 헛되게 먹지 말고 밤낮으로 주님의 도우심을 빌어, 마귀(교만)와 세속(돈)과 육신(쾌락)의 삼구(三仇)에 맞서서 박해를 참아 받으며, 주님의 영광을 위하고 그대들의 영혼을 위한 큰일을 경영하십시오. 이런 박해 때에는 주님의 시험을 보게 됩니다. 세속과 마귀를 물리쳐서 덕행과 공로를 크게 세울 때입니다.

부디 환난에 눌려 항복하는 마음으로 주님을 받들고 영혼을 구하는 일에서 뒷걸음치지 마십시오. 오히려 지난 날 성인 성녀들의 자취를 살펴 이를 본받고 실행하여 우리 교회의 영광을 더하십시오. 하느님의 착실한 군사이며 의로운 아들임을 증거하십시오. 여러분의 몸은 비록 여럿이나 마음으로는 한 사람이 되어, 사랑을 잊지 말고 서로 참아나가고 돌보며 불쌍히 여기십시오. 우리들은 천국에서 만나 영원한 삶을 누리기를 간절히 바랍니다.」

김대건 신부가 처형당한 이후 9월 20일에 현석문(가를로), 임치백(요셉), 한이형(라우렌시오), 남경문(베드로), 우술임(수산나), 김임이(데레사), 정철염(카타리나)도 순교했다.

이 순교 사실은 기해 일기에 기록으로 남아 있어서 모두 성인품에 올랐다. 이것이 1846년(헌종 12년) 병오박해이다. 임치백(1803~1846)의 가족들은 다들 신자였으나 자신은 믿지 않았는데 포졸들이 천주교인으로 의심하여 잡아다 가두었다. 마침 김대건 신부와 같이 옥살이를 하던 중에 김대건 신부의 거룩한 모습을 보면서 거부할 수 없는 힘에 이끌렸고, 임치백은 죽기 직전에 천주님을 믿음으로 세례를 받고 순교의 영광을 얻었다.

2022년 11월 개봉한 영화 〈탄생〉은 김대건 신부의 일생을 그렸다.

김대건 신부는 순교하기 직전 외쳤다. "지금까지의 나의 삶은 하느님을 위해 살았지만, 이제부터는 천상에서 나를 위한 삶을 살게 될 것입니다."

가경자^(可敬者) 최양업^(토마스) 신부

최양업(토마스, 1821~1861) 신부는 최경환(프란치스코)과 이성례(마리아)의 장남으로 태어나 평생을 온전히 하느님께 의탁한 삶을 살았다. 기해박해 때 아버지 최경환은 순교하여 성인품에 올랐다.

최양업 신부의 어머니 이성례(마리아, 1800~1840)는 아버지 최경환과 함께 기해박해 때 붙잡혀 왔으나, 한 번 배교하고 다시 붙잡혀 와 순교해 복자품에 올랐다. 충청도 홍성 출신으로 내포의 사도 이존창 집안이다.

박해를 피해 경기도와 강원도 산골 교우촌으로 이리저리 떠돌아다녔다. 머리에는 보따리를 이고 배고파 칭얼대는 자식들 손을 잡고 피해 다니는 고단한 삶의 연속이었다. 1828년 경기도 수리산 뒤뜸이로 들어가 교우촌을 형성하고 수리산공소를 일궜다. 어렵고 가난한 환경에서도 남편을 지극 정성으로 공양하고, 사순절 동안 재를 지키면서 남긴 식량과 돈을 모아 가난한 교우들에게 주었다. 『기해일기』에 보면 '이성례는 이 고난을 마지못해 받은 것이 아니라, 예수 그리스도의 거룩하신 가르침과 모범, 어진 성인들의 행실을 따르기 위해 스스로 구해 받았다.'라고 기록하고 있다.

이성례는 큰아들 최양업은 마카오로 보냈고 14살, 9살, 7살, 5살 그리고 젖먹이 아기까지 5명의 자식이 있었다. 감방에 있는 동안 이성례는 살점이 튕겨 나가는 모진 고문도 참고 견뎠다. 그러나 어린 자식들이 거지 고아가 되어 구걸로 목숨을 연명하고 있는 데다, 체포될 때 업고 들어간 젖먹이 아기가 굶주림과 고문 탓에 젖이 나오지 않자 서서히 죽어가고 있었다.

어머니로서 어린 자식들을 더 이상 맨정신으론 그대로 두고 볼 수 없어, 배교한다고 하고 풀려났는데 젖먹이 아기는 죽었다. 하지만 조정에서는 이성례 큰아들이 신학 공부를 하러 유학 갔다는 걸 알고 다시 체포했다. 이성례는 자식들 모두 가슴으로 품고 하느님께 맡기면서 형장의 이슬로 사라진다. 최양업 신부 서한(書翰)에는 당시 어머니의 자식들에게 향한 가르침을 이렇게 회고했다.

「어머니는 기회 있을 때마다 그리스도와 성모 마리아와 요셉이 이집트로 피난 가시던 이야기, 갈바리아산에 십자가를 지고 오르시던 예수님의 이야기를 들려주시면서 자식들에게 천주교인으로서 인내심과 참을성을 키워주셨다.」 최양업 신부 어머니는 박해를 피해 다니면서도 자식들을 참교육으로 인도하고 하느님께 오롯이 봉헌하는 깊은 신앙심을 키워줬다.

최양업 신부는 1844년 12월 15일 동료 김대건 신학생과 함께 부제품을 받고, 중국에서 조선으로 입국하기 위해 수차례 시도했으나 번번이 조선 입국에 실패하고, 1849년 4월 15일 상하이에서 사제로 서품됐다. 그해 5월 중국 요동지방에서 사목을 시작했고, 다시 귀국을 시도한 끝에 1849년 12월

3일 13년 만에 조선으로 돌아올 수 있었다.

최양업 신부는 전국 방방곡곡에 흩어져 있는 교우촌 신자들을 찾아다니며 신앙을 증거(證據)한 땀의 순교자이다. 1850년 초부터 걸어다니며 순방 사목 활동을 펼쳤다. 그는 전국 신자들을 찾아다니는 동안 마을에서 쫓겨나기도 하고, 포졸과 믿지 않는 사람들에게 두들겨 맞는 일도 수없이 겪었다. 주막에서 쫓겨나 반쯤 나체가 된 몸으로 눈 쌓인 밤을 헤맸고, 때때로 박해가 심할 땐 박해를 피해 외딴 지역에서 한동안 갇혀 지내기도 했다.

하지만 어떤 것도 최양업 신부의 신앙과 조국애, 그리고 신자들을 향한 애정을 빼앗을 순 없었다. 최양업 신부는 127개 공소를 다니기 위해 매일 80리에서 100리가 되는 길을 걸었으며, 매년 2,800km 이상의 길을 걸었다고 전해진다. 밤에는 신자들에게 고해성사를 주고 미사를 집전했으며, 날이 새기 전에 또다시 다른 교우촌을 향해 떠나곤 했다. 전국에 흩어져 있는 교우촌을 걸어서 찾아다니느라 휴식을 취할 시간도 없었고, 1861년 6월 15일 문경에서 과로와 장티푸스로 선종했다.

12년 가까이 길 위에서 열정적으로 사목했던 땀의 순교자 최양업 신부는 떠나는 순간에도 예수 마리아의 이름을 되뇌었다. 당시 그의 나이 40세였다. 최양업 신부는 충북 제천 배론성지에 안장돼 있다.

순교(殉敎)란 단순히 어떤 진리를 위해 죽는 것을 의미하는 것이 아니라 신앙을 증거하기 위해 죽는 것을 뜻한다. 그 사람의 죽음이 예수 그리스도의 삶과 온전히 일치하고 본받는 것이어야 하며, 그리스도의 증거와 구원사업에 완전히 참여하고 세상사람들에게 그리스도의 복음을 증거해야 한다.

순교는 인간의 가장 소중한 생명을 바침으로써 그리스도를 증거하는 행위이며, 생명의 주인이신 하느님의 존재를 가장 분명하게 드러내는 것이다.

순교 사실 자체로 기적 심사가 면제되는 순교 성인이나 복자와 달리 최양업 신부는 땀의 순교자이다. 현재 가경자(可敬者)인 최양업 신부는 '영웅적 성덕'과 '기적' 두 가지 모두를 인정받아야 복자품에 오를 수 있다. 이 때문에 주교 회의는 시복을 위한 다음 단계인 기적 심사 통과를 위해, 2015년 9월부터 로마교황청 시성성에 기적 심사 법정 문서를 제출했다.

시성성은 전문가 등의 철저한 조사를 거쳐 기적으로 확인되면 이를 통과시키며 교황이 최종 재가하면 최양업 신부는 복자가 된다. 그렇게 되면 한국천주교회는 최양업 신부를 공적 경배로 공경할 수 있고, 한국교회는 가경자의 복자 탄생이라는 경사도 맞는다.

나는 불치병이 걸렸지만 더 이상 아무런 치료를 할 수 없는 상태이다. 나에게 기적이 일어나길 기도하며 최양업 신부가 2016년 4월 16일 가경자가 된 이후부터 지금까지, 매일 밤 남편 요한과 함께 103위 성인 기도, 124위 복자 기도를 바친 후 최양업 신부 시복(諡福)을 위해 기도드린다.

최선을 다해 기도를 드리지만, 집착도 어떤 면에선 또 다른 질병이고 희망 고문을 당할 수도 있음을 알고 있기에 모든 것은 하느님의 뜻에 맡겨 드린다. 일상이 되어버린 최양업 신부께 바치는 기도문이다.

「1. 모든 성인들의 덕행으로 찬미 받으시는 전능하시고 영원하신 하느님.

당신은 일찍이 성교회로 하여금 예수 그리스도의 신앙을 증거하기 위하여, 일생을 바친 성인 성녀들을 공경하여 그 표양을 본받게 하셨나이다. 박해의 상황 속에 주를 위해 모든 생애를 바치신, 착한 목자 최양업 토마스 신부의 공로에 의지하여 청하오니, 저희로 하여금 그 가르침을 따르며 더욱 신앙에 정진하게 하소서. 또한 최양업 신부의 공로로 저희를 환난 중에 보호하시며, 저희가 드리는 간절한 기도를 (기도 지향을 말함) 들어 허락하심으로써 당신 권능을 드러내시고, 저희가 소망하는 대로 최양업 토마스 신부가 성인들 반열에 들게 하소서. 우리 주 그리스도를 통하여 비나이다. 아멘.

2. 지극한 사랑으로 인류를 구원하시는 하느님. 최양업 토마스 사제를 보내주시어, 혹독한 박해로 쓰러져 가는 한국교회를 다시 일으켜 세우셨으니 그 자애로운 은총에 감사하나이다. 땀의 순교자 최양업 사제는 굳건한 믿음과 불타는 열정으로, 구만리 고달픈 길을 마다하지 않고 방방곡곡 교우촌을 두루 다니며, 복음을 전하고 신자들을 돌보는 데 온 정성을 다 바쳤나이다. 자애로우신 주님 간절히 청하오니, 최양업 토마스 사제를 성인 반열에 들게 하시어, 저희 모두가 그의 선교 열정과 순교 정신을 본받아, 이 땅의 복음화와 세계선교를 위하여 몸 바치게 하소서. 우리 주 그리스도를 통하여 비나이다. 아멘.」

성인(聖人)이 되는 과정

    피의 순교자로 인정받으면 바로 성인품에 오른다. 피의 순교자가 아니면서 천주교회에서 인정한 가경자(可敬者), 복자(福者), 성인(聖人)이 된다는 것은 우리가 생각한 것보다 훨씬 어려운 일이다. 아주 복잡하고 까다로운 심사과정을 거쳐서 통과되어야 한다.

    가경자, 복자, 성인이 되는 과정을 살펴보겠다.

    각각의 지역 교구에는 교구마다 신앙 옹호위원회와 부 신앙 옹호위원회라는 조사위원회가 있다. 만약 어느 지역에 순교자로 인정이 되는 A라는 사람이 있다면, 두 위원회가 9일 기도를 바친 후에 따로따로 A라는 사람에 대해 철저하게 조사를 시작한다. 이후 두 위원회가 연석회의를 열고 엄격한 심사를 거쳐 그 결과가 만장일치로 통과되면, 그 지역 신앙 모범으로 인정받는 가경자(可敬者)가 된다. 가경자가 된 이후에도 공경심이 계속되고 가경자 전구로 누군가에게 기적이 일어나면, 다시 두 조사위원회의 철저한 심사를 통해 기적이라고 확실하게 인정이 되면 그 시대를 살아가는 신앙의 귀감

(龜鑑)으로 복자(福者)가 된다. 복자에서 똑같은 방식으로 심사를 거쳐 성인(聖人)이 된다.

성인이 되는 것은 시대와 지역을 초월해서, 역사, 문화, 가치관이 바뀌고 아무리 과학이 발달해도 모든 시대와 인류에게 그리스도 신앙의 모범이 되었음을 인정받게 되는 것이다. 한국에서는 교구 단위로 이를 진행하며 이를 담당하는 기구도 시복 시성위원회에서 하고 있다.

이렇듯 가톨릭에서 성인으로 인정을 받기까지는 참으로 어렵고도 어려운 과정이다. "성녀 되세요." "성녀 같다." 이런 말은 대단한 칭찬이고 함부로 할 수도 없는 말이었다. 언젠가 누군가로부터 이런 소릴 들었을 때 나는 마음으로 거부했고, 그런 말을 하는 사람이 얄미운 생각마저 들었다. 아무것도 모른 채 발바닥만 열심히 성당을 다녔던 것 같아 씁쓸하다.

천주교회에서 인정하는 기적(奇跡)이 일어났다는 것 또한 엄청난 사건이다.

현재 우리나라 시복 시성위원회에서는 계속해서 자료를 찾아 시복 시성 작업을 하는 중이다.

프랑스 루르드에서 1858년 2월 11일 베르나데트 수비루(벨라뎃다, 베르나데 따로 표기하기도 함, 1844~1879)라는 14살 가난한 소작농 소녀가 성모님을 만난다. 1858년 2월 15일 성모님 지시에 따라 손으로 작은 흙탕물을 깊이 파헤치니까 엄청난 양의 깨끗한 샘물이 넘쳐났고, 이 물을 마시고 목욕을 한 후에 베르나데트는 앓고 있던 천식이 나았다. 이 소식이 전해지자 온갖 종류의 병을 앓는 많은 환자가 몰려와 이 샘물을 이용하여 기적적으로 치유된 사람들이 많았다. 루르드에서 성모 발현 이후 지금까지 7천여 건의 기적 치유 사례가 보고 되었는데, 교회가 공식적으로 인정한 기적은 2020년 2월까지 총 70건에 불과하다고 한다.

불치병이 치유되었다는 기적 심사를 할 때는 자연 과학자들의 조사는 기본이고, 전문 분야의 의학자들이 아주 철저하게 조사를 한다. 질병을 낫기 위해 계속 치료했음에도 불구하고 손을 쓸 수 없는 상태인 불치병으로, 치유될 수 있는 아무런 이유가 없는데 갑자기 치유가 일어났을 때 심사위원들의 심사를 거쳐 초자연적인 현상으로 인정된다.

초자연적인 현상이 일어나도 바로 기적으로 인정하지 않는다. 이를 바탕으로 해서 다시 성서신학자들이 신학적 해석을 통해, 만장일치로 인정이 되어야 기적이 일어났다고 한다.

한국천주교회에서도 수만 명의 순교자가 나왔지만 103위의 성인과 124위의 복자밖에 나오지 않은 것은, 기록으로 남아 있는 자료가 없어서이기도 하지만 그만큼 심사기준이 철저하고 엄격하기 때문이기도 하다.

다만 한국의 103위 복자가 103위 성인으로 되는 데는 기적이 일어나서가 아니라 특별히 교황의 승인이 있었기 때문이다.

한국천주교회는 선교사도 없이 학자들이 책을 통해 자발적인 진리 탐구로 신앙을 받아들였고, 교회가 설립되는 독특한 역사를 갖고 있다. 신앙의 자유가 없던 100여 년의 역사 중에 50여 년 동안 선교사도 없이 커다란 박해만도 네 번을 겪었다. 수만 명이 순교했지만 교회가 멸망하지 않고 유지되고 성장해 왔다. 국가적 탄압으로 많은 순교자가 나왔음에도 불구하고 멸망하지 않고 유지되고 성장해 왔다.

자생적 교회라는 사실 자체를 교황청에선 기적으로 인정한 것이다.

한국천주교 전래 200주년을 기념하여 방한한 요한 바오로 2세 교황에 의해, 1984년 5월 6일 103위 복자는 모두 시성 되어 성인품(聖人品)에 올랐다.

한국 가톨릭 신학대학

　사제가 절실히 필요한 조선에서 사제양성을 위해, 1855년 메스트르 신부가 충북 제천에 '성요셉 신학당'을 설립한다. 신학생 수는 10여 명 정도였고, 철학과 신학을 중심으로 서양 학문과 문물 등 일반상식까지 초중고 과정을 모두 가르쳤다.

　그러나 오가작통법이 계속 유효한 상태에서 감시가 심해 정상적인 교육을 시키기엔 너무나 열악했다. 옹기를 굽는 토굴 안에서 공부를 했다는 자료도 찾았지만 명확하게 알 수는 없다. 메스트르 신부는 상복을 입고 심산유곡 교우촌을 사목 방문하느라, 신학생들에게 많은 교육을 시키기 어려운 상황이었는데, 그마저도 1866년 병인박해로 학교는 폐쇄되고 말았다.

　1882년 강원도 여주군 강천면 부평리 589번지 부엉골에 로베르(Robert, 1853~1922, 金保錄) 신부가 교우촌을 형성했다. 1885년 10월 28일 로베르 신부는 7대 교구장 블랑(Blanc, 1844~1890) 주교의 명에 따라, 부엉골에 신학교 교사와 사제관 겸 성당으로 사용할 수 있는 오두막 두 채를 지어 '예수성심신학교'를 설립했다. 블랑 주교는 마라발(Maraval, 1860~1916, 徐若瑟) 신부를 신학교 초대 교장으로 임명해 학생들을 가르치게 했다.

말레이시아 페낭 신학교에 신학생을 보냈으나 그곳의 기후와 풍토를 이겨내지 못해 그곳에서의 철수가 시급해지자, 불안한 국내 사정임에도 신학교의 설립을 서두르지 않을 수 없었다. 페낭 신학교에 보관된 자료에 의하면 1884년 전 안드레아, 이내수, 한기근이 귀국했고, 이듬해에 최태종(루가)이 귀국했다는 기록이 있다. 예수성심신학교에는 페낭에서 돌아온 학생 4명, 조선에서 입학한 3명을 포함해 7명의 신학생이 있었던 것으로 전해지는데, 한문 교사와 학생 한 명이 콜레라로 사망한다.

격동하는 세계정세에서 1886년 프랑스와 조선은 조불수호통상조약이 체결 비준되면서 조선은 선교사들의 선교 활동도 묵인하게 된다. 블랑 주교는 부엉골에서 신학교를 설립한 후 개교 2년 후인 1887년 3월, 서울 용산 함벽정(현 용산구 원효로 4가)으로 이전한다.

일명 '용산신학교'는 파리 외방전교회 선교사들이 중심이 되어 학생들을 가르쳤다. 교과과정은 철학, 신학, 라틴어를 중심으로 프랑스어, 한문, 지리, 천문, 역사 등 교양과목을 포함하였으며, 학교 운영은 천주교회의 비용으로 충당하고 학생들에게 수업료를 받지 않았다. 용산신학교가 설립되기 전에 페낭신학교로 유학을 간 유학생 22명을 모두 귀국시켜, 1896년 4월 26일 세 명의 신학생이 용산신학교를 졸업하고 조선인 출신의 신부가 맥을 잇게 된다. 강성삼, 강도영, 정규하 신부이다.

1919년에는 학교 이름이 '대신학교'와 '소신학교'로 분리된다. 1924년에는 서울 종로구 혜화동(창경궁로 296-12)으로 이전해서, 경성교구로 인가를 받아 학교운영을 담당했는데 1942년 일제의 탄압으로 폐교된다.

조선천주교회의 교세가 확장되면서 전라도와 경상도 출신의 신학생 교육을 위한 두 번째 신학교 '성 유스티노신학교'가 1914년 대구에 세워졌다. 이들 신학교도 일제 강점기에 의해 강제 폐교된다. 제2차 세계대전의 영향을 받아 학교운영은 불가능하였다.

1945년 용산신학교는 '경성천주공교신학교(京城天主公敎新學校)'로 개칭하여 설립인가를 받고, 예과 4년, 고등과 2년의 고등교육 과정을 두었으나, 제2차 세계대전의 영향을 받아 학교 운영은 불가능하였다. 1947년 4월 '성신대학'으로 승격 인가되었으며, 이전의 고등과를 폐지하고 4년제 신학과와 2년제 연구과를 두었다. 1962년 이후 혜화동의 신학대학은 신학부 6년 교육과정으로 자유로운 신학교 교육이 이루어졌다.

2015년 5월 25일 개교 160주년을 기념하여, 혜화동 신학대학은 김대건 신부와 최양업 신부의 이콘 성화를 설치하고 축복식을 거행하였다. 학생 수가 늘어나면서 남부지방에 1962년 '광주신학교'가 설립되었다. 가톨릭 신학대학은 가톨릭 신부(神父) 양성을 목적으로 하는 곳이라 극히 제한된 인원만이 입학할 수 있다.

2021년 현재 한국천주교회는 서울대교구, 의정부교구, 광주대교구, 전주교구, 제주교구, 마산교구, 대구대교구, 부산교구, 안동교구, 수원교구, 원주교구, 춘천교구, 인천교구, 대전교구, 청주교구, 군종교구까지 총 16개의 교구가 있는데, 얼마 전에 부산 가톨릭신학대학이 대구 가톨릭신학대학으로 합병되었다. 그중에서 현재 서울 가톨릭신학대학, 수원 가톨릭신학대학, 인천 가톨릭신학대학, 대전 가톨릭신학대학, 대구 가톨릭신학대학, 광주 가톨릭 신학대학. 이렇게 6개의 교육기관에서 성직자를 양성하는 학교로 운영되고 있다.

한국천주교회는 1784년(정조 8년) 선교사도 없이 평신도들에 의해 창립 되었고, 1794년 10년 만에 최초로 중국인 주문모 신부가 밀입국하였으나 1801년(순조 1년)에 순교하였다. 그 후로 1834년 중국인 유방제 신부가 입국 하고 1836년(헌종 2년)부터 프랑스인 신부들이 차츰차츰 입국하기 시작하였 다.

한국천주교회 사제 인명록에는 1845년 8월 17일 김대건 신부부터 2022년 2월 11일까지, 신품성사를 통하여 성직자(부제품, 사제품, 주교품)로 서품을 받 은 숫자가 총 6,822명이라고 기록되어 있다.

우리나라에 정하상, 유진길, 조신철 순교자들이 교황청으로 보낸 간절 한 편지로부터 시작된 사제영입 운동의 결과로 교구가 설정되었고, 그 덕분 에 박해의 상황에서도 파리 외방 전교회 선교사들의 노력으로 지금은 이 토록 수많은 사제가 양성된 것이다.

08

병인박해와
열강의 침략

순조에서 고종까지 왕위계승

혈통으로 대를 이어가던 조선의 왕은 영조 때부터 근근이 이어간다. 영조는 60여 년을 통치하는 동안 왕위를 승계받을 아들이 사도세자 한 명뿐이었는데 그 아들마저 뒤주에 가둬 죽여버린다.

사도세자에겐 정조, 은신군, 은언군, 은정군 등 네 명의 아들이 있었다. 은신군은 반역죄로 몰려 사사(死事) 당했고, 은언군과 은정군은 행실이 좋지 않아 유배를 갔다. 유배 가서 은정군은 죽고 은언군은 유배지에서 풀려났으나, 천주교인들을 처형시키는 신유박해 때 부인과 며느리가 천주교를 믿어 순교했다. 은언군은 그 사실을 알고 자기도 붙잡혀 갈까 봐 도망치려다 결국 붙잡혀 죽게 된다.

영조의 손자인 정조가 대를 이었지만 48세에 세상을 떠나기까지 정조도 아들이 순조 한 명뿐이었다. 정조가 갑자기 의문사로 죽자 정조의 아들 순조가 11세로 왕위에 오른다. 순조 나이가 너무 어리다 보니 영조의 계비 정순왕후가 수렴청정한다.

순조의 나이 15세에 정순왕후는 정권을 넘겨주었는데 순조는 몸이 허약했다. 1827년 허약한 순조를 대신해 순조의 아들 효명세자가 왕세자의 신분으로 정사를 돌보며 왕권을 강화하기 위해 노력한다. 효명세자는 할아버지 정조를 닮았다. 세종대왕을 능가하리만치 조선을 태평성대로 이끌 수 있을 만큼 똑똑하고 위대한 인재라고 칭송이 자자했다. 순조도 그런 아들을 바라보며 편히 쉬면서 병을 치료할 수 있어 행복했는데, 어느 날 효명세자는 각혈하더니 갑자기 죽어버린다. 1830년 효명세자는 22세의 나이에 요절한다. 아까운 인재였다.

순조가 45세에 죽고 나서 효명세자의 외아들이자 순조의 손자인 헌종이 8세의 어린 나이로 왕위에 오른다. 어린 헌종을 대신해 이번엔 순조의 비인 순원왕후의 수렴청정이 시작된다.

일반 가정에서도 4대 독자는 대를 잇기 위해 애를 쓰는데 영조, 정조, 순조, 헌종까지 조선의 왕실은 4대 독자 헌종을 보며 초긴장 상태였다. 왕실의 대를 이어야 할 헌종은 후손을 낳아야 하는 압박이 심했음인지, 23세 젊은 나이에 후손도 없이 죽어버린다. 야사에는 헌종이 요절한 이유가 정력제 과다 복용이란 설이 있다.

순조부터 어린 왕을 대신해 할머니들이 수렴청정하면서 조선은 몇백 년을 이어온 당파싸움 끝에 외척세력이 판을 치는 세도정치가 시작되었다. 나라 법은 무시되고 매관매직까지 성행하여 폭정에 시달려 피폐해진 백성들의 삶은 민란으로 이어져갔다. 민란은 전국 각지에서 끊이질 않았다.

헌종이 23세에 후손도 없이 죽자 왕손은 대가 끊겨버렸다.

안동김씨 세도가들은 헌종의 대를 이을 왕손을 찾아 왕손들을 물색하던 중, 사도세자 아들 중 은언군의 막내아들에 또 그의 막내아들(은언군의 손자)을 찾았다. 이 사람이 조선의 25대 왕 철종이다.

철종은 한성에서 어린 나이에 글공부를 배웠으나 큰형이 역적으로 몰려 죽고 둘째 형과 함께 강화도로 쫓겨갔다. 바닷가 시골 마을에서 농사일도 하고 고기도 잡으며 평범한 농사꾼으로 살고 있었다.

그런데 어느 날 갑자기 왕으로 모시겠노라며 수많은 일행이 외딴 섬 강화도로 밀고 들어오니까. 놀란 강화도령은 또 무슨 역적으로 엮여서 잡으러 온 줄 알고 형과 함께 도망치다 다리가 부러졌다.

안동김씨 세도가들은 자기들이 다루기 쉬운 배운 것 없고 가장 어린 왕손을 찾아 이렇게 웃지 못할 일을 저질렀다. 철종의 비 철인왕후도 안동김씨인데 헌종에 이어 철종까지, 2대에 걸쳐 안동김씨인 순조의 비 순원왕후가 수렴청정을 한다.

황당하게도 하루아침에 왕이 된 강화도령 철종은 갑자기 붙들려 와 왕의 자리에 앉았지만, 백성들의 애환을 누구보다 잘 알았기에 시간이 흐를수록 개혁을 시도하려 하였다. 세도정치 폐단으로 삼정의 문란이 극에 달하자, 삼정이정청을 설립해 개혁을 시도했지만 제대로 시행되지 못했다.

모든 요직에 안동김씨 세력들이 권력을 쥐고 있었고 부패한 권력들은 힘없는 왕의 명령에 복종하지 않았다. 다만 철종 때는 안동김씨들이 안정적으로 권력을 쥐고 있어서 천주교 탄압은 느슨한 상태였고, 서양의 선교사들은 이 시기에 많이 들어오게 된다.

철종은 5남 6녀를 두었으나 딸 하나만 시집가서 곧바로 죽고 다른 자식들은 어찌된 일인지 모두 어린 나이에 죽어버린다. 아마도 대를 이은 안동 김씨 간의 인척 결혼이 원인은 아닌지 추측한다. 철종은 세도정치의 소용돌이 속에서 과도한 스트레스로 시름시름 앓다가 장성한 아들 없이 33세에 병사한다. 왕의 대를 잇지 못한 조선은 다시 왕손을 찾아야 했다.

이때 흥선군 이하응이 나타난다. 이하응이 왕족인 이유는 아버지 이구가 인조의 셋째 아들인 인평대군의 7대손인데, 사도세자의 서자인 은신군에게 입양되어 남연군으로 봉해진다. 이리하여 남연군의 아들 흥선군 이하응은 왕손이 되었다.

이하응은 나이가 많다 하여 이하응의 둘째 아들이 왕이 된다. 이 왕이 바로 1863년 12세 나이로 왕이 된 조선의 26대 고종이다. 어린 왕을 대신해 고종의 아버지인 이하응이 정권을 잡는다.

흥선대원군 이하응

김동인의 역사 장편소설『운현궁의 봄』에는, 고종의 아버지 이하응은 가난해 평소에 거지꼴을 하고 다니면서 워낙 행실이 개차반이라, 안동김씨 세도가들은 이하응을 상갓집 개라 칭했고, 저 사람이라면 안동김씨들이 마음대로 조종할 수 있어 자기들 권력에 전혀 위협이 되지 않을 인물로 봤다고 묘사되어 있다. 하지만 역사박물관에 있는 자료를 보면, 이하응은 노비가 5명이나 있었고, 많은 재산을 가진 재력가였으며, 안동김씨들과 내통하면서 왕실 족보를 관리하는 사람으로, 왕실 족보와 함께 전주이씨 족보도 정리했다고 기록되어 있다.

흥선군 이하응은 백성들의 삶을 도탄에 빠뜨리는 세도정치의 폐단을 더 이상 두고 볼 수 없어, 둘째 아들 이명복을 왕으로 만들기 위해 주도면밀하게 계획을 세워 철저하게 왕의 법도를 가르치고 있었다. 실권을 쥐고 있는 풍양조씨인 효명세자 비인 신정왕후(조대비)도 수시로 찾아다니며 왕손다운 면모로 아주 예의 바르게 행동했다.

철종이 죽자 이하응은 조대비를 찾아갔다. 두 사람은 부패해진 안동김씨 세도가들을 척결하고 나라 기강을 바로 세우는 데 뜻을 같이해, 바로 조대비의 명을 받아 이하응의 둘째 아들이 왕이 된다.

어린 고종이 왕이 되고 초기에는 조대비 수렴청정이 있었으나 실권은 점점 고종의 아버지 이하응에게 넘어간다. 조선에선 보통 왕이던 아버지가 죽고 나서 아들이 왕권을 이어받았기 때문에 아버지가 정사를 돌보는 일은 없었다. 이하응은 조선에서 유일하게 아버지가 아들 대신 섭정을 했고, 왕의 아버지라 하여 대원군(大院君)이란 칭호를 받고 흥선대원군으로 불렸다.

대원군 이하응은 무서우리만치 비범하고 과감하며 결단력이 있었다. 부패한 권력으로 막대한 부를 축적한 왕의 외척들이 지배하고 있던 60년 간의 세도정치를 완벽하게 청산해버리고 대대적으로 개혁해나간다.

가장 먼저 비변사(備邊司)를 철폐시켰다. 비변사는 국경 변방의 일에 대비하는 기구로 설치되었다가 조선 중기부터 정치, 경제, 사회 등 국정 전방을 총괄하는 최고의 의결기관이었으나, 갈수록 당파싸움으로부터 세도정치에 이르기까지 온갖 권력과 비리의 온상이 되었는데 과감하게 없애버렸다.

두 번째로 서원을 철폐한다. 조선의 서원은 1543년 풍기군수 주세붕이 안향을 배향하고 유생들을 가르치기 위해 경상도 순흥에 백운동서원을 창건한 것이 효시이다. 성균관, 향교와 달리 서원은 사립 기관이었다.

학문을 가르친다는 명분으로 양반들은 토지에서부터 모든 것을 국가에서 무상으로 지원받아 건물을 지었을 뿐만 아니라, 많은 돈을 들여 수시로 죽은 학자들의 제사를 지내고 노비를 부려먹었다.

갈수록 서원의 숫자는 늘어났고 1,000개가 넘는 서원을 짓고 유지하는 동안 양반들은 세금 한 푼 내지 않았다. 백성들의 고혈로 전국에 많은 서원이 운영되고 있었는데, 정조도 서원을 철폐하려고 시도했으나 유생들 저항이 거세어 뜻을 이루지 못했다.

어느 왕도 서원 철폐의 뜻을 이루지 못하고 있었는데 대원군은 "백성들의 삶을 해하려는 자가 있다면 비록 공자가 다시 살아난다 하여도 나는 용서하지 않겠다."라고 말하며, 천여 개가 넘는 서원 중 47개만 남기고 모두 철폐해 버렸다.

세 번째로 매관매직을 뿌리 뽑았다. 세도가들에 의한 매관매직 또한 상상을 초월했다. 나라의 요직은 자기들이 모두 독식을 했을 뿐만 아니라 지방의 관직을 돈을 주고 사게 했다. 관직을 산 수령들은 자기들이 세도가들에게 준 돈보다 훨씬 많은 돈을 백성들에게서 착취했다.

더욱 가관인 것은 세도가들은 그것도 모자라 돈을 더 갖다 바친 사람에게 다시 수령자리를 바꿔치기까지 했고, 부패한 수령들은 큰 고을로 이동해 더 많은 돈을 백성들에게 수탈해갔다.

대원군은 이런 폐단을 알고 나라의 관직에 당파와 가문과는 전혀 상관없이, 그동안 소외되었던 남인, 북인 등 모든 인재를 골고루 등용했다.

네 번째로 조세제도인 3정을 바로잡았다. 전정(田政), 군정(軍政), 환정(還政) 등 3정의 문란으로 썩을 대로 썩어버린 조세정책으로, 전국 각처에서 민란이 끊이질 않고 일어났으며 피폐해진 백성들의 원성은 하늘을 찔렀다.

전정(田政)이란 토지세인데, 작은 땅만 갖고 있어도 많은 세금이 부과되고, 권세를 가진 부자들은 많은 땅을 가지고도 적은 세금을 냈다. 대원군은 이런 폐단을 바로잡기 위해 토지를 측량해서 제대로 된 세금을 부과했다.

군정(軍政)이란 군대에 가야 할 남자인 16세에서 60세까지의 남자들에게, 군대 가지 않으려면 한 사람당 곡식이나 옷감으로 내는 군포라는 세금을 부과했는데, 군포라는 세금은 양반들에겐 부과되지도 않았다.

부패한 수령들은 군정을 악용해 착취를 강행했다. 죽고 없는 남자에게도, 이제 막 태어난 남자아이에게도, 다른 동네로 이사가 버리고 없는 친척 남자의 몫까지도, 온갖 구실을 삼아 막무가내로 세금을 내라 해서 백성들은 기가 찰 노릇이었다.

정약전의 자산어보(兹山魚譜)란 영화를 보면 갓난아기에게 군포세를 내라는 수령 앞에서 자신의 성기를 잘라버린 장면이 나오는데, 정약용의 『목민심서(牧民心書)』에 이 내용이 기록되어 있다.

이런 폐단을 없애기 위해 대원군은 양반들은 내지 않은 군포세를 개혁한다. 1인당 부과했던 세금을 세대 단위로 지정하고 또 양반들도 군포세를 내게 했는데 이것이 호포제이다. 이로 인해 양반들의 원성은 대단했다.

다음은 환정(還政)이다. 환곡이라 하여 빈민 백성들을 구제하기 위한 제도로, 쌀이 떨어진 춘궁기에 백성들에게 쌀을 빌려주고 가을 수확기에 이자를 붙여 갚으라는 좋은 제도였다.

그러나 지방의 수령과 아전들은 이를 악용해 수단 방법을 가리지 않고 폭정과 횡령으로 백성들에게 부당한 세금을 뜯어갔다. 겨를 섞은 거친 쌀을 빌려주고 가을엔 빌려준 쌀보다 훨씬 많은 양질의 쌀을 수탈해갔다.

거기다가 빌려주지도 않은 쌀을 환곡을 준 것처럼 거짓 문서까지 작성했고, 그것도 모자라 환곡의 부족분이라 우겨대며 토지까지 빼앗아 갔다. 지방에 따라선 추수기가 되면 빌려주지도 않은 환곡을 마을사람 전체에게 강제로 할당해 거두어들이기도 했다. 거의 60%의 쌀이 지방 수령이나 아전들의 사리사욕을 채우는 데 흘러들어가, 백성들은 뼈 빠지게 농사를 지어도 항상 먹을 쌀이 턱없이 부족했다.

이런 폐단을 막기 위해 대원군은 비리를 저지르는 지방관리가 환곡에 관여하지 못하도록 하고, 지역민들이 마을 단위에서 자치적으로 곡물 대여를 하는 사창제(社倉制)로 바꾸었다.

대원군이 시원하게 개혁을 해나가면서 기득권층의 저항은 거세었으나 백성들의 전폭적인 지지를 받았다. 부패의 온상이 되어버린 조선은 밝고 희망찬 미래가 도래하는 나라로 나아갈 것만 같았다.

대원군은 저항이 거셀수록 왕권 체제를 더욱 굳건히 해가며 개혁안을 밀어붙였고, 임진왜란 때 불타버리고 나서 그 어느 왕도 손을 쓰지 못하고 있던 경복궁까지 중건한다. 그리하여 경복궁 중건은 순조롭게 진행되고 있었다. 백성들도 노동력에 자발적으로 동원되었고, 돈 많은 사람들이 공사비와 목재 등을 기부했다.

그러던 어느 날 갑자기 공사장에 불이 나, 짓고 있던 건물과 쌓아둔 목재까지 모두 불에 타버렸다. 지금까지 들어간 공사비도 엄청났는데, 여기서 대원군이 앞으로 들어갈 공사비를 생각하고, 경복궁 중건을 포기했으면 좋았으련만 다시 밀어붙였다.

방대하고 거대한 공사를 하는 데 돈과 노동력과 목재가 이중으로 들어 갔으니, 백성들은 끝없이 강제노역에 시달려야 했고, 공사비는 감당할 수 없었다. 공사비를 충당하기 위해 원납전(願納錢)이라 하여 원하는 만큼 기 부하라는 세금은 턱없이 부족하여 나중에는 모든 백성들에게 강제로 징수해 갔다. 원해서 내는 원납전이 아니라 백성들의 원성을 사는 세금이 되어 버렸다.

경복궁 재건으로 질 좋은 목재 또한 대량으로 들어가야 했는데, 목재를 구하기 위해 양반들의 조상 묘지나 선산에 있는 소나무까지 마구잡이로 베어버려 양반들의 원성은 더욱 자자했다.

이 일로 대원군의 과감한 성격은 계층을 막론하고 누구에게나 원성을 샀으며, 그 함성 위로 왕의 궁전 경복궁은 재건되고 있었다. 공사비는 그래도 충당이 안 되었다. 공사비를 충당하기 위해 엽전 백 푼과 맞먹는 당백전(當百錢)이란 화폐를 발행했으나, 당백전을 실시하면서 갑자기 화폐가치가 하락해 물가가 폭등해서 사회 혼란까지 일어났다. 조정에서는 당백전 주조를 중단해야 했다.

양반들의 원성과 백성들의 고혈로 지어진 7,225칸이 넘는 대규모 왕실 경복궁은 1868년에 완공되고 고종이 경복궁으로 옮겨온다.

그러나 거대한 경복궁은 일본의 침탈로 4,000여 칸이 소실되었고, 일제는 근정전 정면에 커다란 석조건물인 조선총독부 청사를 지어 경복궁의 위엄을 훼손했다. 해방 후 조선총독부 청사는 국립중앙박물관으로 사용되다가, 광복 50주년을 기념해 김영삼 정부때인 1995년 대규모 철거행사를 거행했고, 1996년 12월에 조선총독부 건물은 완전히 철거되었다.

대원군이 집권을 한 시기에는 세계정세 또한 격동기에 접어든 근대사였다. 청나라는 영국에 아편전쟁으로 진 후 많은 항구를 강제개항하여 서양기술을 받아들이고 있었고, 일본도 1854년 미국에 참패하고 강제개항한 후, 1868년 메이지유신을 단행하여 정치, 경제, 사회, 전반에 걸쳐 개혁에 박차를 가하고 있었다.

대원군은 경복궁 중건으로 민심을 잃긴 했지만, 세도정치를 청산하고 나라의 질서를 바로잡았으나 청나라와 일본이 서양세력에 당한 것을 보면서, 개혁개방을 단행하지 않고 세계정세에 맞지 않게 아주 치명적인 판단을 해 버린다. 나라가 빠르게 개화기를 맞을 기회를 놓쳐버렸으며, 대원군이 세계정세를 제대로 파악하지 못하고 판단을 흐리게 하는 많은 사건까지 잇따라 일어나게 된다.

병인박해와 해미국제성지

아편전쟁에서 진 청나라는 연해주를 러시아에 넘기게 되는데, 이곳은 조선과 국경이 맞닿아 있다. 야심 가득한 러시아는 걸핏하면 연해주에서 통상을 요구하며, 자연조건이 좋은 조선을 먹어버릴 궁리로 침을 흘리고 있었다. 대원군은 '저 러시아 세력들을 어찌할 것인가?' 고심이 깊어갔다.

마침 대원군 집안에는 천주교 신자가 많았다. 대원군 아들인 고종의 유모가 마르타라는 천주교 신자였고, 대원군의 딸도 천주교 집안으로 시집을 갔으며, 대원군도 천주교에 관해서 그다지 적대적이지 않았다. 대원군의 부인 민씨도 1896년 마리아란 세례명으로 세례를 받고 천주교 신자가 되었다.

어느 날 대원군은 승지인 남종삼(요한, 1817~1866)을 불러 천주교에 대해서 자세히 물었다. 신심 깊은 남종삼의 이야기를 다 듣고 난 후, 대원군은 여러 면에서 옳은 진리라 생각되지만 제사를 지내지 못하게 하는 건 좀 이해하기 어렵다고 말했다.

대원군은 호시탐탐 넘보는 러시아를 어찌할 것인가 궁리하다가, 남종삼의 조언을 듣고 프랑스 선교사들을 통해 그들이 조선에 들어와 있는 것도 알고 있던 터라, 강대국 프랑스를 끌어들이면 러시아를 견제할 수 있는 좋은 방책이 되리라 생각했다.

그리하여 대원군은 프랑스 주교에게 연락해서 내가 좀 보자 한다고 전하라 했다. 전국에 흩어져 있는 교우촌으로 순회 사목을 다니고 있던 두 분 주교는 연락을 받고 오기까지 한 달 이상이 걸렸다. 주교들이 한성에서 멀리 떨어진 교우촌에 있었는데, 주교를 모시고 올 경비가 없어 한성에서 머뭇거리고 있을 때, 뒤늦게 이 사실을 알게 된 천주교 신자인 대원군의 장인이 경비를 보냈지만 지체되었다.

그리고 지금까지 조선의 왕들이 그토록 천주교인들을 박해했는데 대원군이 만나자고 하니까, 이 또한 함정은 아닐까 의심스러워 머뭇거렸다는 말도 있다. 주교들이 대원군을 만나러 오는 것이 지체되는 동안, 조선을 넘보던 러시아는 영국과의 마찰로 인해 거기에 신경 쓰느라 조선을 호시탐탐 노리던 일을 멈추고 소강상태에 있었다.

대원군의 긴장감도 많이 풀려 절박함이 사라진 상태에서 대원군이 아직 주교를 만나지 않고 있었는데, 기득권층들은 매의 눈초리로 대원군을 지켜보고 있었다. 대원군에게 그동안 쌓인 불만으로 안동김씨와 유생들은 모든 것이 못마땅해 화가 치밀 대로 치밀어 있던 중, 대원군이 천주교인들과 내통한다는 사실을 알았고, 서학을 꼬투리 삼아 대원군을 잡을 수 있는 절호의 기회라 생각했다. 거기다 청나라를 다녀온 동지사 일행들을 통해 청나라도 서학을 탄압하고 있다는 말을 전해 듣는다.

양반과 상놈이 평등하다는 헛소리를 지껄이고 있는 서학 놈들, 조상님 제사도 지내지 않고 있는 불효막심한 놈들, 그런데 흥선대원군이 이런 나쁜 놈들과 접촉하며 수시로 왕래를 하는 것이다.

대원군이 서학 놈들과 내통하고 있지 않다고 증명하기 전까진, 오랑캐와 내통하는 저놈을 믿을 수 없다며 기득권층은 몰아세웠고 유생들은 상소문까지 올렸다. 대원군은 극도의 위기감을 느꼈다. 그는 정권을 향한 집착이 누구보다 강했기 때문에 현실과 타협하지 않으면 정권을 유지하기 어렵다고 판단한다. 많은 역량을 갖춘 리더로서 개혁을 시원스럽게 해나가면서 조선에 서광이 비쳤지만 참으로 아쉽게도 대원군의 한계는 여기까지였다.

대원군이 기득권층의 저항에 맞서기에는 권력욕은 지나쳤고, 천주교의 교리를 듣고 어느 정도 수긍은 했으나, 종교로 받아들일 만큼의 믿음은 없었다. 자신이 궁지에 몰리니까 과감한 성격은 무지막지하게 무고한 천주교인들을 죽여버렸다. 수많은 생명을 죽인 벌은 가혹했고 조선은 다시 퇴로를 향해 끝없이 추락해 갔다.

대원군에 의해 1866년 1월부터 천주교인들에 대한 4번째 대대적인 박해인 병인박해가 시작되었다. 6여 년 동안 이어진 박해는 공식적인 숫자만 프랑스 선교사 9명, 천주교 교우 8천여 명이 처형당했다. 이름도 성도 남기지 못한 무명순교자들은 대략 추정해봐도 수만 명이 죽었을 것이라 한다. 세계 어느 나라에서도 유래를 찾아볼 수 없는 잔인무도한 사건이었다.

프랑스 선교사 베르뇌(Berneux, 1814~1866, 張敬), 브르트니에르(de Bretenieres, 1839~1866, 白 신부), 도리(Dorie, 1839 ?~1866, 金 신부 ?~1866), 볼리외(Beaulieu,

1840~1866, 徐沒禮), 다블뤼(Daveluy, 1818~1866, 安敦伊), 위엥(Huin, 1836~1866, 閔신부), 오메트르(Aumaitre, 1837?~1866) 신부는 순교하여 성인품에 올랐다. 푸르티에(1830~1866, 吳 신부), 프티니콜라(Petitnicolas, 1828~1866, 朴 신부) 신부도 순교했는데, 성인품에는 오르지 못했다. 페롱(Féron, 1827~1903, 權 신부), 칼레(강 니콜라오, Calais, 1833~1884, 姜 신부), 리델(Ridel, 1830~1884, 李福明) 신부는 산속 깊은 교우촌에서 이 소식을 전해 듣고, 각각 바다로 탈출해 중국으로 도망쳐 살아 남았다.

리델 신부가 청나라로 탈출해 텐진 주재 프랑스 함대 사령관에게 박해 소식을 알렸다. 뮈텔 주교(프랑스 Mutel, 1854~1933, 閔德孝)가 기록한 책『치명일기(致命日記)』에 수록된 것을 근거로 병인박해의 순교자 중 24명이 성인품에 올랐다.

해미국제성지도 병인박해부터 시작하여 1868년 무진박해 이후까지 무명순교자들이 수도 없이 처형당했다. 아무런 기록이 없어서 숫자를 헤아릴 수가 없고 이름도 성도 남기지 못한 채 순교했다. 구전으로 전해져 온 말에 의하면 많게는 수천 명이 해미에서 처형당했을 것으로 추정한다.

해미읍성은 서해안과 인접해 있어 무관이 사또로 와 있었는데, 내포 지방의 천주교인들을 모조리 잡아와 무관이 있는 이곳에서 처형시켰다. 이순신 장군도 한때 해미읍성의 사또로 와 있었다고 한다.

서산, 예산, 보령, 홍성, 당진 등 내포 지역 깊은 산속 교우촌에서 천주교 신자들이 많이 살고 있었는데, 한많은 한티고개를 넘고 넘어와 줄줄이 붙잡혀 와 해미읍성에 있는 감방에 갇혔다. 감방 안에서 굶어 죽은 사람도 많았고, 가족들이 밥을 몰래 갖다 주다가 들켜서 죽은 사람들도 많았다.

해미읍성엔 순교자들이 나무에 상투가 묶여 매달린 호야나무가 있다. 이 나무는 현재 수령이 400년이 넘은 오래된 고목이 되어, 서산시에서 나무 둥지에 회색 약재를 발라 생명을 유지 보존하고 있다. 이 호야나무 줄기에 상투를 줄로 묶어 매달고 배교하면 살려주겠다고 붙잡혀 온 천주교인들을 매달아 두었다. 나무에 대롱대롱 매달린 채 죽은 사람들도 있었다.

해미읍성에는 동문, 서문, 남문이 있는데 서문을 나서면 기다랗고 납작한 돌다리인 자리갯돌이 있다. 천주교 신자들을 이 자리갯돌에 떨어뜨려 죽였는데 신자들이 서문을 나가기 직전에, 다시 묵주를 바닥에 두고 밟고 가면 살려주겠다며 배교를 강요했다. 그래도 끝까지 순교하겠다고 하면 돌에 떨어뜨려 죽였다.

포졸 4명이 지렛대 원리를 이용해 돌 양쪽에서 소나무로 기둥을 만들고, 사람을 산 채로 끌어올렸다가 순간적으로 커다란 자리갯돌에 떨어뜨렸다. 충격을 가해 돌에 떨어뜨려 살점이 터지고 깨져서 죽었다. 자리갯돌 아래로는 개울물이 흘러 서해로 갔다. 계속해서 많은 사람들이 죽으니까 흐르는 물에서 시체 썩은 냄새가 진동해 이 근방 백성들은 살 수가 없었다.

서문 밖에 있던 자리갯돌은 현재에는 해미국제성지 안에 있고, 서문밖에는 모조품으로 만든 자리갯돌이 전시되어 있다.

시간이 갈수록 붙잡혀 온 천주교인들의 숫자가 많아서 포졸들은 지쳐 갔다. 포졸들이 사람들을 죽이다 지친 바람에 이제는 팔과 다리를 꽁꽁 묶은 후에 산 채로 물웅덩이 속에 던져 죽였다. 이 웅덩이가 진둠벙인데 해미국제성지 안에 있다. 그래도 잡아 죽일 사람들이 너무 많아진 포졸들은 비좁은 웅덩이 대신, 온몸을 꽁꽁 묶은 채 땅에 커다랗게 구덩이를 파서 그 구덩이 속에 천주교 신자들을 집어넣고 흙을 덮어 바로 생매장을 시켜 버렸다.

이 생매장터가 바로 해미국제성지이다.

보통 시신의 뼈는 바닥으로 누워 있는데 성지에서 발굴된 시신의 뼈가 수직으로 서 있어서 생매장당했음을 알 수 있다. 한티고개를 넘어 밧줄에 묶여 끌려오던 순교자들은 예수 마리아, 예수 마리아를 반복해서 되뇌었다.

예수 마리아가 무슨 말인지 모르던 외인들은 여수 머리로 알아들었다. 외인들에 의해 여수 머리는 '여숫골'이 되었고, 해미국제성지의 다른 이름이다. 해미국제성지는 이토록 수많은 순교자가 있었으나 기록으로 남아있는 이름이 없고 아무런 자료가 없다. 이 마을 사람들에 의해 구전으로 전해져 온 이야기들이 전부이다.

2014년 프란치스코 교황이 한국을 방한하여 해미성지를 다녀가신 이후에, 교황청에선 2020년 11월 29일 수많은 무명순교자의 성지 해미성지를 국제성지로 승격시켰다. 세계에는 루르드, 과달루페를 비롯해 국제성지가 이십여 곳이 있는 것으로 알고 있으나, 이십여 곳이 어느 곳인지 정확한 자료를 찾지 못했다.

무명순교자 분들에게 정호승 시인의 〈부치지 않은 편지〉를 올리고 싶다.

「풀잎은 쓰러져도 하늘을 보고 / 꽃 피기는 쉬워도 아름답긴 어려워라 / 시대의 새벽길 홀로 걷다가 / 사랑과 죽음이 자유를 만나 / 언 강바람 속

으로 무덤도 없이 / 세찬 눈보라 속으로 노래도 없이 / 꽃잎처럼 흘러 흘러
그대 잘 가라 / 그대 눈물 이제 곧 강물 되리니 / 그대 사랑 이제 곧 노래
되리니 / 산을 입에 물고 나는 눈물의 작은 새여 / 뒤돌아보지 말고 그대
잘 가라」

우리나라 성지(聖地)

참고로 우리나라의 성지는 군종교구를 제외한 전국 15개 교구에 총 167곳이 있다. 이토록 많은 성지가 있음을 알리기 위해 나열해 보았다.

※ 광주대교구에 가톨릭 목포 성지, 곡성 옥터, 나주 순교자 기념성당, 영광 순교자 기념성당.

※ 대구대교구에 계산 주교좌성당, 가실성당, 경상 감영과 옥터, 경주 고관아와 옥터, 관덕정 순교기념관, 구룡공소, 김수환 스테파노 추기경 사랑과 나눔 공원, 김천 황금성당, 복자성당, 비산(날뫼)성당, 새방골 성당, 성모당, 성 유스티노 신학교, 성직자 묘지, 신나무골 성지, 진목정 성지, 한티 순교 성지.

※ 대전교구에 갈매못 순교 성지, 공세리 성당, 남방제, 대흥 봉수산 순교 성지, 도양골 성지, 배나드리, 산막골 작은재, 삽티 성지, 서짓골 성지, 성거산 성지, 솔뫼 성지, 수리치골 성모 성지, 신리 성지, 여사울 성지, 원머리, 지석리, 진산 성지, 청양 다락골 성지, 합덕 성당,

해미 국제 순교 성지, 홍주 순교 성지, 황무실 성지, 황새바위 순교
성지.

※ 마산교구에 대산성당, 명례 성지, 복자 박대식 빅토리노 묘, 복자 윤
봉문 요셉 묘지, 복자 정찬문 안토니오 묘, 순교자의 딸 유섬이 묘.

※ 부산교구에 김범우 순교자 성지, 살티 공소, 수영 장대 순교 성지, 언
양 성당, 오륜대 순교자 성지, 울산 병영 순교 성지, 조씨 형제 순교
자 묘, 죽림골.

※ 서울대교구에 명동 주교좌성당, 가톨릭대학교 성신 교정, 가회동 성
당, 경기 감영 터, 광화문 성지, 김범우의 집터, 노고산 성지, 당고개
(용산) 순교 성지, 삼성산 성지, 새남터 순교 성지, 서소문 밖 네거리
순교 성지, 왜고개 성지, 용산 성심신학교, 우포도청 터, 의금부 터,
이벽의 집터, 전옥서 터, 절두산 순교 성지, 종로성당, 좌포도청 터,
중림동 약현성당, 한국 순교자 103위 시성 터, 한국천주교 순교자
124위 시복 터, 형조 터.

※ 수원교구에 구산 성지, 남양 성모 성지, 남한산성 순교 성지, 단내 성
가정 성지, 미리내 성지, 손골 성지, 수리산 성지, 수원 성지, 양근 성
지, 어농 성지, 요당리 성지, 은이 골배 마실 성지, 죽산 순교 성지, 천
진암 성지.

※ 안동교구에 마원 성지, 상주 옥터, 신앙 고백 비, 여우목 성지, 우곡
성지, 진안리 성지, 홍유한 고택지.

※ 원주교구에 원동 주교좌 성당, 상원 감영, 대안리 공소, 배론 성지,
성 남종삼 요한 & 순교자 남상교 아우구스티노 유택지 (묘재), 성내

동 성당, 용소막 성당, 풍수원 성당.

※ 의정부교구에 의정부 주교좌성당, 갈곡리성당, 마재 성가정 성지, 성남종삼 요한과 가족 묘소, 신암리성당, 양주 순교 성지, 참회와 속죄의 성당, 행주성당, 황사영 알렉시오 순교자 묘.

※ 인천교구에 답동 주교좌 성당, 갈곶 순교 성지, 성모 순례지, 성체 순례 성지, 이승훈 베드로 묘, 일만 위 순교자 현양 동산, 제물진두 순교 성지, 진우영 순교 성지.

※ 전주교구에 고창 개갑 장터 순교 성지, 김제 순교 성지, 나바위 성지, 서천교 초록 성지, 여산 하늘의 문 성당, 전동 성당 순교 성지, 전주 숲정이 성당, 전주 옥 터, 천호 성지, 초남이 성지, 치명자산 성지.

※ 제주교구에 관덕정 순교 터, 김기량 순교 현양비, 대정 성지, 새미 은총의 동산, 용수 성지, 황경한 묘, 황사평 성지.

※ 청주교구에 감곡 매괴 성모 순례자 성당, 멍에목 성지, 배티 성지, 서운동 순교 성지 성당, 연풍 순교 성지.

※ 춘천교구에 강릉 대도호부 관아, 겟세마니 피정의 집, 곰실 공소, 광암 이벽 세례자 치묘 터와 생가 터, 금광리 공소, 묵호 성당, 소양로 성당, 순교자 라 파트리치오 신부 순교 터, 양양 성지, 임당동 성당, 죽림동 순교 성지, 춘천교구 주교관과 교육원, 포천 순교 성지, 행정 공소, 홍천성당.

이해인 수녀의 〈무명의 순교자 앞에〉이다.

「오래 전에 / 흙 속에 묻힌 / 당신의 눈물은 / 이제 내게 와서 / 살아 있는 꽃이 됩니다 / 당신이 바라보던 / 강산과 하늘을 / 나도 바라보며 서 있는 땅 / 당신이 믿고 바라고 / 사랑하던 님을 / 나도 믿고 바라고 사랑하며 / 민들레가 되고 싶은 이 땅에서 / 나도 당신처럼 남몰래 / 죽어가는 법을 / 잊혀지는 법을 / 배워야 하겠습니다 / 박해의 칼 아래 / 피흘리며 부서진 / 당신의 큰 사랑과 고통이 / 내 안에 서서히 가시로 박혀 / 나의 삶은 아플 때가 많습니다 / 당신을 닮지 못한 부끄러움에 / 끝없는 몸살을 앓습니다 / 당신을 통해 / 님을 더욱 알았고 / 영원한 끝을 만졌으나 / 아직도 자주 흔들리는 나를 / 조용히 붙들어 주십시오 / 얼굴도 이름도 모르는 / 거룩한 순교자여 / 오래 전에 /흙 속에 묻힌 당신의 침묵은 / 이제 내게 와서 / 살아 있는 말이 됩니다」

서양의 침략

대원군에 의한 천주교 박해인 병인박해는 1866년 1월부터 시작되어 6여년 동안 이어졌다. 천주교인들을 박해하는 중에 미국, 프랑스, 독일 상인 등 서양인들은 조선을 향해 군함을 이끌고 수시로 침입해 왔는데, 다음과 같은 여러 사건까지 발생한다.

첫 번째는 1866년 7월 미국 상선 제너럴셔먼호 사건이다. 제너럴셔먼호가 대동강을 거슬러 올라와 통상수교를 요구하다가 평양 군인들의 화공전술로 인해 배가 불타버린 사건이다.

두 번째는 1866년 10월의 병인양요이다. 병인박해로 프랑스 선교사 9명이 처형을 당하자 프랑스는 함대를 이끌고 강화도로 침공해 왔다. 프랑스는 선교사들을 죽인 책임을 묻고 조선과 수교통상을 목적으로 강화도에 침입한 것이다. 50여 일 간의 대치상황 속에서 강화도 민간인들이 수탈을 당했고, 강화도 외규장각에 있는 조선의 역사가 담긴 서책들이 프랑스로 약탈해 갔다. 그때 약탈해 간 서책들이 지금은 한국에 반환은 되었으나 임대형태로 반환이 된 상태라서 프랑스에 책 빌린 임대료를 내고 있다.

프랑스군은 조선을 청나라의 속국으로 얕잡아보고 강화도에 침입해 승승장구하다가 방심했다. 그 틈을 타서 호랑이 잡는 포수들과 몰래 잠입한 양헌수 장군의 활약으로 프랑스 군인 4명이 사살당하고 프랑스군은 퇴각한다.

세 번째는 1868년 오페르트 도굴 미수사건이다. 독일 상인 오페르트가 대원군 아버지 남연군의 무덤을 도굴한 사건이다.

오페르트는 충남 예산군 덕산면 소재 남연군 묘에서 몰래 시신을 훔쳐, 대원군과의 협상에서 시신을 이용해 자신들에게 유리하게 하려고 했다. 오페르트는 남연군 묘를 찾기 위해 서양 선교사와 교우들의 도움을 받았다. 그러나 석회 덩어리로 무덤 가장자리를 막아놓아 쉽게 팔 수가 없었다.

오페르트는 서산 앞바다에 배를 묶어 놓았는데 썰물 때가 되어 갯벌에 배가 떠 있으면 도망칠 수가 없었기에 시간을 끌고 있을 수 없었다. 오페르트는 시신을 쉽게 가져갈 것으로 예상했지만 입구에서부터 들어갈 수가 없었고, 마음이 급해져서 남연군 묘를 도굴하려다 포기하고 도망쳐간다.

대원군은 이 사실을 알고 분노가 폭발해버렸다.

네 번째는 1871년 신미양요이다. 미국은 5년 전 제너럴셔먼호가 불타버린 사건을 빌미로 군함을 이끌고 경기도 남양 풍도 앞바다에 정박했다. 미국은 조선에 강제통상을 요구하면 쉽게 교섭에 응할 것으로 기대했으나 조선군의 극렬한 저항으로 퇴각한다.

미국은 다시 초지진에 상륙했는데, 이 격전에서 조선군은 이재연 등 53명이 전사하고 많은 부상자가 나왔다. 하지만 조선 정부는 미국이 보낸 특파 대원의 접견을 거절하고 저항했다. 미국 군함은 저항하는 조선군을 뒤로하고 되돌아간다.

야사에 의하면 미군들은 전투에서는 이겼으나 커다란 공포에 짓눌렸다.

전투 중에 조선인들은 상투가 풀어져 헝클어진 기다랗고 시커먼 머리카락이 얼굴을 휘감긴 채로 달려들었으며, 무서운 모습으로 고함치고 돌을 던지며 흙까지 뿌려댔다. 미군이 보기엔 인간이 아니라 무섭고 사나운 괴물이나 맹수처럼 보였다 한다. 조선인들 또한 노랑머리에 뾰족한 코와 파란 눈동자를 한 서양인이 대포를 쏘며 쳐들어오니까, 유령을 만난 듯, 도깨비를 만난 듯 제정신이 아닌 상태에서 죽기 살기로 이판사판 저항했다고 한다.

이런 여러 가지 사건들을 계기로 일단 서양세력들은 물러났고, 대원군은 서양놈들 별 것 아니라며 통상수교 거부정책, 일명 쇄국정책(鎖國政策)을 더욱 강화하였다.

전국 각지에다 바위(높이 120cm, 폭 45cm, 두께 21cm)에 글을 새겨 〈척화비(斥和碑)〉까지 세우게 된다. 병인년에 시작하여 신미년에 완공했다.

척화비 비문에는 「서양 오랑캐가 침범하는데 싸우지 않는 것은 화친하자는 것이고, 화친을 주장하는 것은 나라를 파는 것이니 이를 자손 만년에 경고하노라. (洋夷侵犯 非戰則和 主和賣國 戒我萬年子孫 丙寅作辛未立)」라는 글귀가 적혀 있다.

급변하는 세계정세에 맞춰 적극적인 개혁개방을 통해 통상외교를 해야할 절박한 시기에, 대원군에 의해 조선은 통상외교의 문을 꽁꽁 잠가버리고 만다.

09

조선의 멸망

민비^(명성황후)의 등장

고종의 나이 15세에 고종은 자기보다 한 살 많은 민자영과 결혼한다. 대원군은 순조, 헌종, 철종 등 왕들이 외척들에 의해 휘둘리는 60여 년의 세도정치 폐단을 보면서 다시는 외척세력들이 판치지 못하게 하려고, 고종의 비만큼은 외척세력이 없는 집안을 찾던 중 민자영을 찾았다.

민자영(1851~1895)은 여흥민씨 집안의 딸로 어릴 때 아버지를 여의고 홀어머니만 있는 외동딸이었다. 대원군이 판단하기에 이쯤 되면 외척들이 설칠 일은 없을 것이라 여겼으나, 민자영이라는 한 여인을 보지 못했고, 잘못 찾아도 한참 잘 못 찾았다.

그녀는 갑자기 중전으로 발탁되어 신데렐라가 되었으나 고종은 이미 9살 많은 유모와 사랑에 빠져 있었고, 민비보다 먼저 고종의 아들까지 낳았다. 거기다 대원군인 시아버지의 간섭도 지나치게 심했다.

민비는 첫아들을 출산 직전 유산을 했는지 출산은 했는지 정확히 모르겠으나 첫아들은 바로 죽었다. 둘째 아들이 태어났는데 항문 구멍이 막혀 있는 것을 출생 후 5일 만에 발견했다. 야사에 의하면 항문이 막힌 것을 발견하고 알렌이란 서양 선교사가 간단하게 수술을 하면 된다 하였지만, 대원군은 어찌 앞으로 왕이 될 세자에게 칼을 댈 수 있느냐며 신생아에게 산삼을 달여 먹였다고도 하고, 반대로 민비가 어찌 귀한 자식에게 칼을 댈 수 있느냐고 안 된다고 했다고도 한데, 명확한 것은 알 수 없었고, 결국 둘째 아들도 죽었다. 그 이후에 셋째 아들 순종이 태어났으나 발육이 많이 늦었다고 한다.

민비는 어릴 때부터 아주 총명했으며 사리 판단이 빠르고 정치적 감각도 뛰어났다. 고종과 대원군으로부터 별다른 관심을 받지 못하고 자식들도 죽어버리는 수난을 겪자, 방안에서 중국의 정치사 등 여러 방면으로 많은 서적을 통해 공부하며 세계정세도 파악해 나갔다. 많은 고난을 겪은 후 여러 해를 보내고 고종의 환심을 사게 된다.

고종의 나이 22세(1873년)에 민비는 언제까지 아버지 그늘에만 있을 거냐며 이젠 성인이 되었으니 스스로 독립해서 정권을 잡으라고 종용했다. 그때 똑똑하다는 유생 최익현까지 나서서 대원군에게 종친의 정치 참여를 금지하라는 상소문까지 올렸다.

이리하여 대원군은 아들을 대신한 10년 간의 섭정을 그만두고 하야하게 되는데, 고종이 왕권을 잡자마자 민비가 권력을 휘두르며 왕 노릇을 한다.

대원군이 그토록 노심초사했던 외척세력들은 기가 막히게도 다시 득세했으며, 여흥민씨 가문은 완전히 권력을 장악하면서 안동김씨 세도정치를 빼쳐버렸다. 1895년 을미사변(乙未事變)으로 민비가 죽을 때까지 민씨 척족 정권은 부패정치의 온상이 되어 온갖 만행을 저지른다.

대원군이 양반들에게 부과했던 여러 가지 세금도 없애버리고 다시 매관매직이 성행해 돈을 내고 나라의 직책을 샀다. 그뿐 아니라 나라의 주요 요직은 민씨 일가가 독차지했다.

과거시험은 보통 1년이나 2년에 한 번 보던 것을, 일 년이면 몇 번씩 보고 합격자 숫자도 엄청나게 늘렸다. 과거시험 응시자에게서 돈을 받고 합격을 시켰다. 많은 돈을 내면 대과에도 합격을 시켜줬다.

이런 돈들은 국고로 들어간 것이 아니라 민비 왕실로 들어갔고, 민비의 사치는 기염을 토할 정도였는데, 국고를 물 쓰듯이 써버렸다. 그 당시 국고가 약 450만 냥 정도였는데, 사촌오빠를 치료해준 선교사에게 20만 냥, 선교사 결혼식엔 100만 냥, 무당을 불러들여 사흘이 멀다 하고 굿판을 벌였다. 한 번씩 굿을 할 때마다 몇 십만 냥 등 대원군이 십 년 동안 노력해서 쌓아둔 많은 국고를 1년도 안 되어 다 탕진해 버렸다.

민씨 일족은 백성들에게 온갖 만행을 저질러 민씨 성만 가지고 있어도 백성들은 벌벌 떨 정도였다. 그중에서도 국고에서 빼돌린 돈으로 부를 축적한 민형익의 재산은 상상을 초월했다.

강대국들은 세력을 확장하며 세계정세는 급변하고 있는데, 대원군은 통상수교 거부정책으로 일관하다가 고종이 문호를 개방하여 개화정책이라고 펼치긴 했으나, 민씨 세력은 일본, 청나라, 러시아 사이에서 국익을 위해 외세를 끌어들인 것이 아니라 자신들의 정권 유지를 위한 수단으로 줄타기 외교를 하고 있었다.

이러한 조선을 현미경으로 들여다보듯 살피면서 청나라, 일본, 러시아는 촉각을 곤두세웠다. 누가 먼저 주도권을 잡고 어떤 방법으로 조선을 삼킬 것인가, 물밑에서 첨예하게 부딪히며 각축전을 벌이고 있었다.

열강들의 조선 삼키기

  일본은 1875년 9월 20일 일본 군함 운요호의 강화해협 불법 침입으로 발생한 운요호 사건을 트집 잡더니 1876년 강화도조약을 체결했다.

  강화도조약은 국가와 국가 간의 대등한 조약이 아니라 불평등조약을 넘어 수탈조약이었다. 모든 조항은 일본의 입맛에 맞게 일본에 유리하게 설계되었다. 일본은 군사력까지 동원해서 조선과 강압적인 방식으로 12개 조항의 조약을 체결했다.

  강화도조약의 주요 내용은, 치외법권이라 하여 일본인과 조선인 사이에 범죄가 발생하면 일본 자국의 법에 따라 판결을 내리고, 부산 외에 인천과 원산 항구를 개항하여 통상해야 하며, 조선에서 일본 화폐 통용과 무관세 무역을 인정하고, 일본이 해양측량을 할 수 있도록 허용한 것이다.

  또 다른 개화정책으로 1881년 국방을 강화하고 근대화하기 위해서 양반 자녀 80명을 선발해서 별기군이란 신식 군대를 창설한다. 일본공사관에 있는 호리모토를 별기군 교관으로 초빙하여 서양 신식 군사훈련을 시작하였다. 신식 장총에, 신식 군복에, 월급도 많이 받으며, 구식 군인들과 다르게 별기군은 아주 특별대우를 받는다.

찬밥 신세가 된 구식 군인들은 심하게 차별대우를 받았고, 심지어 월급도 나오질 않았다. 그러다 13개월 만에 밀린 월급이라고 나온 쌀은 대부분 썩어 있었고, 겨와 돌멩이까지 잔뜩 섞인 채 지급되었다. 끓어오른 분노를 더 이상 참지 못한 구식 군인들이 반기를 들고 일어났는데, 이것이 1882년(고종 19년) 임오군란이다.

임오군란이 일어나자 민비는 난을 피해 충청도로 도망쳤고, 구식 군인들에 의해 대원군이 다시 집권한다. 민비는 청나라에 도움을 요청하고 청나라 군대가 들어와 사태를 진압하면서, 민비는 50일 만에 다시 궁으로 돌아온다. 임오군란을 피해 도망쳐 있을 때 민비는 무당에게 내가 다시 궁으로 들어갈 수 있겠느냐고 물었고, 무당은 50일 후면 들어갈 수 있다고 했고, 그 예측은 정확했다. 이때부터 민비는 걸핏하면 무당에게 의지하며 사흘이 멀다 하고 궁 안에서 무당을 불러 무당이 부르는 대로 돈을 주며 굿을 했다.

임오군란으로 조선에 도움을 준 청나라의 내정간섭은 도를 지나치리만치 심해졌고, 대원군은 청나라에 붙잡혀 가서 3년 동안 온갖 수모를 당한다.

민비는 상대방의 사람도 자기편으로 만들어 버리는 탁월한 재주를 가졌다. 대원군의 처남 민경오, 대원군의 친형 이최응까지 영의정으로 앉혀 자기 사람으로 만들었는데, 둘 다 임오군란 때 구식 군인들에 의해 살해당

한다. 민경오는 끓어오른 분노를 참지 못한 군인들에 의해 밟혀서 창자가 터져 죽고, 이최응은 항문으로 들어간 창을 입으로 빼내서 죽였다고 한다.

민생을 돌보는 국가는 존재하지 않았고, 나라에서 온갖 방법으로 수탈해가고, 모든 관직을 돈으로 사고 팔며 군인들까지 홀대함으로 인해, 백성들은 더 이상 견딜 수 없는 상태가 되어버린 것이다.

임오군란 이후 청나라는 군대를 철수시키지 않고, 종주권을 주장하면서 외교권까지 장악하려 하였다. 심지어 '조선은 청국의 속국'이라는 구절을 공공연히 남대문에 붙이기까지 했다. 그러나 민씨 세력이 지배한 조선은 청국의 조선 속방 정책에 순응하며, 나라의 독립이 크게 침해되고 자주 근대화가 저지되는 것은 신경도 쓰지 않고 자신들의 사리사욕을 채우기에만 급급했다.

이에 반기를 들며 급진개화파들인 서재필, 박영효, 김옥균, 홍영식, 서강범 등이 1884년(고종 21년) 갑신정변을 일으킨다. 조선 민족이 개혁을 단행하기에 비교적 적절한 시기였다. 중세 국가체제를 청산하고, 자주부강 근대 국가를 건설하려 한 첫 번째 가장 적극적인 근대화 운동이었다.

갑신정변은 한국 근대사의 개화운동의 방향을 정립하였고, 모든 외세의 자주권 침해와 침략에 대한 저항, 국가독립의 추구가 본질을 이루었다.

하지만 민비는 청나라와 내통하고 있었고, 일본공사 다케조에는 그동안 적대적이던 태도를 완전히 바꿔 급진개화파들에게 적극적인 호의를 보이면서, 공사관 병력 150명과 일화 3백만 엔을 빌려주겠다고 약속했다가 시간이 갈수록 급진개화파들이 청군에 밀리니까 도망쳐 버렸다.

급진개화파들은 급하게 일을 추진하느라 여러 가지 면에서 치밀한 계획이 부족했고 지나치게 개혁적이었다. 조선인들이 극도로 싫어하는 일본의 개혁을 따르려고 했다는 점도 문제점으로 드러나면서, 아쉽게도 갑신정변은 삼일천하로 끝나버렸다.

김옥균, 박영효, 서광범, 서재필, 변수 등 9명은 일본으로 망명하고, 홍영식, 박영교 등 사관생도 7명은 청군에게 피살되었다. 그 뒤 국내에 남은 개화당들은 민씨 세력들이 색출해서 수십 명이 피살되고 개화당은 몰락하였다.

동학농민운동과 청일전쟁

구조적 모순을 안고 출발한 조선은 경제가 발전하기엔 한계가 많아 당파싸움이 그치질 않다가, 순조 때부터 세도정치가 판을 치면서 백성들의 삶은 피폐해졌다. 전국에서 수시로 수많은 민란이 이어졌는데 부패한 민씨 척족 정권에 시달리던 농민들은 연명하며 살 수가 없었다.

거기에 더하여 항구까지 개항하여 일본으로는 엄청난 양의 곡식이 헐값으로 팔려나갔다. 일본은 산업혁명이 일어난 초창기라서 쌀이 턱없이 부족했는데, 조선에서 실어온 쌀로 부족분을 충당했다. 이리하여 조선사람들은 먹을 식량이 턱없이 부족해졌다.

이를 방지하기 위해 함경도와 황해도에서 방곡령(防穀令)을 시행했다. 그런데 일본은 절차상의 문제를 트집 잡아 오히려 막대한 배상금까지 조선에 요구했다. 민생을 돌보지 않고 있던 조선 정부는 일본에 바치는 배상금을 충당하기 위해 농민들에게 또다시 과도한 세금을 부과했다.

빈곤에 시달릴 대로 시달리다 지쳐버린 농민들은 1894년 갑오 농민전쟁

(동학농민운동)을 일으킨다. 농민들이 봉기를 일으킨 목적은 신분철폐, 조세개혁, 토지개혁으로 인간답게 살 수 있는 최소한의 생계를 유지할 수 있게 해달라는 요구였다. 그러나 조선 정부는 농민들의 고통을 외면했다.

성난 민심을 달래기 위해 농민들과 협상을 해서 수습책을 마련해야 했음에도 불구하고, 협상을 거부하고 어처구니 없게도 민비는 다시 정권이 위태로워지니까 청나라에 도움을 요청했다.

조선으로 다시 청나라 군대가 들어오게 되는데, 그 전에 맺어둔 텐진조약을 빌미 삼아 일본군까지 또다시 조선으로 들어온다. 텐진조약은 청나라와 일본 두 나라 중 어느 한 나라가 조선으로 군대를 파견하면 다른 나라도 같이 들어간다는 조약이다. 동학 농민들은 자기들의 의도와는 다르게 청나라와 일본이란 외세가 들어왔으므로 철수한다. 조선 정부는 농민들이 철수했으니 청나라와 일본은 이제 우리나라에서 나가 달라고 하였으나, 일본군은 오히려 이 기회를 놓칠세라 경복궁을 점령한다.

청나라와 일본 두 나라는 다시 충돌했고, 1894년 조선에서 청일전쟁이 일어난다. 동학 농민군은 나라를 지키기 위해 다시 집결했는데, 조선 군인은 기가 막히게도 일본군과 합세하여 나라를 지키고 있는 동학군에 맞서 싸웠다. 국가는 이미 통치권을 포기해 버렸다.

동학군은 공주 우금치에서 신무기로 무장한 일본군에게 몰살당해버린다. 청일전쟁에서 승리한 일본은 내친김에 청나라까지 진격하여 청나라의 요동 반도까지 빼앗았다. 일본은 조선을 짓밟고, 요동 반도를 발판 삼아 동아시아를 집어삼킬 야욕을 품고 있었다. 이때 시베리아 횡단 철도를 건설 중이던 러시아는 이를 못마땅하게 여겨, 러시아, 프랑스, 독일, 삼국과 힘을 합세해 삼국의 간섭으로 일본은 요동 반도를 다시 청나라에 되돌려준다. 일본의 야욕은 요동 반도를 빼앗기면서 무산되었다.

급변하는 조선

동학농민운동 발발 후 청과 일본의 대립 관계 속에서 갑오개혁이 추진된다. 갑오개혁은 1894년 7월부터 1896년 2월 사이에 김홍집을 중심으로, 일본의 지지를 받은 개화파 내각에 의해 추진된 개혁운동을 이르는 말로 갑오경장이라고도 한다.

내정 개혁 추진 기구로 군국기무처가 설치되고 1차, 2차, 3차에 걸친 개혁을 한다. 동학농민들이 제기한 요구도 부분적으로 수용하였으나, 일본의 내정간섭 속에 일본의 이익을 보장하는 내용의 개혁도 상당 부분 존재한다.

청나라와의 사대 관계를 완전히 단절하고 종친과 척족의 정치 참여 금지 등 국왕의 간섭을 받지 않는 개혁사업의 기반이 만들어진다. 갑오개혁의 대표적인 내용은 신분제 폐지, 죄인 연좌법 폐지, 과부 재가 허용 등이 있으며 봉건적 관습이 폐기되었다. 화폐개혁, 행정구역 통폐합, 근대적인 군사, 경찰 제도 확립, 사법제도 근대화, 단발령 등 조선 봉건사회의 모순을 해결하고, 부국강병의 근대국가 수립을 목표로 하였다.

하지만 민족적 과제를 해결하는데 일본의 압력을 받아 개혁이 예속적 관계에서 추진되었고, 이 개혁운동은 일제 식민지배의 길을 열어주었다.

한편 강대국들이 벌인 각축전을 지켜본 민비는 일본이 요동 반도를 차지하였으나, 삼국의 간섭으로 다시 러시아로 반환하는 것을 보면서 러시아의 힘이 막강함을 알게 된다. 민비는 일본의 지나친 간섭도 경계하고 힘이 센 러시아를 통해 나라를 지켜야겠다는 판단으로 러시아에 손을 내밀었다.

그러나 조선을 먹기 위해 작업 중이던 일본은 이를 놓치지 않았다. 러시아를 끌어들인 민비를 향해 "저 여우를 죽이자, 늙은 여우 마녀사냥을 하자."라며, 기습적으로 쳐들어와 일본 낭인(浪人)들이 민비를 죽여버린다.

수십 명의 일본 낭인들이 치밀하게 계획을 세워 대원군이 민비를 죽인 것처럼 가장했다. 한밤중에 대원군을 강제로 가마에 태워 민비가 잠자고 있는 경복궁으로 데려왔고, 대원군은 잠자다 말고 누군가 깨워서 새벽 2시쯤 경복궁의 한쪽 뜰 가마에 앉아 있었다. 민비는 새벽 5시에서 6시 사이에 죽인 것으로 추정된다. 민비를 죽인 일본 낭인들의 주도세력은 최고의 교육을 받은 일본 엘리트들이었고, 민비시해사건 이후 일본에서 승승장구 출세 가도(街道)를 달렸다. 이것이 1895년 민비 시해사건인 을미사변이다.

고종은 민비 장례식을 바로 하지 않고 2년 후인 대한제국이 설립되고 나서 행하였다. 대한제국이 설립됨으로써 고종은 황제란 칭호를 받았고, 민비는 명성황후라는 칭호를 받아서, 을미사변은 명성황후 시해사건으로 그 칭호가 바뀐다. 그 이후 일제에 항거하는 민란은 전국 곳곳에서 수시로 일어났다.

　나라의 국모로서 체통을 지키지 못하고 국익을 해치며 민생을 돌보기는커녕 국고만 낭비했던 여인이다. 아무리 그렇더라도 엄연히 국가가 존재하고, 한 나라의 국모를 다른 나라에서 쳐들어와 잡아 죽였다는 것은 있을 수 없는 나라의 치욕이었다.

　조선은 이미 일본에 지배당하며 패망의 길을 걷고 있었다.

　민비가 죽고 나서 고종은 자기도 죽을까봐 두려워 1896년 아관파천(俄館播遷)이라 하여 러시아 공관으로 도망을 쳤다. 첨예하게 대립하는 외교 전쟁에서 공짜는 더더욱 있을 수 없다. 조선은 동학농민운동을 제압하기 위해 청나라의 도움을 요청하고 청나라의 지나친 간섭에 시달렸는데, 이제는 러시아가 조선의 왕을 보호해 준다는 명분으로 온갖 이권을 침탈해 갔다.

　이에 질세라 청나라와 일본도 수호 통상조약의 조문을 내세워 조선에서 온갖 만행을 저질렀다. 그렇지 않아도 피폐할 대로 피폐해진 조선 백성들의 삶은 약탈자 청나라, 일본, 러시아 3국에 의해 무법천지가 되어가고 있었다. 이를 지켜보고 있을 수만 없었던 독립협회는 제발 고종에게 러시아 공관에서 나와 궁으로 환궁하라 했고, 충고를 받아들여 고종은 일 년 만에 경운궁(덕수궁)으로 다시 돌아온다.

　고종은 환궁한 후 1897년 나라의 국호를 조선에서 대한제국으로 바꾼다. 태조 이성계가 나라를 세운 지 505년 만에 조선에서 대한제국으로 이름이 바뀐 것이다. 대한제국은 자주독립 국가임을 밝히고 왕권 강화 움직임이 두드러졌다. 근대적인 토지 소유 문서가 작성되는 양전 사업 등, 광무개혁이라 하여 여러 가지 개혁을 시도했으나 미미했다.

이런 움직임은 독립협회의 거센 저항을 받았다. 서재필 등이 독립협회를 만들어 한 개인에게 나라의 모든 권력을 주면 나라가 위태로울 수 있으니까, 백성들에게 나라의 주권이 가도록 의회를 설립해야 한다고 주장하였다. 1898년 정치 일번지 종로에서 많은 민중을 모아놓고 만민공동회를 개최했고, 의회 개설을 주장하였으나 정부 탄압은 노골적이었다. 황국협회를 만들어 독립협회를 해체해 버렸고 왕권의 전제화 경향은 더욱 커졌다.

1904년 드디어 일본은 러일전쟁을 일으킨다. 일본은 10년 전 러시아에 의해 요동 반도를 빼앗긴 굴욕을 씻기 위해 힘을 키웠고, 러시아를 견제하던 미국과 영국도 자국의 실리를 따져 일본을 도와준다. 러일전쟁은 일본의 승리로 끝이 난다. 러시아와 일본은 포츠머스조약을 맺고, 러시아는 대한제국에서 완전히 물러나게 된다.

대한제국은 국외 중립을 선언했으나 일본의 위협으로 한일의정서(韓日議定書)를 체결했다. 한일의정서 체결에 반대한 이용익을 납치하여 일본으로 압송하고 육군참장, 육군참령은 연금한 뒤, 외부대신 이지용과 일본공사 하야시 사이에 전문 6조의 한일의정서가 체결되었다.

일본은 한일의정서에 근거해 군사적 목적을 위해 조선의 광대한 토지를 군용지로 점령했고, 통신기관도 군용으로 강제 접수했다. 그리고 대한제국은 러시아와 체결했던 모든 조약을 폐기한다고 선언했고, 경부선, 경의선의 철도부설권까지 일본에 제공했다.

허울만 남은 허수아비가 되어버린 대한제국, 이미 일본에 의해 빼앗겨버린 나라에 백성들의 모든 꿈과 희망은 실체 없는 허상이 되어갔다.

일제의 강제병합

1905년 을사늑약(乙巳勒約)으로 대한제국은 일본에 의해 외교권을 박탈당하고 한반도 통치를 위해 통감부까지 설치한다. 초대 통감으로 1905년 11월 이토 히로부미가 파견되어 왔다.

일본은 군사를 동원해서 고종을 위협하며 강압적인 태도로 한일협약에 서명하라고 종용한다. 대한제국은 고종의 것이었기에 고종의 승인만 있으면 나라를 빼앗을 수 있었다. 하지만 고종은 을사늑약에 도장을 찍지 않았고 조정의 대신들에게 권력을 위임했다. 을사늑약이라고 하는 문서는 여러 가지 면에서 무효라는 주장도 있으나 제국주의의 강압에 의한 협약으로 무기력, 무능력한 대한제국은 꼼짝없이 일본에 당해야만 했다.

이때 이토 히로부미를 가장 적극적으로 도와주며 조선을 팔아먹은 매국노가 있었으니 그가 바로 역사에 길이 남을 그 유명한 이완용이다. 을사오적(乙巳五賊)으로 이름을 올린 이들이 이완용, 이근택, 이치용, 박제순, 권중현이다. 1907년 정미7 조약을 맺고, 1910년 한일 강제병합으로 경술국치를 당해 일본의 식민지가 되기까지 매국노 이완용의 적극적인 활약이 있었다.

고종은 1907년 을사늑약의 부당함을 알리기 위해 네덜란드 헤이그에서 열리는 만국평화회의에 이준, 이상설, 이위종, 3인의 헤이그 특사를 파견했으나 특사들은 문전박대 당했다. 열강들은 이미 일본에 의한 조선 지배를 인정한 상태에서 아무런 힘도 없는 조선인들을 철저히 무시했다.

일본은 외교권도 없는 고종이 헤이그에 특사를 파견하는 나쁜 반역행위를 했다 하여, 고종을 폐위시키고 1907년 7월 마지막 왕 고종의 아들 순종을 꼭두각시 왕으로 둔다.

일본은 청일전쟁에서 요동 반도를 차지하였으나 삼국간섭으로 다시 요동 반도를 빼앗겨야 하는 수모를 당해봤던 터라, 조선을 빼앗기지 않고 완전히 먹기 위해선 좀 더 치밀하게 계획을 세워야 했다.

그리하여 밑작업으로 1905년 일본은 미국과 가쓰라-태프트 밀약을 한다. 미국은 필리핀을 먹고 일본은 조선을 먹기로 약속한 것이다. 그리고 다시 영국과 2차 영일동맹을 맺어, 영국은 인도를 먹고, 일본은 조선을 먹기로 강대국들과 뒷거래를 완벽하게 끝낸다.

일본은 1909년 7월 조선에서 사법권까지 완전히 빼앗아버리고 군대를 해산시켰다. 1910년 8월 29일 이완용이 한일병합조약(韓日倂合條約)에 서명하고, 조선의 518년 역사는 치욕으로 얼룩진 35년간(1910~1945)의 일제강점기(日帝强占期) 일본의 식민지가 된다.

한국에 대한 일본의 식민정책은 사회 경제적 수탈에 그치지 않고, 민족의 말살까지 목표로 했다는 점에서 가장 폭압적이고 악랄한 것이었다. 일제는 역사 왜곡을 통한 정신문화의 개조, 한국어 사용 억제, 민족문화유산 파괴를 서슴지 않았다.

나라를 빼앗기기까지 백성들의 원성은 하늘을 찔렀고 의병들이 일어났다. 일본은 이런 의병세력의 뿌리를 완전히 제거해야 한다면서 극악무도하게 진압했다. 나라를 빼앗긴 설움에 자결을 한 사람들도 많았고 살아남은 의병들은 항일독립투쟁을 위해 만주 등지로 도망쳐 줄기차게 독립운동을 이어갔다. 독립투사 안중근(토마스, 1879~1910)은 황해도 해주 출신으로, 1909년 10월 26일에 초대 통감 이토 히로부미가 러시아에 온다는 소문을 듣게 된다.

안중근은 이토 히로부미가 하얼빈 역에서 내려 걸어오는 걸 발견했고, 미리 준비해 간 총으로 두 방을 쏘아 이토 히로부미를 죽였다.

조선 민중들의 분노가 대표적으로 표출된 사건이다.

안중근은 그 자리에서 큰소리로 "대한 독립 만세!"를 외치며 체포되어 만주에서 재판을 받고 일본으로 송환되었다. 1910년 2월 14일 사형선고를 받고 3월 26일 형장의 이슬로 사라진다.

순국하기 10여 일 전인 3월 10일쯤 빌렘 신부와 면회하며 고해성사와 미사 봉헌을 하는 등 마지막까지 신앙인의 모습을 보였다. 안중근 의사의 유서 일부에는 '대한 독립의 소리가 천국에 들려오면 나는 마땅히 춤추며 만세를 부를 것이다.'

안중근 의사의 어머니 조성례 마리아는 3남 1녀를 두었는데 안중근은 장남이다. 자식을 향한 애틋한 사랑은 주님을 향한 기도 속에 묻어두고,

현세의 모정을 넘어선 무장된 애국의 정신으로, 일본 감방에 갇힌 아들 안중근에게 보낸 편지가 있다. 순교자의 믿음이 아니고선 쓸 수 없는 담대한 글이다.

「장한 아들아 보아라. 네가 만일 이 어미보다 먼저 죽는 것을 불효라고 생각한다면 이 어미는 웃음거리가 될 것이다. 너의 죽음은 너 한 사람의 것이 아니라 조선인 전체의 공분을 짊어지고 있다. 네가 항소를 한다면 일제에 목숨을 구걸하는 것이다. 네가 나라를 위해 이에 이른즉 딴 맘 먹지 말고 죽으라. 옳은 일을 하고 받은 형이니 비겁하게 삶을 구걸하지 말고 대의에 죽는 것이 어미에 대한 효도이다. 아마도 이 편지가 이 어미가 너에게 보내는 마지막 편지가 될 것이다. 여기에 너의 수의를 지어 보내니 이 옷을 입고 가거라. 어미는 현세에서 너와 재회하기를 기대치 않으니, 다음 세상에선 반드시 선량한 천부의 아들이 되어 이 세상에 나오너라.」

안중근 의사 동상 앞에 새겨진 이은상 시인의 글이다.
「조국이 기울어갈 제 정기를 세우신 이여 / 역사의 파도 위에 산같이 우뚝 선 이여 / 해와 달도 길을 멈추고 다시 굽어보시네」

2022년 12월 안중근 의사의 일생을 그린 영화 〈영웅〉이 개봉되었다.
안중근이 사형장으로 끌려가기 전 드리는 마지막 기도이다.
「대한 독립을 위해 하늘의 도우심을 청하는 조국애의 간절함을 담아 이 한 소절 바치겠습니다. 조국이 대체 우리에게 무엇입니까? 용기도 용서도 모두 주님 뜻을 따르겠습니다.」

지금까지 조선의 역사와 함께 한국천주교회의 태동에서부터 박해의 과정까지 살펴보았다. 역사를 통해 알 수 있듯이 지도자 한 사람의 가치관과 역량에 따라 국가의 흥망성쇠가 달려 있고, 백성들의 삶은 천차만별이 된다.

민심은 천심으로 전국에 흩어져 있는 국민들의 한 표 한 표가 모여 지도자가 나온다. 하지만 민생에는 관심이 없다가 선거 때만 되면 양의 탈을 쓰고 감언이설을 하며 표를 구걸하는 정치인들이 많다.

보수와 진보라는 이념에 갇혀 무조건 지지하는 우를 범하지 말고, 양의 탈을 쓴 이들에 휩쓸리지 않아야 한다. 진정으로 국민의 삶을 위해 일할 수 있는 진정한 지도자를 선출해야 국격이 바로 서고 선진국을 향해 나아간다. 한 사람의 지도자에 의해 국가의 운명이 달려 있기 때문이다.

나의 한 표의 소중함을 절실히 깨닫고 투표하기 전에 많은 자료를 찾아보고 리더로서의 얼마만큼의 역량을 갖추었는지, 정책 방향, 공약, 성장 과정 등 다방면으로 살펴서, 지도자가 될 사람이 얼마나 애민정신으로 무장되어 있는지를 신중하게 선택해야 한다. 이 점을 다시 한번 강조하고 싶다.

요즘 세계정세를 들여다보면, 갈수록 세계지도자들에게서 민주주의가 말살되어 가고 있는 것만 같은 두려움이 느껴진다. 권력을 사유화하고 자기 정권 유지를 위해 모든 역량을 쏟아붓는 경향이 강해지고 있다.

부디 지도자들은 주어진 권력을 자신의 탐욕과 불안을 없애기 위한 수단으로 이용하지 마시길, 인간적 깊이를 가지고 인류를 사랑하는 마음으로 공명정대(公明正大)하고 청렴하게 정치하시길, 기아로 고통받는 나라들과 부를 나누며, 환경오염으로 파괴되어 가는 지구를 살리는 정책을 펼쳐서, 하느님께서 창조하신 평화로운 세상으로 정진해주시길 간절히 기도드린다.

10

한국천주교
신앙의 자유

선교조약(宣敎條約) 체결

대원군이 하야하고 고종이 강대국들과 문호를 개방하면서부터, 청나라는 조선에서의 일본 세력을 견제하기 위해 조선 정부가 열강들과 통상조약을 맺을 수 있도록 적극적으로 개입한다.

그리하여 한국천주교회는 역사적 격동기인 개화 물결 속에서 그토록 바라던 신앙의 자유를 얻게 된다. 1882년 조선은 미국과 조미수호통상조약을 맺고 그 이후부터 독일, 영국, 러시아 등 14개 나라와 통상조약을 맺는다.

프랑스는 일찌감치 조선에 선교사들을 파견하고 순교자까지 나왔지만 다른 열강들보다 늦게 1886년 조불수호통상조약을 맺게 된다. 그 이유는 청나라와 프랑스는 베트남 문제로 갈등을 겪었는데, 조선과 프랑스가 조약을 체결하려고 할 때 청나라의 마건충이 교묘한 간섭이 있었기 때문이다.

조불수호통상조약은 영국과 맺은 조영수호통상조약을 모방한 것이었으나, 13개 조항 중 9조 2항에 '교회(敎誨)'라는 문자를 사용한 것이 특색이다.

이 조항은 프랑스의 요구에 따라 프랑스는 조선문화와 풍속을 익히고 조선은 프랑스문화와 풍속을 익혀서, 서로 모르는 것을 잘 가르치고 배워서 잘못된 것은 바로잡아야 한다는 뜻으로 교회라는 단어를 끼워 넣었다.

이 조항으로 두 나라는 서로 안전한 교류를 위해, 국가에서 연락을 취한 사람에겐 호패라는 여행권과 안내원도 한 명씩 보내 신변을 보장하도록 했다.

프랑스는 조불수호통상조약이 체결되자마자 천주교는 우리나라 문화이고 풍속이니까, 조선에 파견된 선교사들의 신변을 보장하고 여행권을 달라고 했다. 아직 조선에선 천주교인들의 박해가 간간이 진행 중이었으나 이 조약으로 인해 프랑스 선교사에게 여행의 자유가 주어지고 활동이 자유롭게 된다.

이때 대구와 안동 등지를 담당한 경상감사 정민식이 이런 정보를 받지 못했고, 수도복을 입고 다닌 서양 선교사 김보록 신부(로베르)를 잡아들였다. 경상감사는 김보록 신부에게 이곳은 공자의 제2의 고향이라 해서 유교를 숭상하는 신성한 곳인데, 어디서 감히 서양 신부가 서양 도복을 입고 설치고 다니느냐고 호통을 쳤다.

김보록 신부는 대구 교안에 연락해서 여행의 자유가 주어졌다는 걸 알아보라 했고, 당장 풀어주라는 명령을 받은 경상감사 정민식은 김보록 신부에게 온갖 기분 나쁜 행동을 다해가며 마지못해 풀어준다.

이에 화가 치민 김보록 신부는 매번 다닐 때마다 이렇게 법도 모른 사람과 상대할 수 없으니 똑똑한 사람으로 경상감사를 바꿔달라 했고, 결국 경상감사는 자기 직을 내려놓아야 했다. 마음대로 잡아다 죽여도 되는 천주교인들이었는데, 저 높은 벼슬인 경상감사 모가지가 나갔다는 걸 알게 된 지방 수령들은 천주교인들을 바라보는 시각이 완전히 바뀌게 된다.

1888년부터는 지방 어디에서도 선교사들이 그동안 신변 보호를 위해 입고 다녀야만 했던 천사의 날개인 상복을 벗었다. 그들이 자유롭게 수도복을 입고 선교할 수 있었으나 정부의 천주교 탄압은 아직 그치지 않고 있었다.

한국천주교회는 오랜 기간의 묵시적인 선교 허용 단계를 거친 후에 1895년에 고종의 유감 표명과 함께 천주교인들의 사면령이 내려지게 된다.

고종이 뮈텔 주교를 만나 대원군의 병인박해는 자기가 어린 나이에 아버지의 수렴청정으로 저질러진 일이었노라면서, 아버지를 대신하여 사과하노라고 유감을 표한다. 국법에 따라 순교자들을 처형했으니 순교자들의 죄도 풀어준다는 사면령을 내리고, 천주교와 조선 정부는 서로 잘 지내기로 하고 천주교를 공인한다. 1899년 3월 9일 한국천주교가 법적으로 인정된 교민조약(敎民條約)이 체결된다.

교민조약은 종현성당 주교관의 뮈텔 주교와 당시 내부 지방국장 정준시가 1개월 간의 교섭을 거쳐 체결한 전문 9개 조로 구성된 약정이다.

주된 내용은 선교사는 행정에 관여할 수 없고, 행정관은 선교사의 활동에 관여할 수 없다는 정교분리의 원칙을 제시하고 있으며, 아울러 교난이 발생할 때 주교와 내부지방 국장이 서로 협의하여 해결할 것도 밝히고 있다.

교민조약 성립 후 교회와 관청, 교인과 비교인 사이에 벌어지는 일은 모두 이 조약 정신에 의하여 타결되어야 했다. 이 조약 체결 후 정부는 전국 13도 관찰부에 교인(敎人)을 보호하도록 호령(號令)하였다.

그러나 그 뒤에도 이 조약을 어기는 일이 계속 발생하였고, 교회와 프랑스 공관 사이의 문제해결을 위한 시비가 잦았다. 지방관과 교회 당국자의 자율적 규제보다 국가권력에 의한 시책이 필요하게 된 것이다.

이러한 필요에서 프랑스 측이 교민범법단속의고(敎民犯法團束擬稿)라는 조약 초안을 우리 측에 제시하였고, 여기에 우리 정부가 호응한다.

1904년 프랑스 교회와 조선 정부 사이에 다시 선교조약(宣敎條約)이 체결됨으로써 완벽하게 우리나라에서 신앙의 자유가 보장되었다.

한국천주교가 신앙의 자유를 찾기까지

한국 순교자들이 외치던 함성, 울분, 오열은 이 한마디였다.

"왜 그리스도의 사랑을 알아보려고도 하지 않고 외면만 하십니까?"

순교자들은 인간의 의지로는 감당할 수 없는 고통을 참아 받았고, 그 믿음이 한국천주교회가 신앙의 자유를 찾기까지의 밑거름이 되었다. 순교자들은 생명 너머의 죽음을 이겼다. 죽음을 이긴 영생의 길, 구원의 길을 향한 확신은 믿음이었고 그 믿음은 하느님을 향한 사랑이었다.

선교사도 없던 시절에 한국순교 성인들이 주님 목소리를 들을 수 있었음은 한역서학서(漢譯西學書)가 지대한 공헌을 했다. 예수회 신부들이 중국에서 복음을 전파하기 위해 책을 통해 간단명료하게 천주교에 대한 핵심 교리를 설명했고, 이 책들은 북경을 왕래하는 부연사 일행으로부터 조선에 전해졌다. 우리나라 순교 성인들은 주로 천주교 교리서 『천주실의』, 인생 수양서 『칠극』, 성인들의 전기 『성년광익』, 복음 묵상서 『성경광익』, 『칠성사』, 심층적 교리서 『진도자증(眞道自證)』, 이단과 다양한 종류의 미신행위를 배척

하는『호교론서』및 교리서인『성세추요(盛世芻蕘)』, 그 외에『교우론(交友論)』,
『영언여작(靈言蠡勺)』, 『주제군징(主制群徵)』, 『기인십편(畸人十篇)』, 『만물진원(萬物眞原)』 등 다양한 천주교 서적을 읽었다고 한다.

조선의 지성인들은 국가의 가치이념인 성리학의 도덕적 관습에 회의를 느꼈고, 신분 사회의 모순과 대자연의 순리를 보면서 끊임없이 물었다.

우주의 시작과 끝은 어디이고 광활한 우주의 주체는 누구인가?

우리는 어느 방향을 향해 나아가야 하고, 사후의 세계는 존재하는가?

우리 인간이 추구해야 할 참된 진리는 무엇인가?

유학에 한계를 느끼고 참다운 진리를 찾기 위해 끊임없이 방황하고 갈망하던 중, 한역 서학서를 읽고 모든 만물의 근원이신 천지의 창조주 하느님을 만났다. 진리를 향한 타는 목마름으로 순수했던 영혼들은 예수님이 길이요, 진리요, 생명임을 깨달은 것이다.

신이 인간을 만들었는가? 인간이 신을 만들었는가? 어쩌면 인간의 두려움이 신을 만들었다고 말하는 철학자들도 있다. 지적인 지식에는 한계가 있다.

보이지 않고 들리지 않지만 볼 수 있고 들을 수 있는 통찰력이 있으면, 이치 밖의 이치인 내면의 눈과 귀를 통해 사물의 핵심을 꿰뚫어 볼 수 있다. 한국 순교성인들은 끊임없는 진리 탐구로 명확한 통찰력을 통해 하느님을 만났다. 우리 순교 성인들은 인간에게 주어진 생명에서 육신은 유한하나 영혼의 무한함을, 무상한 세상에서 오직 하나 하느님만이 힘의 주체이시고 근원이심을 깨달은 것이다.

맑은 영혼으로 한국순교 성인들은 채워도 채워도 채워지지 않은 진리를 향한 갈증을, 사랑이신 하느님 안에 머무를 때 충만하게 차오름을 깨닫고 방황을 접었다. 하느님 품 안에서 머무를 때 참된 행복을 느끼며 이 진리 안에서 영예로운 승리자로 이승의 삶을 마감하고 영원한 생명을 얻었다.

창조주이시며 유일신이신 하느님을 흔들림 없이 믿음으로, 혹독한 고문도 목숨까지도 기꺼이 바친 후에 자유를 향해 힘차게 날아간 것이다.

승자의 주머니엔 꿈이 있고 구름 위의 태양을 보는데 패자(敗者)의 주머니 속엔 탐욕이 있고 구름 속의 비를 본다고 한다. 우물 속 개구리와는 바다를 논할 수 없고 여름 곤충과는 겨울의 북풍한설을 논할 수 없다. 그들은 그가 사는 공간에 묶여 있다.

아우구스티노 성인이 성부, 성자, 성령의 삼위일체 신비를 이해하기 위해 고심하다가 어느 날 바닷가 백사장을 거닐고 있었다. 그때 한 어린아이가 바닷가 모래밭에서 구덩이를 파고, 조개껍데기로 바닷물을 떠다가 그 구덩이에 바닷물을 붓고 있었다. 아우구스티노 성인이 궁금하여 지금 무엇을 하고 있느냐고 물었다. 어린아이는 이 구덩이 속에 바다에 있는 물을 모두 다 옮겨 담는 중이라고 했다. 아우구스티노 성인이 그게 말이 되느냐. 넌 너무 어리석은 짓을 하고 있다고 했더니 어린아이가 말했다.

"제가 어리석은 줄은 아시면서 무궁무진하신 하느님의 신비로운 영역을 어찌 이해하려 드십니까? 삼위일체의 신비를 이해하기 위해 그토록 고심하는 당신은 더욱 어리석어 보이십니다."

아우구스티노 성인은 아찔함을 느꼈고 잠시 뒤에 돌아보니 어린아이는 보이질 않았다.

하느님의 영역은 인간이 감히 범접할 수 없는 신비로운 영역이다.

인간의 이성으로는 신의 신비를 짐작도 할 수 없고 그 영역은 감히 가늠조차 할 수 없다. 인간의 힘으로 이해되고 볼 수 있는 영역이 아니다.

이 글을 쓰는 동안 순교성인들을 통해서 그동안의 나의 삶을 돌아보았다. 지금부터라도 주님 앞에서 나의 거친 운명을 항변하기 전에 하느님의 뜻을 따라 모든 일에 감사하는 마음으로 살아야겠노라 다짐해본다.

누군가 이런 질문을 했다.

"지금 우리나라 사람들에게 순교하라고 하면 조선 시대 때보다 더 많을까? 적을까? 아니면 없을까?" 지금은 사제 수도자만 해도 엄청난 숫자이고 신자들은 몇 백만 명이다. 양적으로 따지면 당연히 많아야 하는데, 답은 독자들에게 묻고 싶다.

한국의 순교자들은 죽음의 순간에도 목숨을 구걸하지 않았다. 두려움 없이 초연한 자세로 당당하게 미소지으며 하늘로 향해 가는 얼굴에서는 빛이 났고, 믿지 않은 사람들에겐 큰 충격으로 다가왔으며 많은 의문을 남겼다.

103위 성인 중에 정의배(마르코, 1795~1866)가 있다. 그는 조상신도 섬길 줄 모르는 천주교는 인간을 해치는 나쁜 종교로만 알고 있었다. 착한 형이 천주교를 믿는 걸 알고 이단에 빠져 있다며 설득해도 안 되어서 어리석은 형을 업신여기며 구박했다. 형이 보고 있는 천주교 서적까지 모두 불태워 버렸는데 기해박해 때 인생이 완전히 뒤바뀌게 된다.

모방, 샤스탕, 앵베르 세 분 선교사들과 정하상 등 순교자들이 새남터나 서소문 형장으로 끌려가 죽음을 맞이하는 장면을, 군중 속에서 두 눈으로 똑똑히 지켜보면서 너무나 큰 충격에 휩싸였다.

'죽음 앞에서도 저토록 의연하고 당당할 수 있는 저 사람들의 힘은 도대체 무엇인가? 내가 천주교를 잘못 알았고 그동안 잘못 살았었구나.'

정의배는 마흔이 넘은 나이에 지금까지의 삶을 모두 정리하고 독실한 천주교인이 되었다. 베르뇌 주교의 명으로 한성에서 회장직을 맡아 예비자 교리, 냉담자 회두(回頭) 권면, 병자 돌봄, 고아들과 외로운 노인들을 돌보는 일 등 병인박해로 순교하기까지, 오롯이 하느님의 뜻에 순명(順命)하며 살아 있는 성자(聖者)로 일생을 바쳤다.

바오로 사도는 다마스쿠스로 가는 길에서, 예수님을 만나는 강렬한 체험을 하는 중 고백한다. "누가 나를 그리스도의 사랑으로부터 떼어 놓을 수 있습니까? 칼입니까? 환란입니까? 그 어떤 것도 나를 그리스도의 사랑으로부터 떼어 놓을 수 없습니다."

영생의 길에서 이승에서의 삶이란 무엇일까?
망망대해에서 어느 작은 섬에 잠시 잠깐 머무는 공간은 아닐까?
아니면 영원한 선상(線上) 위에서 출발점에 서 있는 것은 아닐까?
인생의 희로애락(喜怒哀樂)은 시간과 함께 바람처럼 사라져간다.
생각보다 짧은 것이 인생이고 무상하다.

죽음의 순간 혼(魂)과 백(魄)이 분리되어 백골은 사라지고, 영혼만이 날아가는 순간 주님 홀로 나와 동행하신다.

세상은 불안과 환란의 시대를 지나고 있고 때론 희망까지도 앗아가지만, 후퇴해 가다가도 하느님의 섭리에 따라 교묘하게 발전하고 진화해간다.

조선 후기에는 무참히도 천주교인들을 향한 박해가 심해 하늘에서는 먹구름 속에서 죽음의 비가 무자비하게 내렸으나, 암흑의 시기를 거쳐 한국 천주교회는 순교자들의 믿음을 밑거름 삼아 신앙의 자유를 찾았다.

11

파스카 신비와
미사(Missa)

파스카 신비

지금부터 한국순교 성인들이 순교할 수 있었던 믿음의 중심인 가톨릭의 핵심 교리, 파스카 신비에 대해서 간단하게 살펴보겠다.

탈출기에는 하느님께서 이스라엘 백성을 이집트 종살이에서 해방시키는 역사적으로 매우 특별한 의미가 있는 중요한 사건이 일어난다.

7년간의 기근으로 이스라엘 백성들이 이집트 종살이를 하게 되는데, 이스라엘 백성이었으나 이집트 충신이 된 요셉이 죽은 후부터 이스라엘 백성들은 이집트 왕 파라오에게 고된 노동으로 노예가 되어 400년 동안 혹사당한다. 하느님께서는 이스라엘 민족들을 이집트 종살이에서 탈출시키기 위해, 모세를 통해 10가지 재앙을 내리는 동안 파라오는 완악한 마음을 버리지 않았지만, 마지막 재앙인 모든 맏아들과 맏배를 죽이는 재앙이 닥칠 때 파스카 신비가 일어난다. 마지막 재앙인 이집트 땅에서 맏아들이 죽어 나갈 때 파라오의 맏아들도 죽는다. 자신에게 재앙이 닥치고 나서야 파라오는 완악한 마음을 돌려 이스라엘 백성들을 노예에서 풀어준다.

공포와 비명과 통곡이 이집트를 뒤흔드는 죽음의 밤, 그 밤에 모세는 이스라엘 백성들에게 명한다. "일년생 숫양이나 숫염소를 잡아 이 피를 문설주와 문 상인방에 바른 후, 고기는 불에 구워 누룩 없는 빵과 쓴 나물과 함께 서둘러 먹고, 남은 고기는 불에 태워라."

죽음의 공포 속에 이집트인들의 맏아들은 모두 죽었지만, 모세의 명을 따라 문에 어린양의 피를 바른 이스라엘 백성의 맏아들은 무탈하게 죽음이 거스르고 지나간다. 이스라엘 백성들은 파스카 신비로 이집트에서 탈출하고 홍해 바닷물이 갈라지는 하느님의 기적까지 체험한 후, 40여 년의 광야 생활로 혹독한 시련을 겪고 나서 젖과 꿀이 흐르는 가나안 땅에 정착한다.

파스카란 '거스르고 지나간다'라는 뜻이다. 이스라엘 백성들은 맏아들의 죽음이 거스르고 지나갔던 이집트에서 탈출한 날을 기념하기 위해 해마다 파스카 축제를 지냈는데, 아빕 달의 열네 번째 날(지금의 3월에서 4월로 추정된다) 저녁에 거행하였다. 그 바로 다음 날이 무교절로, 노예 생활의 아픔을 기억하기 위해 누룩 없는 빵과 쓴 나물을 일주일 간 먹었는데, 시간이 지나면서 이스라엘 백성들은 무교절과 파스카 축제를 함께 지냈다.

이스라엘 백성들이 해방되는 파스카 신비는 자신들이 힘들고 지칠 때마다, 하느님을 찾고 의탁하는 믿음의 구심점이 되었다.

구약에서 어린양의 피가 이스라엘 민족들을 죽음에서 구해주었다면, 성삼일의 파스카 신비에서는 무엇이 어린양의 피를 대신했을까?

인간은 에덴동산에서 쫓겨난 이후부터 원죄를 지니고 태어났다. 원죄를 지닌 인간으로 태어난 이상 바람 잘 날 없이 흔들리는 생로병사와의 투쟁하는 여정에서, 사는 것 자체가 죄라고 말할 정도로 인간은 죄라는 사슬에서 자유롭기가 어렵다.

마태오 리치 신부 저서 『천주실의』 편에서 언급했듯이, 본능에 따라 내일 걱정 없이 사는 동물과 달리, 인간은 이성과 영혼이 육신이란 옷을 입고 감정과 충돌하게 된다. 부와 명예와 권력에 대한 욕망을 넘어선 탐욕, 가난과 온갖 질병에서 오는 고난과 아픔, 자식을 비롯해 인간관계에서 오는 유혹, 집착, 배신감, 억울함, 분노와 상처, 매 순간 선택의 기로(岐路)에서 겪어야 하는 갈등, 미래의 불안과 위기의식 등 숱한 고난이 인간을 괴롭힌다. 때론 가시밭길, 폭풍의 언덕, 이름 모를 광야, 지뢰밭, 고독의 강까지도 건너가는 동안 자의 반 타의 반 죄가 동반한다.

따라서 하느님의 사랑 안에서 끊임없는 기도와 수양을 통한 각고의 노력이 필요하다. 인간의 휴식은 육신이 죽은 후 영혼의 세계에서 온전히 이루어진다고 한다.

인간이 죄에 묶여 있는 상태에서는 천상신비의 세계로 들어 올려질 수 없으므로, 육신이 죽고 영혼이 자유를 향해 날아가기 위해선 죄로부터 해방이 되어야 한다. 그렇다면 죄에서 해방되는 길은 무엇인가? 하느님은 인간이 죄의 사슬에서 풀려나 천상신비로 들어 올려질 수 있도록 다시 한번 파스카 신비를 통해 인간을 구원하신다.

그 파스카 신비가 바로 예수님의 피다. 예수님이 인간구원을 위해 속죄의 제물이 된다. 하느님은 당신 외아들인 예수님을 이 세상에 보내셔서 3년간의 공생활을 마치신 후에 인간의 죄를 대신 짊어지고 아들을 희생제물로 바치심으로 인간을 죄에서 해방시키신다.

어린 양의 피가 맏아들의 죽음을 거스르고 지나가 이스라엘 백성들이 이집트에서 해방되었다면, 예수님의 피가 인간의 죄로 인한 죽음을 거스르고 지나가 천상신비 세계로 들어 올려진 것이다.

예수님을 믿는 우리는 죄에서 해방되어 예수님을 통하여 영원한 생명인 구원을 얻은 것이다. 그래서 인간은 예수님을 통하지 않고선 천상세계로 들어 올려질 수 없다. 우리는 모든 기도 끝에 "우리 주 예수 그리스도를 통하여 비나이다. 아멘." 하면서 기도를 바친다. 예수님은 속죄 제물이요 희생제물로서 인간구원의 통로인 인류의 메시아, 구세주, 구원자이시다.

「나는 길이요 진리요 생명이다. 나를 통하지 않고서는 아무도 아버지께 갈 수 없다. 너희가 나를 알게 되었으니 내 아버지도 알게 될 것이다.」(요한복음, 14장 6~7절)

하느님께서는 외아들 예수님을 이 세상에 보내시면서 미지의 천상세계를 인간에게 좀 더 확실하게 보여주셨다. 파스카 성삼일 동안 예수 그리스도께서는 무덤에서 나와 사흘 만에 부활하셨다. 부활 후 살아 있는 형상으로 40일간 지상에 머무르시다 하늘로 승천하셨고, 그 후에 하느님의 영인 성령님을 우리 곁에 보내주셨다.

예수님을 따르던 열두 사도들도 나약한 인간이었고, 예수님이 십자가 고통을 당하며 마지막 숨을 거둘 땐 그토록 따르던 베드로마저 예수님을 부인해 버렸다. 그러나 제자들은 예수님께서 돌아가신 후 부활, 승천, 성령 강림까지를 직접 목격하면서 천상세계에 영원한 생명이 존재함을 확실하게 믿게 된다. 죽음의 순간 모두 순교의 영광을 얻었는데, 첫 번째 교황이 되신 베드로 성인은 예수님처럼 죽을 수 없다며 십자가에 거꾸로 매달려 순교한다.

가톨릭은 예수 그리스도의 최후 만찬부터 십자가상 죽음에서 부활까지의 3일 동안을 성삼일이라 하여 가장 거룩하게 지낸다. 성삼일은 성목요일, 성금요일, 부활성야(復活聖夜)까지다.

파스카 축제 성삼일을 특별히 중요하게 지내는 것은, 예수님께서 친히 세우신 칠성사(七聖事), 즉 성체성사, 세례성사, 견진성사, 신품성사, 고백성사, 혼인성사, 병자성사가 여기에서 기인하기 때문이다.

미사(Missa)와 사제(司祭)

구약에서 행하던 제사가 신약에서는 예수 그리스도가 십자가에 매달려 돌아가신 후부터는 미사(Missa)로 대신한다. 미사란 가톨릭교회가 하느님께 드리는 제사로 '보내다 파견하다' 라는 뜻을 지녔다.

말씀의 전례와 성찬의 전례로 이루어지는데, 예수 그리스도를 상징하는 성체(聖體)는 현존하신 그리스도의 몸이다. 사제가 "그리스도의 몸"이라 하면 신자들은 "아멘"으로 답하고 영해야 한다. 이천 년 동안 세계 곳곳에서 성체가 예수님의 살과 피로 변하는 기적이 때때로 일어났다. 이 기적을 통해서 살과 피로 변한 성체를 과학적으로 분석한 결과, 성체는 예수님의 신체 부위 중 심장 부분이며 혈액형은 AB형이었다.

성체성사를 통해 예수님은 "나는 하늘에서 내려온 빵이다. 이 빵을 먹는 사람은 누구든지 영원히 살 것이다. 내가 줄 빵은 곧 나의 살이다. 세상은 그것으로 생명을 얻게 될 것이다."라고 말씀하셨다. 로마서 3장 22절에서 「예수 그리스도에 대한 믿음을 통하여 오는 하느님의 의로움은 믿는 모든 이를 위한 것입니다. 모든 사람이 죄를 지어 하느님의 영광을 잃었습니다. 하느님께서는 예수님을 속죄 제물로 내세우셨고 예수님의 피로 이루어진 속죄는 믿음으로 이어집니다.」

그리스도의 몸인 성체(聖體)는 인간을 향한 하느님의 무한한 은총이며 영혼의 양식이다. 미사 때마다 우리는 그리스도의 몸인 성체를 영하고, 가톨릭 신자들은 매일 미사 전례로 제사를 바치고 있다. 주일미사는 신자들의 의무사항이므로 모두 준수해야 하며 더욱 성대하고 거룩하게 지낸다.

미사를 지내는 천주교 신부(神父)는 고해성사를 통해 인간의 고뇌와 고통을 신께 전달하고, 인간을 대표해서 예배하고 제사를 맡는다 해서 사제(司祭)라 한다. 사제를 통해 인간을 향한 하느님의 구원 섭리가 오묘하게 이어져 왔고 이어져 가고 있다. 사제는 길 잃고 방황하는 양들을 영원한 안식처로 인도하는 목자이다.

1517년에 루터가 종교개혁을 하면서 천주교와 개신교가 갈리게 된다.

개신교에서는 빵과 포도주를 먹는 의식인 성찬례(聖餐禮)와 성사(聖事)는 많이 버리고 오로지 성서, 은총, 신앙만 강조하고 있다. 예수님의 몸과 피를 상징하는 성찬례를 하지 않기 때문에 개신교 목사는 사제라고 부르지 않는다. 목사는 결혼도 허용된다.

신부는 세속의 삶에서 많은 부분이 제약을 받을 뿐만 아니라 일생을 독신으로 살아야 한다. 사제직을 올바르게 수행하기 위해 엄격한 수련과 생활이 뒤따라야 하며, 의식의 규정들을 익히고 제단, 성전, 경전을 보관하고 제구(祭具)를 잘 다루고 보존해야 한다.

사제는 주님의 소명(召命)을 따르기 위해 특별히 선발된 사람으로서, 하느님으로부터 부르심을 받는 사람들만이 갈 수 있는 특별한 은총의 길이다. 신부 지망자는 고졸 이상의 학력을 갖춘 미혼 남자로서 세례받은 지 3년이 경과한 뒤, 소속 본당 주임신부와 소속교구의 주교 추천을 받아야 신학대학에 입학할 수 있다.

언젠가 뉴스에서 성직자들의 행복지수가 가장 높았다는 연구 결과를 본 적이 있다. 세상 안에 살면서 예수님을 닮은 사랑과 겸손의 생활로, 모든 것을 하느님께 의탁하며 진리와 생명의 빛을 지향하며 살기 때문일 것이다.

그런데 어느 영성가가 환시 중에 사제관 창문 밖에는 사탄이 새까맣게 가득 붙어 있는 것을 보았다. 사탄은 한 사람의 사제를 무너뜨리면 수많은 영혼을 악의 세계로 끌어올 수 있으니까, 많은 영혼을 악의 구렁텅이로 끌어오기 위해 호시탐탐 사제들을 유혹하려고 기회를 엿보고 있다는 것이다.

우리가 사제들을 위해 기도할 때나, 순간 바치는 작은 화살기도라도 바칠 때마다 창문에 붙어 있는 사탄은 우수수 떨어졌다. 반대로 우리가 사제들의 부족한 모습을 보며 사제들을 향해서 비난하고 험담하는 순간, 수많은 사탄은 창문을 밀고 달려 들어가 사제를 유혹하며 못 견디게 괴롭혔다고 한다. 이 세상에 살면서 인간의 본성을 지닌 채 그 성향과 역행하여, 오로지 빛으로 살아야 하는 수도자의 삶이 결코 쉬운 길은 아닐 것이다.

21세기는 물질 만능이 되어 돈이 신 위에서 군림한다고 말할 정도로 신의 존재가 갈수록 희미해져 간다. 하지만 영화를 보다 보면 많은 관객을 끌어모은 대작일수록 결말은 정의의 실현이고 인간애가 살아 있었다. 신이 인간의 내면에 부여한 본능과도 같은 사랑은 인간에게서 죽지 않았다.

그리고 발달한 문명은 순수한 인간 영혼의 가치관을 흔들지만, 인간은 생명에 관한 유전자 조작은 할 수 있어도 잡초 한 포기도 만들 수 없다. 비와 바람 햇살과 구름 등 자연이 도와주지 않으면 생명은 나고 자랄 수 없다. 지구를 보존하고 생명을 유지하기 위해서 자연을 훼손하는 일은 되도록 삼가야 한다.

어떤 형태로 존재하는지도 알 수 없고, 광대무변한 우주의 공간인지 그 너머 미지의 공간인지는 알 수 없으나, 천상신비의 세계엔 영원한 생명, 영생(永生)이 존재한다.

하느님의 종으로 일생을 바쳐 청빈, 정결, 순명의 길을 걸어가는 사제, 수도자들을 위해, 그리스도인인 우리는 항상 열린 마음으로 존중해서 그분들의 고귀한 삶을 지켜 드려야 한다.

은혜로운 죄인

파스카 신비는 묵상할수록 그냥 가볍게 스쳐 지나갈 수 있는 이야기가 아니다. 예수님은 하느님의 외아들 신의 아들이시다. 예수님은 신성(神性)과 인성(人性) 둘을 다 지니셨다. 성부, 성자, 성령의 삼위일체(三位一體)의 신비를 우리 인간이 이해할 수는 없지만, 전지전능하신 신께서 당신의 하나밖에 없는 아들을 인간구원을 위해 속죄 제물로 내어주셨다.

이 부분을 부모와 자식의 관계 속에서 헤아려보고 싶다.

예수님은 공생활 동안 숱한 기적을 행하셨지만 태어날 때부터 마구간에서 태어나시고, 아버지이신 신의 뜻에 따라 33세 꽃다운 나이에 희생제물이 되어 처참하게 편태(鞭笞, 채찍과 몽둥이)를 당하고 손발이 못에 찔린 채 십자 나무에서 죽임을 당한다.

자식들을 낳아 키우다 보면 자식을 향한 정이란 본능적인 집착으로, 얼마나 질기고도 무서운지 자식으로부터 자유로워진다는 것은 피의 순교자와 같은 믿음이 아니고선 불가능하다. 신의 아들 예수님은 인간의 죄를 대신 짊어지기 위해, 인간이 당할 수 있는 모든 고통을 다 겪은 후에 십자가에 매달려 죽임을 당한다.

십자가에 매달려 죽기 전날 밤 예수님은 피땀을 흘리시며 동산에서 홀로 기도하신다. "아버지, 할 수만 있다면 이 잔을 저에게서 거두어 주소서. 그러나 제 뜻대로 마시고 아버지의 뜻대로 하소서." 하며 괴로워하고 있을 때, 예수님 영혼 깊은 곳으로 사탄까지 들어와 유혹한다. 앞으로 닥칠 고난으로 죽을 만큼 괴로워하는 예수님을 흔들어댄 것이다.

사탄은 한 인간의 힘으로 그 수많은 인간의 영혼의 무거운 죄를 어찌 모두 당신 혼자서 다 짊어질 수 있겠느냐며, 도저히 감당할 수 없는 일이니까 지금 포기하라고 속삭인다.

고뇌에 찬 기나긴 밤을 지새우고 결국 유다의 배반으로 붙잡혀 간 예수님은 골고타에 오르는 동안, 끝없이 이어지는 채찍, 머리엔 가시관, 온갖 모욕과 조롱과 멸시를 받고, 무거운 십자가를 지고 세 번을 넘어져 탈진상태가 되었다. 산 정상에서 손과 발이 못에 박힌 채, 십자가에 매달려 죽기까지 아무 죄없이 억울하게 당하셨으나 한마디의 변명도 원망도 없었다.

경이롭고 위대하신 신의 침묵이다.

예수님께선 십자가에 매달린 채 죽기 직전 극한의 고통 앞에서 "아버지, 어찌하여 저를 버리셨나이까?" 하면서 울부짖는다. 처참한 울부짖음으로 하늘도 울고, 땅도 울고 신도 그 아들과 함께 하늘에서 통곡했으리라.

"모두 다 이루었다. 아버지 저들을 용서하소서, 저들은 자기들이 하는 일을 모르옵니다."하시면서 오후 3시에 마지막 숨을 거두신다. 땅은 갈라지고 하늘은 먹구름으로 뒤덮여서 어둠 속에 폭풍우가 몰아쳤다.

죽은 아들의 시신을 품에 안고 성모 어머니의 통곡은 처절했다.

레지오 교본에 보면 아우구스티노 성인의 글이 인용되어 있다.

「예수 그리스도께서는 당신이 겪어야 할 고통을 모두 겪으셨다. 당신이 받아야 할 고통은 조금도 모자람이 없이 다 받으셨다. 그렇다면 주님의 고통이 다 끝났다고 할 수 있는가? 그렇다. 머리로서의 고통은 다 끝났다. 그러나 몸의 고통은 그대로 남아 있다. 그러므로 몸의 고통을 아직도 겪고 계시는 그리스도께서 인류를 위한 당신의 속죄 행위에, 우리도 함께 참여하기를 바라시는 것은 당연한 일이다. 우리는 그리스도와 한 몸을 이루고 있기 때문에, 그리스도의 고통에 함께 참여해야 하는 것이다. 우리는 그리스도의 몸이고 지체이므로, 머리가 겪는 고통을 지체들도 당연히 참고 견뎌야 하기 때문이다.」

해마다 사순 시기만 되면 무슨 뜻인지도 모르고 구슬픈 가락이 좋아 큰 소리로 불렀던 가톨릭 성가 120번이, 올해는 파스카 신비를 제대로 알고 들으니까 구구절절 가슴에 와 닿는다.

「성부여 내 성부여 이잔 거두소서. 그러나 제 뜻대로 마시고 아버지의 뜻대로 하옵소서. 극심한 고민 중에 피땀 흘리시며 홀로 기도하시는 깊은 밤이네. 백성들 외침 소리 그를 못 박으라. 배반과 거짓증인 조롱에 가시관 편태 받아 상하신 거룩하신 주 예수. 우매한 인간의 죄 위대한 침묵으로 사해주시네. 아버지 뜻대로 마쳤나이다 끝까지 사랑하신 주 성심 가진 것 남김없이 다 주고 자신마저 주셨네. 십자가 죽음으로 영원한 생명 주신 우리 구세주.」

　예수 그리스도께서는 가장 어려운 처지에 있는 사람을 도와주는 것이 나에게 해준 것이다. 이웃을 내 몸처럼 사랑하라. 누군가 오 리를 가자 하거든 십 리도 따라가 주어라. 누가 오른뺨을 치거든 왼뺨도 돌려주어라. 너에게 잘못을 저지른 자가 있거든 일곱 번에 일흔 번도 용서하라. 남을 판단하거나 비난하지 말라. 부모에게 효도하라. 원수까지도 사랑하라. 언제나 기도하고 기쁘게 살며 매사에 감사하라 하셨다.

　예수님처럼 말하고 예수님처럼 행할 수 있다면 얼마나 좋겠는가?

　한계를 지닌 인간으로 태어나 예수님을 닮아 겸손한 자세로 사랑을 실천하는, 열린 마음으로 살아갈 수 있도록 주님의 도우심을 청한다.

　천국은 죄가 없는 사람이 가는 곳이 아니라 죄를 지은 사람들이 많이 가 있는 곳이라 한다. 사노라면 우리는 어쩔 수 없는 죄인이지만 하느님의 외아들 예수 그리스도께서 우리의 죗값을 대신 짊어 주셨기 때문에, 그리스도를 믿고 최선을 다해 사노라면 용서받은 은혜로운 죄인으로 천상 낙원에 들어간 것이다.

　십자가의 성요한은 7살에 아버지가 돌아가시고 혹독한 가난과 맞서야 했다. 열악한 환경을 이겨내기 위한 고난의 시간은 일찍 철이 들게 했고, 하느님에 대한 그리움으로 구약의 「아가서」를 자주 읽을 만큼 이 세상에서 하느님과 사랑에 빠졌다.

　요한 성인은 숱한 역경을 오롯한 겸손과 온유함으로 참아 받으셨다. 모함, 시기, 질투와 같은 받아들이기 힘든 고통 중에도, 예수님의 십자가 고통에 동참할 수 있도록 해 주심에 언제나 감사기도를 드렸다.

하느님께서 어느 날 너무나도 하느님을 사랑하는 요한 성인이 기특하여 "요한아, 요한아" 하고 부르셨다. "너의 소원을 들어줄 테니 말해 보아라." 하시니까 성요한은 "예수님의 십자가 고통을 지고 가게 해 주셔서 감사드립니다. 그 고통을 끝까지 지고 가게 해 주십시오."

십자가의 성요한 저서 『가르멜 산길』 『어둔 밤』 『영혼의 노래』 『사랑의 산 불꽃』을 읽으면서 온전히 하느님과 일치해가는 과정을 따라가다 보면, 묵상기도에서 관상기도로 들어 가게 된다. 그리하여 시공을 초월한 하느님의 생생한 사랑, 그 빛과 열을 체험하게 된다고 한다.

성요한은 집이 너무 낡아 지붕에 구멍이 숭숭 뚫려 있었는데 관상기도에 몰입하던 중, 하얀 눈이 내려 눈으로 온몸이 하얗게 뒤덮여버려도 전혀 몰랐다는 일화가 전해진다.

나의 참회(懺悔)

나는 지금까지 성당은 열심히 다녔지만 참 신앙인이 아닌 상태로 살아왔던 지난날을 진심으로 참회하며 글을 마무리하고자 한다.

스물다섯 살 초봄에 약혼식을 하고 첫 아이가 생겼는데, 결혼식은 겨울로 예정되어 있었고, 아직 아이를 낳을 때가 아니라며 너무 쉽게 낙태를 했다. 이때부터 나의 인생이 시작되었다.

생명의 흔적을 찾아볼 수 없는 회색 나뭇가지에서 연두색 이파리가 나올 때 괴로웠다. 하찮은 식물에도 저토록 강인한 생명력이 존재하는데 내가 무슨 짓을 해버린 것인가? 깊이 생각하지 못하고 한 생명을 무참히 짓밟아버리고 나서 무서운 죄책감에 시달렸고, 살면서 이때 가장 많은 눈물을 흘렸었다. 낙태 후 심한 한기가 괴롭히더니 관절이 여기저기 아파 왔다. 혈액검사를 한 결과 류마티스관절염에 걸렸고, 현대의학으론 치료 약이 없다고 했다.

한약을 먹어봤지만 낫지 않았고 건강 서적을 뒤적였다. 피가 맑아진 단식은 만병통치약이라 해서 14일 단식하다 쓰러져 서울대병원에 입원했다.

아스피린 계열의 진통제를 먹었는데 호흡이 멈춰버렸고 약 기운이 가셔가면 다시 숨쉬기는 돌아왔으나, 관절 통증은 금방이라도 아픈 부위가 떨어져버릴 것처럼 극심했다. 2주일 후에 퇴원하고 경희대 한의과를 갔는데 병원에서 손을 쓸 수 있는 상태가 아니라며 입원을 거부당했다. 망가진 몸은 급격하게 진행되었고 불치병이라는 판정을 받기까지 몇 개월 걸리지 않았다.

갑자기 찾아온 죽음은 꿈만 같았으나 죽음이 임박했음을 직감했다. 극심한 통증으로 진통제만 먹으면 멈춰버린 호흡은 공포였다. 관절이 찢기는 것만 같은 통증과 열은 견디기 힘들어 눈물이 저절로 나왔다. 이때부터 치료 약이 없으니까 한약과 민간요법에 의지하며 살아왔다.

나를 향해 쏟아지는 갈채를 안고 꿈을 향해 비상하던 중 한 번도 생각해보지 않은 죽음이 눈앞에 있었다. 나의 생명은 영원할 줄 알았고 노력한 만큼 주어진 것이 삶인 줄 알았는데 죽음 앞에서 이토록 속수무책이었다.

나는 참으로 나약하고 미약한 존재임을 절감했고 살고 싶은 열망 하나로 생명을 주관하신 거대한 손길이신 신을 찾았다. 그동안 주워 들은 소리는 있어서 죽으면 천당이 있고, 지옥이 있다는 말이 생각나, 젊은 나이에 죽기도 억울한데 지옥은 가지 말아야 했다. 제가 천국을 갈 수 있도록 준비할 수 있는 기간만이라도 살려달라고, 요한과 함께 내 발로 성당을 찾아갔던 날은 공교롭게도 6개월에 한 번씩 있는 예비자 환영식 날이었다.

그러나 나의 신앙은 빗나가고 있었다. 아무것도 모르면서 천국은 성당만 다니면 갈 것이라 여기며 갈수록 욕심이 더해졌다.

하느님께서는 언제라도 내 목숨을 가져가실 수 있는 분이시라면, 그렇다면 언제라도 다시 살릴 수 있는 분이셨다. 내가 최선을 다해 충성을 바치고 열심히 기도하면 분명히 나에게 건강을 주실 것이라 믿고, 병원에선 안되니까 내가 할 수 있는 한 최선을 다하며 성당을 다녔다.

물론 죽음 앞에서 세속의 무상함도 느꼈고 신의 존재하심에 나의 가치관은 여러 면에서 많은 변화가 있었지만, 하늘길만이 열려 있는 상태에서 나에게 하느님은 절대적 힘을 가지신 능력자 신이셨다.

성모님의 전구도 청해야 했기에 남편 요한과 밤마다 묵주기도를 바쳤다. 아이들이 어릴 때는 아이들도 함께 묵주기도를 바쳤는데, 5단을 바치는 동안 가만있질 못하고 어찌나 왔다 갔다 하면서 정신이 없던지 꼭 미꾸라지에 소금을 뿌린 것만 같았다. 감당을 할 수 없어서 아이들은 1단만 바쳤다. 학교에서 늦게 오고 하면서부터 한 명씩 떨어져 나갔고, 요한과 40여 년 동안 밤마다 바치는 기도는 아마 모르긴 해도 병이 나았다면 끝내버렸을지도 모르겠다.

나는 조용한 시간이면 주님 앞에 앉아 집중해서 주님 목소리에 귀를 기울였다. 주님 목소린지 내 목소린지 헷갈릴 때도 많았지만, 뭔가 잡힐 듯이 아스라이 들려오는 소리에도 충실히 따랐다. 믿음이 부족한 상태에서 건강을 되찾고 싶은 간절함으로, 전지전능하신 하느님께선 나의 공로를 보시며 건강을 회복시켜 주실 거라 믿었던 것 같다.

하느님께서는 누구에게라도 똑같이 비와 바람과 햇살을 주신다.

오랜 세월을 살다 보니, 주님께서는 누군가에게 꼭 그 사람의 공로만을 보시며 이승에서 복을 내리지 않음을 알았다. 이 세상을 사는 동안의 공로는 저승에서 완벽하게 공과 사를 따져서 결판을 내는 것은 아닐까?

조화로운 세상은 하느님의 섭리에 따라 그 길을 따라 나의 길도 열려 있고, 참으로 알 수야 없지만 어쩌면 인생이란 거대한 연극 무대에서, 각자에게 맡겨진 배역에 따라 우리는 그 여정에서 충실히 살아가고 있는 것은 아닐까? 인생의 답은 주님만이 아실 일이다.

주변의 반대를 무릅쓰고 아픈 몸으로 셋째를 낳았다. 나라에서도 산아제한으로 셋째부턴 아이를 낳고 나면 의료 보험도 안 되던 때였다. 야만인이란 소리도 많이 들었으나 병을 낫기 위해선 주님 목소리처럼 들린 소리를 따라야 했기에 내 생각을 고집했다.

그러나 셋째가 태어나고 나서 더욱 많이 아팠다. 셋째 낳고 심하게 아프던 어느 날 성질이 난 요한이 주임신부를 찾아가 나를 일러바쳤다. 주임신부는 요한 이야기를 듣고 아무리 봐도 정상이 아니라며 나와 면담을 해봐야겠다고 면담날짜를 잡고 왔다.

태어나서 처음이자 마지막으로 들어가 본 사제관에서 면담시간은 두 시간이 넘었던 것으로 기억된다. 이 여인은 도대체 어디에서부터 잘못되었고, 무슨 문제가 있어서 정신상태가 비정상인가를 탐색해 가는 노사제의 눈빛을 경험해 본 적이 있는가? 지금도 그 얼굴에 그 표정이 생생하게 떠오른다.

성질나면 설거지하다 그릇이나 몇 개 깨버리지 신부한테 쪼르르 쫓아가 일러바친 요한이 어찌나 밉던지 참을 수가 없었다. 며칠을 시달리다 이 감정을 어떻게라도 처리해야겠기에, 화장실에서 물을 세게 틀어놓고 개새끼라고 욕을 하고 나니까 미움이 순식간에 사라졌다. 셋째가 태어나고 나서 더욱 심하게 아픈 바람에 주변 사람들로부터 광신자처럼 정신상태가 심각하다며 백색 순교에 가까운 핍박을 받았다.

그땐 부산에서 살았는데 새로 오신 주임신부가 매일 새벽마다 6시에 미사를 봉헌했다. 주임신부는 미국 출장이 많아서 보좌신부가 주로 새벽 미사를 담당하는 날이 많았다. 날마다 새벽 시간에 오르간 봉사할 사람을 찾았지만 다들 못 한다고 거절했다.

나는 아픈 몸으로 어린아이들 셋과 여러 가지 면에서 자신은 없었으나, 하느님께 충성을 바쳐 병을 나아야 했기에 주일 새벽만 빼고 오르간 당번을 맡았다. 아이들 아픈 날이나 내가 통증이 심해 잠을 제대로 못 잔 날이 많았지만 하루도 빠지지 않았다. 그래야 병이 나을 것만 같은 집착에 매달렸고 내가 맡은 일이니까 주어진 책임을 다해야 했다.

이유는 알 수 없었으나 어찌된 일인지 특별한 약을 먹는 것도 아닌데 차츰차츰 아프던 몸은 호전되었고, 통증이 많이 사라졌다. 아이들 셋과 함께 구덕산, 대청공원, 송도 앞바다를 도시락 준비해서 틈만 나면 놀러 다녔다.

행복한 시간은 이삼 년 갔던 것 같다. 그러나 나의 병은 태풍의 눈 속에서 잠을 자고 있었을까? 똑같은 일상인데 아무런 이유 없이 다시 심각하게 아파 왔다. 사랑하는 남자를 위해 사람의 다리를 가진 인어공주가 걸을 때마다 가시에 찔리듯 아픈 그 통증처럼 걸을 때마다 아팠다.

새벽 미사 때면 우리 성당만 매일 미사가 있어서 3개 본당 신자들로 성
당이 거의 꽉 찼다. 어느 수도원 소속인지 모르겠지만 프랑스에서 신학교를
나온 보좌신부는 미사 끝나면 제의 방 수녀 혼자서 복을 다 받아 간다면
서, 바로 가지 말고 성전에서 묵상하고 가라고 했다.

출근해야 하는 사람들 외엔 모두 앉아서 묵상하고 기도를 바치고 있으
니까 그 시간에 맞게 묵상 곡을 쳐야 했다. 그날그날의 말씀에 따라 복음
성가에서 묵상 곡을 찾아 오르간에 몰입하던 중, 어느 날부턴가 주님 목소
리는 또다시 기묘하게 들려왔다.

이 무슨 운명의 장난인가? 다시 아이를 낳으라 했다.

그때의 혼란은 상상을 초월했고 현실과 비현실 사이에서 몇 년 동안 방
향감각을 잃어버렸다. 나는 병을 털고 일어나야 하는데 몸은 갈수록 아팠
고, 말짱하게 건강한 여자들도 한 명, 두 명만 낳는데 아무리 생각해도 이
건 주님 목소리라 할 수 없었다.

하지만 성당에서 저항 없이 있다 보면 어디선가 들려오는 소리인지 내면
에서 솟아나는 소리인지, 명확하게 전달되어 오는 이 목소리는 도대체 누구
의 소리란 말인가? 빛 밝은 햇살로 눈 부신 날이면 현기증이 나서 쓰러질
것만 같아 담벼락을 붙들었다. 미사를 드리고 밖을 나오면 부인할 수 없는
현실 앞에 때론 내가 미쳐버린 것만 같았다.

몇 년간 갈등을 겪던 중, 1997년 12월 28일 토요일 성가정 축일에 가족
모두 꽃동네 철야 기도회를 다녀왔고, 넷째는 바로 생겼다. 나도 모르는 사

이에 내 안에 있었다. 어차피 엎질러진 물이라면 주어진 현실에 맞게 긍정적으로 해석해야 했다. '그래, 이번에 아이가 태어나면 주님께서 나에게 분명히 건강을 주실 것이다.' 이 희망 하나로 아픈 몸으로 39세 노산의 온갖 고초를 겪은 후 넷째를 낳았다. 성당에서 성령 세미나를 하던 중에 진통이 와서 급하게 병원으로 갔다. 아기 울음소리가 들릴 때 생명의 신비는 경이로웠고 창조주 하느님께 진심으로 감사기도를 드렸으나 출산의 기쁨은 그 순간뿐이었다.

꿈은 사라지고 내가 찾던 무지개는 다시 저만치에 있었다.

아이가 태어난 후 나는 죽을 만큼 아팠고 죽어버리지도 않았다. 죽을 수 있는 기회는 여러 번 찾아왔으나 그때마다 기적과도 같은 손길이 작용해 죽지도 않았다. 병원마다 류마티스 내과가 생기면서 병원치료를 받았는데, 통증은 바로 사라졌으나 약물 부작용으로 몸 안에 여러 장기가 망가져버렸다. 여러 차례 병원치료를 하다 중간에 치료를 중단해야 했고, 치료를 하다가 멈출 때마다 관절들은 심하게 변형되어갔다.

막내가 태어났을 때 큰 아이가 열 살이었으니까 네 명의 아이들과 아파서 누워 있는 나는 눈물 없이는 볼 수 없는 한 편의 드라마를 써내려갔다. 요한이 과로에 지쳐 아플 때도 많았는데, 그럴 때면 금방이라도 죽어버릴 것만 같은 공포가 밀려왔다. 무심한 하늘을 보며 요한의 운명이 다하여 데려가시려거든, 부디 이 아이들과 살아갈 수 있도록 남겨 두시고, 요한 대신 저를 데려가시라고 손이 발이 되게 빌었다.

'삶이 죽음보다 끔찍할 수도 있고, 이토록 오랜 세월 하느님께 붙들고 매달려도 침묵하신 신인 줄 알았더라면, 스물다섯 나이에 저의 모든 죄를 용서해 주시라고 진심으로 회개하며 죽음을 청했으면 좋았을 걸.'

붙들면서 원망하고 매달렸으나 응답은 없었고, 간절히 찾던 하느님마저 나를 외면해 버렸다고 느껴질 땐, 혼돈을 넘어선 박제가 되어버린 영혼과 육신은 먼지처럼 허공을 떠돌았다. 버려진 질그릇 같은 어둠의 상태에서 일각(一刻)은 영원처럼 흘러갔다.

현대의학을 거부한 미개인이 되어버린 나는 모든 면에서 완벽하게 비정상이었고 상식선을 완전히 벗어났다. 벌레를 보듯 쪼아댄 나를 향한 매서운 눈빛과 말 마디마다 비수처럼 날아온 화살들은 우울증을 경험하기에 충분했다.

20여 년 전 무릎관절이 변형되면서 휠체어를 타는 순간부터 또 다른 도전과 맞서야 했다. 요한은 나를 데리고 사는 이유 하나만으로 많은 사람으로부터 칭찬을 받고 산다. 나도 요한이 없으면 한순간도 살아갈 수 없으니까 남편이기 전에 은인이다.

통증으로 숨이 거칠어지고 잠을 못 잔 날이면 관절을 만져주며 "성령이시여, 성령이시여, 샬라샬라샬라샬라. 클라우디아가 힘이 듭니다. 도와주십시오." 하면서 계속 기도한다.

죽을 고비를 숱하게 넘겼는데 내가 지금까지 살 수 있었던 것은 이 기도 소리에 집중하며 잠을 청했고, 온 마음을 다해 기도하는 모습에서 전달되어 오는 사랑의 힘이 죽음을 이기고 생명을 연장했으리라 생각한다. 부족한 나를 만나 여행은 고사하고 어딜 가더라도 시간 맞춰 와야 하고 항상 긴장하며 살아간다. 말로 표현이 가능할지 모르지만 정말 미안하고 감사하다.

나는 자기 몸도 제대로 추스르지 못하면서 아이들은 낳지 말라 해도 네 명이나 낳았다. 병원 약은 먹었다 하면 부작용 나고, 병원치료를 못 하니까 한약이나 민간요법에 의지했다. 한약은 얼마나 먹었는지 진맥하고 있는 한의사의 야릇한 눈빛만 쳐다봐도 시커먼 국물 사발이 출렁이며 울렁증이 올라온다. 주로 민간요법에 의지했는데 그런 것들은 사다가 끓이고 짜고 보관하기까지 보통 일이 아니다. 하지만 누가 먹고 나았다 하면 다 내 약이었고 세상에 더럽고 징그러운 것들까지 안 먹어본 것이 없는 것 같다. 민간요법은 치료과정도 알 수 없고, 대부분 먹었다 하면 통증이 심해져 마냥 누워있을 때가 다반사다. 아이들은 저절로 크지 않는다. 온갖 병치레, 말썽 다 부리면서 목숨값을 하고 자란다.

스산한 바람이 몹시도 심하게 불던 가을비 내리던 어느 날이었다. 아이들 어렸을 때 아픈 기억들이 이것저것 떠올라 그 순간들을 어떻게 지나왔을까? 생각하다가, 부엌에서 일하는 요한에게 자기는 무슨 일이 가장 기억에 남아 있느냐고 물어봤다.

들려오는 답은 바로 뒷산에서 굉음처럼 울리던 천둥소리보다 더 크게 들렸다. 아무것도 생각난 것은 없고 심하게 아플 때면 차라리 내가 죽어버렸으면 좋겠다고 생각했단다. 비천하고 천박한 여인의 표상이 되었다. 밥이 넘어갈 리가 없었다. 몇 시간의 아픔 중에 벽에 걸린 예수님 얼굴을 바라본 순간 바로 가까이에서 인자하신 주님 목소리가 들려왔다.

"인간에게 전적으로 의지하지 말라. 이것이 인간의 한계이니라."

몇 시간의 아픔은 얼음 녹듯, 눈 녹듯 사라졌다. 친정엄마가 집에 오시면 "봉사님 마누라는 하늘에서 점지한다더니 박서방 같은 사람은 대한민국에는 없을 것이다."라고 했던 말도 생각나고, 누가 저만큼 할 수 있겠는가 생각되었다.

'지금까지 요한은 어떻게 나를 데리고 살 수 있었을까?'

집안일은 고사하고 내 수발까지 들어야 하니까, 직장을 다녀야 하는 남자들은 나 같은 병이 걸리면 힘들어서 견디질 못하고 다 나으면 오라고 친정에 업어다 준다고 한다. 태생이 책임감이 강하고, 심리학을 전공했고, 열심인 신앙인이긴 하지만, 이 이유만으로 나를 데리고 살기엔 인간의 한계를 극복할 수 없을 만큼 나는 괴롭혀 버렸다.

요한도 한계 많은 부족한 인간이고, 그동안 내가 괴롭힌 가락이 있어서 아이들이 어느 정도 성장한 후에 이 질문을 혼자서 곰곰이 해보았다. 요한이 지금까지 견디며 나와 함께 살 수 있었던 이유가 어느 순간 섬광처럼 스치고 지나갔다. 이것은 그동안 들었던 헷갈린 주님 목소리가 아니라, 전적으로 나의 주관적인 생각이라 맞은 건지 틀린 건지는 알 수 없으나 분명한 것은 주님 도우심이었다.

아마도 요한은 네 명의 생명을 키우느라 나를 미워할 여유가 없었다. 물론 죽어 버렸으면 좋겠다고 생각될 때도 있었지만, 작은 여유라도 있어야 미움으로 시달리며 괴로워서 견딜 수가 없을 텐데, 직장 다녀와서 집에 오면 숨을 돌릴 틈이 없었다. 셋째까지만 낳았어도 어느 정도는 여유가 있었으니까, 너무 괴로워하다 나에 대한 미움을 감당할 수 없지 않았을까?

부부지간은 애증의 세월 속에 정으로 엮이어 가다 노년에는 눈빛만으로도 서로 이해하고 대화하는 사이가 되지만, 한쪽이 지나치게 괴롭혀서 견딜 수 없도록 고통스러우면 애틋한 감정은 매몰되고 미움만 되살아난다.

요한은 네 명의 아이들과 나의 괴롭힘이 견딜 수 있는 한계를 넘어서 버렸지만, 자신도 제정신이 아닌 상태로 긴장 속에서 살아버렸기 때문에 나를 이러고저러고 할 여유가 없었던 것 같다.

그리고 넷째가 태어나기 일 년 전에 박사과정에 들어간 상태였고, 젊어서 B형 간염이 걸려 간염 보균상태였는데, 대전으로 직장을 옮기던 중 건강검진을 했을 때 항체까지 생긴 건강한 간으로 돌아와 있었다. 의사가 간염은 치료해도 진행이 되는 경우가 대부분인데 천운이라고 했다.

상식적으로 생각하면 요한은 스트레스와 과로가 겹쳐 간암이 걸리고도 남을 지경이었다. 무거운 등짐의 무게가 버텨줘서 거센 물살에 휩쓸리지 않고 건넌다는 말이 있다. 아이러니하게도 고통의 적극적인 개입이 순기능을 하면서, 우리 가정이 무너져버리지 않고 정상적인 가정을 유지할 수 있도록 하느님의 섭리가 작용했다는 생각을 지울 수가 없다.

나는 막내가 태어나고부터는 주님 앞에 앉아서 조용히 묵상하는 시간은 절대 사절했다. 행여라도 또 이상한 소리가 들릴까봐 아예 귀를 막았다. 침묵의 시간은 공포 그 자체였고 치명적인 결과만 초래했기 때문이다.

내 나름대로 온갖 충성을 다 바쳤으나 결과는 비참했고 주변 사람들로부터 받는 상처 또한 감당하기 만만치 않았다. 주님께 실망해버렸고 이때부터 내 마음은 주님 곁을 많이 떠나 있었던 것 같다. 나는 지금 어느 방향을 향해 가고 있는지 알 수 없는 곳으로 내던져졌다. 성수 통에 빠진 청개구리처럼 그래도 성당은 열심히 다녔다.

오랜 세월 주님 목소리엔 귀를 막고 살았는데 해미국제성지로 이사 가서 순교자들의 순교 장면이 담긴 벽화와 만났다. 성지 마당에는 아기 예수님을 안고 계신 성모님께서 머리엔 비녀를 꽂고 한복을 입으셨는데, 산 채로 팔다리가 묶인 채 생매장당하는 순교자들의 울부짖는 소리를 들으며 성모님은 울다가 지쳐서 넋이 나가버린 얼굴로 서 계신다.

순교자들의 감동적인 이야기를 전하기 위해 글을 써 내려가다 나의 역량이 부족해 몇 번이나 포기했었다. 그러다 지금도 기억 속에 선명한 꿈을 꾸고 나서 글을 포기할 수도 없었다.

주소가 적힌 아주 작은 직사각형 노란 쪽지를 들고 다른 한 손엔 묵주를 들고 산과 들을 지나 서울 어딘가를 찾아갔다. 전철역에서도 그 쪽지만 넣으면 통과가 되었고 내가 도착한 곳은 높은 빌딩에 있는 개인병원이었다. 진료받을 사람들이 많아 길게 줄을 서 있었고, 한참이 지난 후에 내 차례가 되어 진료실에 들어갔다.

노랗고 작은 직사각형 쪽지를 의사에게 내밀었는데 그 쪽지를 받아들고 너무나 반가워했다. 그리고 그 의사는 갑자기 의사 가운을 벗고 사제복으로 갈아입더니 나에게 안수를 해주었고, 내 앞에서 무릎을 꿇고 엎드려 소리 내어 엉엉 울었다. 나는 너무나 당황했고 꿈을 깨버렸다.

생각할수록 어느 순교자가 나의 도전에 감사해 하며 고맙게 생각하는 것만 같아 글을 포기하려 할 때마다 꿈이 생각났다. 난제를 만날 때마다 꿈을 떠올리며 마음을 다잡고 어려움을 이겨냈다. 순교자 중에 의사가 있나 찾아봤지만 내 힘으론 찾을 수 없었다.

아, 그러나 글을 마무리하는 과정에서 한국순교 성인들이 순교할 수 있었던 신앙의 핵심은 성령의 이끄심을 통한 파스카 신비임을 알았다. 예수님의 성삼일 파스카 신비를 이해하면서 그동안 내가 너무나 잘못 살아왔음을 깨달았다. 저 꿈의 메시지는 어느 순교자가 아니라 잘못된 나의 신앙을 일깨우는 것은 아니었을까?

나는 열심히 성당은 다녔지만 진정한 그리스도인이 아니었다. 참다운 신앙인으로 살지 못했다. 인간과의 관계에서도 신뢰는 기본이고 그 신뢰는 서로 사랑함으로 이루어진다. 지금까지 나는 하느님과 정상적인 관계가 아니었다. 인격 대 인격의 만남이 아니었다.

내 안에 있는 하느님은 하늘 저 높은 구천(九天) 위에서 차가운 얼굴로 심판하시는 전지전능하신 능력의 신이셨다. 하느님은 나의 생명을 주관하신 창조주 신으로만 존재하고 있었다.

초라하게 망가지고 무너질 때면 가까이에서 따뜻하게 품어주실 때도 많았고, 인간의 이성으론 이해할 수 없는 기적도 때론 보여주셨지만, 그 모든 것들이 나에게는 먹히질 않았다. 하느님은 사랑이시라는 강론을 들을 때면 그럴 수도 있겠다 싶다가도 그때뿐이었다. 그도 그럴 것이 내가 진정으로 원하는 건강을 주시지 않았기 때문에, 하느님은 사랑으로 다가오질 않았고 나의 가슴 깊은 곳을 두드리질 못했다.

그동안 그토록 들어도 알지 못했던 파스카 신비가 왜 이제야 보이는 것일까? 구약에서 어린 양의 피를 통해 이스라엘 백성들이 이집트에서 해방된 신비부터 연결해 오다가, 예수님의 성삼일 파스카 신비를 명확하게 이해할 수 있었다. 평소에도 예수님의 십자가 죽음이 어떻게 인간을 구원했다는 것인지 의문이 들 때가 많았고, 주변 분들에게 물어보면 "그냥 믿어요." 하거나 열심히 설명을 해줘도 무슨 말인지 이해가 되질 않았다. 이젠 확실히 알았다. 안 들으려 해도 들린다.

「나는 부활이요 생명이다. 나를 믿는 사람은 죽더라도 살고, 또 살아서 나를 믿는 모든 사람은 영원히 죽지 않을 것이다.」 이 핵심 진리가 이제야 보인다. 어린양의 피가 이스라엘의 맏아들을 죽음에서 구했다면, 예수님의 피가 원죄를 지니고 태어난 인간을 죄로부터 구원해서 영원한 생명으로 이끌어주신다. 이건 인간의 이성이나 과학으로 설명이 되지 않은 믿을 교리인 계시 진리이다.

하느님은 인간구원을 위해 당신의 외아들 예수님을 희생양으로 내어주셨다. 원죄를 지니고 태어난 인간의 속죄를 위해 당신의 아들까지도 혹독한 고통 속에 희생시키실 수 있는 신이시다. 그렇다면 그런 신이시라면 무엇보다 우선하여 전지전능하신 신이시기에 앞서 사랑의 신이시지 않겠는가!

아, 난 뭐가 잘못되었구나! 하느님은 사랑이셨다.

구원자시요, 메시아이신 예수님은 사랑이셨다.

철학자 키에르케고르는 "신과 인간 사이에는 무한한 질적 차이라고 이름 지어지는 것이 존재하므로, 융합도 실체적 합일도 일어날 수 없다.

절대적 심연에 의해 격리되어 있을 뿐인데 신의 아들 예수가 인간의 몸을 입고 탄생했고, 예수 그리스도의 탄생과 죽음은 신의 인간에 대한 유일한 사랑의 증거이며, 예수 그리스도는 신과 인간의 중보자(仲保者)였다.

우리는 예수 그리스도에 의해서만 신을 안다. 이 중보자가 없다면 신과의 모든 관계는 단절된다."라고 했다.

나는 이 진리를 그동안 알지 못했고, 예수님의 십자가 죽음을 제대로 알지 못했으니까 사랑의 하느님을 알 수 없었다. 내가 그동안 찾고 믿어왔던 전지전능하신 신은 능력의 하느님이시기에 앞서, 어떤 인간과도 비교할 수 없는 사랑의 아버지이심을 알고 충격은 컸다.

'아, 주님. 당신은 사랑의 신이셨습니까? 죄송합니다. 잘못 살아왔습니다.

이스라엘 민족처럼 메마른 광야에서 40여 년을 살아왔던 시간을 주님 앞에서 참회의 눈물로 용서를 청합니다.

제대 위에서 십자가에 매달려 계신 예수님은 상징적인 쇠붙이일 뿐이라 여겼습니다. 이젠 바라볼 때마다 "클라우디아, 내가 너를 사랑한단다." 하신 따뜻한 음성이 들려옵니다. 주님 감사드립니다. 저도 주님을 사랑합니다.'

그동안 나는 어쩌면 주님 앞에서 거지가 되어 돌아온 어느 철없는 딸과 노모의 아픔처럼 살아오진 않았을까 묵상해본다.

무슨 사연이 있었는지 모르지만 가진 재산을 다 탕진해 버리고, 오갈

데가 없어진 딸은 기거하며 밥이라도 얻어 먹으려 재산이 많은 늙으신 어머니를 찾아왔다. 열심히 일하며 어머니 수발을 들어 드렸는데 편안함도 잠시 이 딸은 어머니 재산이 보였다. 저 재산의 일부만 떼어줘도 다시 세상 밖으로 나가 잘 살 수 있을 것 같았다. 다른 자식들은 살 만하니까 특별한 날이 아니면 어머니를 찾아오지도 않았다. 거지가 되어 돌아온 딸은 필요해서 노모를 찾아왔고 열심히 일은 했으나 다른 자식들과 다를 바 없었다.

'그토록 강하셨던 어머니가 자식들을 위해 희생하시다 세월 앞에 이렇게 쇠잔해지셨네요. 이젠 제가 편히 보살펴 드릴 테니 걱정하지 마시고 마음 편히 지내세요.'

딸이 진정 사랑하는 마음으로 어머니 수발을 들어드렸더라면 기력이 다한 노모는 자식의 따뜻한 손길이 얼마나 고마웠겠는가?

철이 든 딸을 보며 어머니 자신도 스스로 잘 자라준 딸이 고마워 살아온 보람을 느꼈을 것이고, 주지 말라 해도 가진 재산을 모두 딸에게 주었을 것이다.

그러나 노모는 이제 연로하여 대소변도 받아내야 했으니, 딸은 밤낮으로 고생이 이만저만이 아니었으나 고생 끝에 찾아온 딸은 마음이 콩밭에 있었다. 사랑이 없는 딸의 손길은 어머니에게 겨울날의 대리석처럼 차갑게만 느껴졌다. 아직도 사랑이 뭔지, 인생을 살면서 뭐가 중요한지 알지 못한 딸은 갈수록 불평이 늘어갔고, 재산만 주면 거동이 불편해 힘들어하는 노모는 안중에도 없이 세상 밖으로 날아갈 판이다.

철이 들지 않은 상태에서 세상에 나간들 누군가에게는 상처 주기 쉽고 잘 살아갈 리가 만무했다. 죽음이 가까워진 노모는 흐드러지게 피어 있는 오월의 장미 앞에서, 달라고 보채는 딸에게 재산을 갖고서 안 줄 수도 없고 그렇다고 줄 수도 없어 아픈 가슴은 찢어졌다.

아, 주님. 혹시 저 딸이 저였고 저 노모가 주님이셨습니까?
불쌍한 저를 용서해 주십시오.
주님 품 안에 머물면서 고생은 고생대로 하면서 잘못 살았습니다.
당신이 사랑이시라고 그토록 들었으나 제대로 알지 못했습니다.
얼마나 안타까운 마음으로 아파하시며 저를 보고 계셨습니까?
순교자들의 삶을 통해 저의 믿음이 잘못되었음을 일깨워 주셨습니다.
늦게나마 주님께서는 부족한 저에게 특은(特恩)을 베풀어 주심에
감사와 찬미를 드립니다. 모든 영광을 주님께 바칩니다.
갓 태어난 강아지가 실눈을 뜨고 넓은 세상을 보듯
하느님의 사랑이 이제야 조금 보입니다. 주님, 당신을 사랑합니다,
주님께 받은 그 사랑으로 미약하나마 그 사랑을 전하며 살겠습니다.
변화무쌍한 날씨에서도 사계절은 언제나 찬미가(讚美歌)를 부릅니다.
사랑이신 주님을 만나고 나서 바라본 세상은 평화입니다.
완벽한 행복은 행복을 위해 노력한 것이 없을 때라 했습니까?
주어진 대로 맡기며 즐겁게 살고 싶습니다.
하지만 지금까지 그래왔듯이 저는 앞으로도 자주 무너질 것입니다.
제 곁에서 부족한 저를 굽어보시고 자비 베풀어 주십시오.
저를 잊지 마시고 항상 제 손을 잡아 주십시오.
이승에서 최선을 다해 주님 품 안에서 머물다가.

천상으로 부르시면 언제라도 떠날 수 있도록 준비하고 있겠습니다.

무상한 자아와 집착을 버리고 사랑이신 주님만을 따르겠습니다.

육신의 죽음을 지나 새로운 생명을 향해 가는 날 만나게 될 그 자유를

지금 이 순간부터 만나길 희망해 봅니다.

천상의 빛깔은 무슨 색입니까?

그곳으로 가면 맨 처음 무엇 때문에 놀랄까요?

누가 맨 먼저 나와서 저를 반겨줄까요?

저는 성모님 품으로 달려가 파란 망토 자락에 감겨

암청색 창공에서 지상의 까만 밤을 날이 새도록 날아보고 싶습니다.

참고문헌

단행본

방상근 (내포교회사 연구소, 2018) 『한국 천주교회의 역사』

김길수, (서울: 흰 물결, 2009), 『하늘로 가는 나그네』,

김성태, 이장우, 방상근, 조현범, & 양인성. (서울: 한국교회사 연구소, 2009). 『한국 천주 교회사』

이용훈 외, (수원: 천주교 수원교구 시복 시성 추진위원회, 2022), 『조선 시대에 순교 하신 수원교구 하느님의 종 47위』,

마태오 리치, 송영배, 임금자, 장정란, 정인재, 조광, 최소자 옮김, 『천주실의(天主實 義)』 번역본. (서울대학교 출판문화원. 2022)

판토하, 정민 옮김, 『칠극(七極)』. 김영사.

Dallet, (1874) 안응렬, & 최석우 역. (서울: 한국교회사연구소, 1979) 『Histoire de de(l'Eglise de) Corée (한국천주교회사)』.

강재언 (민음사, 1990) 『조선의 서학사』

조윤제 (청림출판, 23020) 『다산의 마지막 습관』 『다산의 마지막 질문』

김대건 신부 〈서한집〉

이순이 누갈다 〈서한집〉

기타 참고자료

김길수, (1992), 한국천주교회사, https://www.youtube.com/watch?v=P8 LXCqs08Go에서 참조.

KBS. (2020. 06. 01) 역사스패셜 _ 조선 왕가 최초의 의문사 누가 소현세자를 죽였
는가

KBS. (1994.11.12.), 역사의 라이벌 - 대원군과 명성황후, KBS 역사저널 그날.

KBS. (1998.04.21.), 조선왕조실록 입체 분석. 정약용의 자서전, 유배 18년 500권의
책, KBS 역사저널 그날.

KBS. (1998.05.19.), 왕이 된 나무꾼, 철종 그는 어떻게 왕이 되었나, KBS 역사실험.

KBS. (2007.12.22.), 닫힌 시대의 열정: 한국천주교 창설 주역 이벽, KBS 역사저널
그날.

KBS. (2019. 09. 10) 역사스페셜 _ 안중근 의거 100년, 이토 저격 영상을 찾아라.

KBS. (2011.04.24.), [학자의 고향] 정약용과 그의 형제들, 천주교의 사상과 서양의
기술을 마주하다! 실학자였기에 할 수 있었던 생각과 그로 인한 박해, 그리고
유배. KBS 지식.

KBS. (2012.01.26.), 정약용 삼 형제는 왜 천주교인이 되었나. KBS 역사실험.

KBS. (2020.02.28.). 흥선대원군은 왜 아들과 화해하지 못했나, KBS 한국사전.

KBS. (2020.05.27.), 피눈물의 기록 한중록, 혜경궁 홍씨, KBS 한국사전

KBS. (2000. 06. 03) 역사스페셜_ 조선 왕조 기피 인물 1. 허균

KBS, (2020. 06. 01) 역사스페셜. 조선 왕가 최초의 의문사 누가 소현세자를 죽였
는가.

은총의 샘 (2021. 07. 24) 한국천주교 순교자 김대건 안드레아 신부. (1821~1846)

은총의 샘 (2022. 07. 14) 땀의 순교자 최양업 토마스 신부.

은총의 샘 (2023. 05. 25) 한국천주교의 선구자 이벽 세례자 요한.

은총의 샘. (2023. 05. 14) 정약종 아우구스티노. (한국 최초의 조선 천주교 회장이
자 다산 정약용의 형으로 조성 후기 신유박해 때 순교)

은총의 샘 (2021. 06. 01) 한국천주교회 순교자 황사영 알렉시오.

은총의 샘 (2021. 06. 12) 한국천주교회 순교자 이승훈 베드로. (한국 최초의 영세자)

은총의 샘 (2021. 10. 16) 한국천주교회 순교자 이순이 루갈다. (동정 부부 순교자)

은총의 샘 (2022. 01. 12) 살아있는 성자 정의배 마르코. (한국천주교회 순교자 이야기) 우리나라 최초의 '고아들의 아버지'.

은총의 샘 (2022. 03. 03) 조선의 문신이신 천주교 박해 때 순교한 한국천주교의 103위 성인 중 한 사람인 남종삼 요한.

은총의 샘 (2022. 03. 23) 한국천주교 초대 여성회장 복자 강완숙 골롬바.

은총의 샘 (2022. 07. 09) 최양업 신부의 아버지 최경환 프란치스코.

은총의 샘 (2021. 04. 30) 한국천주교회 순교자 정하상.

은총의 샘 (2022. 03. 18) 한국천주교 초대 여성회장 복자 강완숙 골롬바.

은총의 샘 (2021. 06. 16) 한국천주교회 순교자 이승훈 베드로(한구 최초의 영세자)

은초의 샘 (2021. 08. 27) 한국천주교회 순교자 이야기 / 허균 소현세자.